Boeken van Monika van Paemel bij Meulenhoff

De vermaledijde vaders. Roman
De confrontatie. Roman
Marguerite. Roman
Amazone met het blauwe voorhoofd. Roman
De eerste steen. Roman
Het wedervaren. Autobiografische notities
Rozen op ijs. Roman
Het verschil. Een geschiedenis

Monika van Paemel

Het verschil

E E N   G E S C H I E D E N I S

Meulenhoff Amsterdam

Dit boek verhoudt zich tot de werkelijkheid als een verhaal, en omgekeerd.

Een asterisk* in de tekst verwijst naar de aantekeningen op blz. 285

Meulenhoff Editie 1665
ISBN 90 290 4669 4 / NUGI 300

De tsaar beval de jood – die geen verstand van paarden had – 'Je krijgt zes maanden om mijn paard te leren spreken.'
De kozak: 'Dat gaat je de kop kosten!'
De jood: 'Ik heb zes maanden; de tsaar kan sterven, ik kan sterven, of, je weet maar nooit, het paard zal spreken.'

mopje

Rijk is de wereld. Ik kan van vertedering sterven.

Boris A. Novak

Had ik niet zo willen zijn, ooit
zonder vergelding, zonder versplintering?

Hugo Claus

Er was een land, ver hiervandaan, waar in de heuvels witte paarden op muziek van Mozart dansten. Elk jaar bij de *pousse-café* na het nieuwjaarsdiner kreeg mijn grootvader de geest. Zijn ogen traanden, hij streek zijn snor glad en besteeg zijn stokpaard voor de Eerste Wereldoorlog. Dat was zijn jeugd en hoe verschrikkelijk die tijd ook was geweest, hij verlangde ernaar terug. Vier jaar tot de navel in de modder, gas dat als een witte wade over de loopgraven dreef, geen vrouw of het was een fronthoer, vrienden die voor je ogen aan flarden werden geschoten. Of hun longen ophoestten, of na een nacht jammeren in het niemandsland tussen de stellingen bezweken. Met hun darmen in hun handen, zoals achteraf bleek. Er werden ook paarden ingezet, afgebeuld, gekeeld, in stukken gereten, opgegeten, de kadavers werden als borstwering gebruikt. Het was erger dan de paarden van Napoleon. Hoe ouder mijn grootvader werd, hoe gruwelijker zijn visioenen van de Apocalyps.

Maar er was een land, ver hiervandaan, waar in de heuvels witte paarden op muziek van Mozart dansten. En de vijand was geen Hun, maar een Fritz, al vertoonde die Fritz bij tijden de streken van een Hun. De Fritz was het vaderland binnengevallen, moordend en plunderend, dat liet je niet gebeuren, je schoot hem dood voor hij jou kon doodschieten. Het was zoals met de jacht, je moest sportief blijven. Een dode Fritz had recht op een graf en een gevangen Fritz werd – zo mogelijk – behoorlijk behandeld. Mijn grootvader had er moeite mee dat de zonen van de Fritz moffen waren geworden, hij merkte op dat de Tweede Wereldoorlog een stuk vulgairder was dan de Eerste.

Op een dag had hij zelf een Fritz bij de lurven gevat, eentje van de cavalerie. Alles wat Duits sprak was Fritz, maar het kan ook een Oostenrijker zijn geweest, of wellicht een Sloveen die de taal van Habsburg sprak. De compagnie kon de Fritz niet meteen dumpen en zo zat mijn grootvader een paar dagen – en vooral nachten – met de man opgezadeld. Die vertelde alsof zijn leven ervan afhing over zijn land, over zijn moeder en zijn lief, maar vooral over de Lippizaners, die zwart werden geboren en lelieblank tot wasdom kwamen. Sprookjespaarden waren het, van het soort waarmee de prins komt aanzetten om Sneeuwwitje, nadat hij haar wakker heeft gekust, naar zijn slot te voeren. Bovendien bezaten deze schoonheden een onbetwistbare aanleg voor dressuur. Als debutanten naar het hofbal vertrokken zij van Lipica naar Wenen om het hooggeëerd publiek te verrukken met hun capriolen. Zij waren voor optreden en applaus geschapen. Mijn grootvader, die vond dat het paarden alleen aan de spraak ontbrak, was betoverd. Voor zijn Fritz in de geschiedenis verdween zwoeren zij: 'Nooit meer oorlog!' Wapenbroeders waren zij, vrienden voor het leven.

Xenophon schreef zo'n vierhonderd jaar voor Christus dat de dressuur tot de krijgskunst behoorde en dat het steigeren, naar achteren trappen en het 'springen boven de aarde' bedoeld waren om de vijand af te schrikken. Maar de Grieken konden mijn grootvader nog meer vertellen: het ging bij de dressuur om talent en kunde, om vertrouwen en liefde. Bewijs: de Lippizaner was geen strijdros maar een prima ballerina!

Schoonheid en kunst stonden tegenover gruwel en destructie. Mijn grootvader kwam uit de Eerste Wereldoorlog met een verhaal zo oud als Europa. Een verhaal dat in de familiemythe werd opgenomen en een eigen leven ging leiden. Over een land, ver hiervandaan, waar in de heuvels witte paarden op muziek van Mozart dansten. Het zou nog twee generaties duren voor dit verhaal zijn beslag zou krijgen. Het was alweer oorlog en de familie was goed op weg zelf een verhaal te worden. Alles werd aldoor vulgairder.

Mechelen-Jesenice

Elf november vertrokken wij naar Sarajevo. Halfzes 's ochtends, een mottige grijze dag hing in de lucht, over de weiden dreef de mist als gifgas. De snelweg lag er nog verlaten bij, alleen de vrachtwagens maalden onverdroten van laden naar lossen. Wij luisterden naar het radionieuws, de Eerste Wereldoorlog werd herdacht: klankbeelden van mortiervuur, gehuil bij een stormloop, het luiden van de klokken voor een Te Deum. Tachtig jaar later, het land was nog te bed, een vrije dag tenslotte. Mijn reisgezellen waren zwijgzaam, het was te vroeg voor grapjes. Lucas, Johan en Marc; een deskundige, twee hulpverleners – drie mannen: kameraadschappelijk verkeer was geboden. Ik was zo ziek als een hond, het griepvaccin leek het omgekeerde effect te sorteren, maar het was niet het moment om erbij te gaan liggen, de reis was al twee keer uitgesteld. Wat de oorlog betreft was er geen haast bij, die ging ondergronds of verplaatste zich naar aanverwante gebieden, maar was nog lang niet uitgewoed. Er was nog voor jaren werk aan de winkel, maar vóór het invallen van de winter – de echte, de onverbiddelijke – moest er door het beheer van de hulporganisatie waarvan ik onverhoeds medeoprichtster en voorzitster was geworden, een inspectietocht worden gemaakt langs de vluchtelingencentra en de diverse hulpprojecten.

De tijd was gekomen om de balans op te maken, ook voor mij, boos en bang, en nooit meer op mijn gemak. Terwijl ik zat te schrijven was die verre en ook weer zo nabije oorlog door mijn hoofd gaan spoken en gedurende vergaderingen, of bij acties voor de hulpverlening, vervolgden mij de ongeschreven bladzijden. Ik zat in het verkeerde boek of in het verkeerde leven, de onvrede werd ondraaglijk. Op een dag dat de telefoon onophoudelijk rinkelde en de problemen zich opstapelden – geld dat te laat dreigde te komen, konvooien die vastliepen –, terwijl op mijn tafel de papierchaos onoverzichtelijk werd, was ik begonnen de badkamer te poetsen, en niet met de Franse slag, maar methodisch en nauwgezet, tot de laatste tegel glom en ik bekaf in de spiegel staarde. Ik herinnerde mij gelijkaardige poetsaanvallen; voor de geboorte van de kinderen, na de dood van mijn moeder, het scheelde niet veel of ik was in tranen uitgebarsten. Er moest een einde komen aan deze dubbelzinnigheid, of aan dit dubbelleven.

Op de middenstrook van de weg tufte een vaalgroene auto met tweetaktmotor, beladen als een pakezel. Johan gaf lichtsignalen en ging haast boven op de achterbumper van de tweetakt rijden, maar die tufte onverstoorbaar verder.

'Haal hem toch in,' bromde Marc.

'Hij moet naar de rechterstrook, met die slakkengang is dat vehikel levensgevaarlijk.' Johan ergerde zich, maar tenslotte ging hij met een zwaai naar links de tweetakt voorbij.

'Mogelijk is de bestuurder in slaap gevallen,' opperde Lucas.

'Vast de hele nacht non-stop doorgereden. Moet je zien wat die lui allemaal naar Oost-Europa verslepen.' Volgens Marc ging het van zeeppoeder tot tweedehands naaimachines.

'Dit zijn maar sukkelaars vergeleken met de wapenhandelaars, de drugs- en seksbaronnen.' De docerende toon van Lucas relativeerde zijn uitspraak.

'Doen stoppen?' vroeg Johan.

'Opzijdrummen,' gromde Marc.

De afstand tussen onze auto en de tweetakt werd zienderogen groter, Johan mompelde een verwensing, liet het gaspedaal los en ging pal voor de tweetakt rijden, terwijl Lucas en ik voor de achterruit zwaaiden. In de tweetakt staarden twee mannen ons aan, een derde krabbelde op de achterbank overeind. Johan zwenkte demonstratief naar de rechterstrook van de weg, de tweetakt volgde zijn voorbeeld, maar de mannen bleven ons stom aanstaren. Lucas en ik staakten als bij afspraak het gezwaai, ik voelde me lichtelijk belachelijk. Wij trokken op naar kruissnelheid, de opwinding zakte vlug weg. De tweetakt tufte verder, het leek alsof hij niet vooruitkwam, of bleef hangen, voor hij helemaal verdween.

'Het Europa van de twee snelheden!'

Het eerste zure grapje kwam van Marc, de hulpverlening had het soort humor van dokters. Naargelang de ernst van de ziekte of hopeloze toestand van de patiënt werd de lach cynisch of desperaat. Ik bestudeerde tersluiks mijn reisgezellen: werden zij ook geplaagd door versnippering, hadden zij evenzeer het gevoel voortdurend tekort te schieten? Of als doekjes voor het bloeden te fungeren? Salman Rushdie had me een keer verteld dat hij, vogelvrij en ondergedoken, in verplichte afzondering onwillekeurig zijn bodyguards begon gade te slaan. Kleerkasten van kerels, stalen zenuwen, mannen uit één stuk. En wat bleek? Niets was minder waar: ze gokten en dronken en waren verwikkeld in uitzichtloze liefdes.

Johan zat aan het stuur als een kapitein, maar hij was nerveus, we moesten al tijd inlopen. Lucas verbeidde zijn stuurbeurt, hij hield ervan urenlang over de weg te razen, dat ontspande hem. Marc wees mij de hoeves van de Condroz aan, als vierkante burchten; zijn familie was na de Eerste Wereldoorlog aan de andere kant van de taalgrens gaan boeren. Ruimte, vette grond, een ongeschonden land. In Vlaanderen had iedereen die een spade in de grond stak, zij het om te planten of te bouwen, het gevaar gelopen met een knal in de lucht te vliegen. Voor een boer gaat grond voor taal, maar het door de Kerk opgelegde kindertal had de volgende generaties van de grond verdreven.

Marc zat te paard op de taalgrens, hij was van de legerdienst naar de hulpverlening overgestapt en hij was net vader geworden, maar hij had nog iets jongensachtigs. Johan leek een hazewind: zijn grootvader, die in de Tweede Wereldoorlog in een concentratiekamp was terechtgekomen, zat hem als het ware achterna. Ik had mij ook vanwege het verleden – en door het schrijven – in de nesten gewerkt. Lucas had Slavische talen gestudeerd en hij had een hekel aan grenzen. Hij was ingehuurd om de Balkan te verklaren. Wat de hulpverlening betreft bleven wij beiden amateurs, Johan en Marc daarentegen waren professioneel. Op het eerste gezicht niet het soort mannen met wie je naar de oorlog zou trekken, maar je mocht ze niet onderschatten. Te midden van de verschrikkingen van de twintigste eeuw waren de tegenpartijen opgericht met de bedoeling het kwaad te keren. Goed opgeleid ging het ondertussen met het vliegtuig of per vierwielaandrijving van honger naar burgeroorlog, van aardbeving naar overstroming. Maar ook de tegenpartijen waren gaandeweg gebureaucratiseerd en al dan niet ideologisch gerecupereerd. Ik zie Bernard Kouchner nog voor de kust van Somalië door de golven waden met een zak graan op de schouders. Hij werd aan alle kanten onder vuur genomen door fotografen en cameramannen, en in de rug gedekt door een armada van tot de tanden gewapende Amerikanen en hun bondgenoten. Een paar maanden later was het heilsleger met stille trom vertrokken. Het klimaat was uitputtend, de clanhoofden vals, de kinderen een plaag. Vanzelf dat hier en daar een soldaat de kolder kreeg, een katje in het donker wilde knijpen, of een zwartje roosteren. Geintje. De hulpverlening schreeuwde moord en brand, het thuisfront was een en al morele verontwaardiging. De vermoedelijke daders werden voor de krijgsraad gedaagd. Hun verongelijkte koppen verschenen op de televisie. Waren er met al hun krijgsalaam op uitgestuurd, maar mochten niet schieten. Werden door nieuwbakken missionarissen op hun plicht gewezen en door de pers op de vingers gekeken. Moesten bemiddelen tussen menseneters en hongerlijders, moesten bandieten afschrikken en de schoolmeester spelen. Bobby's in de brousse: *Stop! Or I say stop again!* Ze stonden letterlijk voor schut. En wat konden ze onder ede verklaren over nachten vol kreten en gefluister, over angst, verveling en opgekropte woede? De rechtvaardige rechters waren in verlegenheid gebracht, en wij hadden er weer een zaak bij die met een sisser zou aflopen. Er was wat pus uitgeknepen, maar het abces woekerde voort, de wereld zat onder de zweren. Verveeld zapten de kijkers naar andere zenders. En de hulpverlening? Die ploeterde voort, schijnbaar neutraal, elkaar voor de voeten lopend, afhankelijk van subsidies en liefdadigheid, schipperend tussen slachtoffers en beulen, zonder uitzicht op een goede afloop. Redden wat je redden kon. Je moest een klap van de molen hebben om je daarin te begeven, of een hopeloze idealist zijn, maar misschien was het ook een vak, of werd het al doende een vak, en kon je ook aan helpen verslaafd raken. De illusie onmisbaar te zijn. Keer op keer vroeg ik Johan of de hulp haar doel bereikte.

'Voor velen betekent de hulpverlening het verschil tussen leven en dood!' Daarmee snoerde hij mij de mond, maar ik had evengoed naar de zin van zijn bestaan kunnen vragen.

Ik wist niet zeker of ik eropuit was mijn reisgezellen beter te leren kennen. Ik luisterde, werkte oplossingen uit, maar behield een zekere afstand. De buitenwereld zorgde voor voldoende verwikkelingen en wat mezelf betrof, het afschermen van mijn intimiteit was als een tweede natuur geworden. Het trof mij dat wij op weg waren gegaan als goedwillende vreemdelingen. Ik dacht aan onze grootvaders, die ook op weg waren gegaan, al dan niet vrijwillig, in die warme augustusmaand van 1914, op weg voor wat een korte en glorierijke oorlog beloofde te worden. Zij kenden elkaar niet, maar zij werden in hetzelfde uniform gestoken en moesten erop vertrouwen dat zij elkaar zouden bijstaan en rugdekking geven. Kameraden waren zij geworden gedurende die vier jaar dat ze in de modder waren vastgelopen, tussen de lijken, de paardenkadavers en de ratten. Ze konden alleen op elkaar rekenen, want hogerop regeerden de verdwazing en het onbenul. Achteraf werden ze achtervolgd door herinneringen die ze met niemand anders konden delen dan met de toevallige overlevenden, die hen echter onvermijdelijk aan de doden deden denken. Fantomen uit een andere wereld, zelfs de seizoenen waren volgens mijn grootvader niet meer hetzelfde als voor 'de Groote Oorlog'.

De doden van die oorlog hadden geen voorstelling van Sarajevo gehad en van de overlevenden had maar een enkeling die stad ooit bezocht, maar de naam was in de overlevering blijven hangen als het obscure oord waar de oorlog vandaan was gekomen. 'Sa – Ra – Je –Vo!' hadden de betogers op de Grote Markt van Brussel gescandeerd. Ik wenste vurig dat het verleden dood was en voorgoed begraven. Dat het niet langer het uitzicht op de toekomst zou bepalen. Terwijl wij op weg waren naar Sarajevo, met de beste bedoelingen, maar gefrustreerd – de oorlog was ons altijd voor, de hulp kwam te laat of was ontoereikend – zou 's avonds in Ieper weer de *Last Post* worden geblazen. Met wat meer ceremonieel dan gebruikelijk, op het rappel: ministers, generaals, bevende maar rijk gedecoreerde ouderlingen, en op een kluitje de kleumende toeschouwers. De Menenpoort, opgericht als triomfboog, was onvermijdelijk een treurhal geworden. Het tocht als in de hel onder het gewelf dat met de namen van vijfenvijftigduizend vermiste soldaten is bepleisterd. Een getal waarbij men zich geen gezicht meer kan voorstellen en tellen heeft geen zin, het is er altijd eentje te veel. Beter je aan de onbekende soldaat te houden, of de jonge vrouw te gedenken die het wachten moe, niet wetend of haar geliefde door een kogel was gevallen of in mosterdgas gestikt, zich uiteindelijk een graf uitkoos. (Ik stel mij voor dat zij dat geblinddoekt deed.) Ergens moet men zijn bloemen en zijn tranen kwijt. 'Het leven gaat verder' is wel de grootste dooddoener aller tijden.

De ochtend klaarde op boven het heuvelende landschap van de Condroz, waar zowel de legerscharen van de Romeinen als die van Napoleon doorheen waren getrokken, en weer later die van de Duitsers, keer op keer, om de Fransen in de tang te nemen. Ik vergeleek dit landschap met de vlakte voor Ieper, die ook uitliep in een heuvelland, maar die in versneld tempo was volgebouwd. Vlaanderen werd zowat onder de stenen bedolven. De oorlogskerkhoven, die reusachtige knekelvelden, zijn waarlijk lusthoven geworden. De grond is als eeuwig eigendom aan de doden geschonken, maar zij zijn sinds lang vergaan en genieten niet van de ceders, de rozen en de vergeet-me-nietjes. Ik mocht de bloemen ook niet plukken op de zondagmiddagen dat mijn grootouders en tantes er hun kerkhofwandelingen hielden alsof zij familiebezoek aflegden, en de gendarmes met verhitte koppen op de paartjes joegen die op het stermos en tussen de grafstenen de liefde uitprobeerden. Ik had het bestorven, zeker weten, vrijen op een knekelveld was niets voor mij. Liefde en dood moet je gescheiden houden, maar ik was de oorlogskerkhoven blijven bezoeken, al wist ik niet goed wat ik bleef gedenken. De gesneuvelden, de grootouders, of de kindertijd? Ik ging bij gelegenheid ook altijd de *Last Post* aanhoren, en op een avond stond ook mijn dochter bij de Menenpoort, huiverend in haar korte jurkje. Het was een doordeweekse dag in november, de zeewind leek de vlakte te willen schoonvegen. Waar hij tegenstand ondervond, door torens of hoogbouw, ging hij nog meer tekeer, en hij joeg onder de boog van de Menenpoort door alsof hij zelfs de *Last Post* wou wegblazen. Mijn dochter was ook onder de indruk van het gebeuren; het verkeer dat werd stilgelegd, de man met de bugel als de engel met de bazuin van het Laatste Oordeel. De lange uithalen en het wegsterven van de trompetklanken, eerst tegen de wind in, dan met de wind mee; ze kreeg er kippenvel van. Ik keek naar het meisje dat sprekend op Alice in Wonderland leek, en voelde me schuldig. Maar het was alsof ik haar de *Last Post* moest aandoen, vergeten is wel het allerergste, ook al omdat het vergetene niet afsterft, maar zich in allerlei vermommingen blijft herhalen. Je kunt de dood beter de baas door hem onvervaard in de ogen te kijken. Fraaie retoriek, God mag weten waar ik het vandaan had. Mijn grootvader was geen held, als hij een griepje had lag hij steunend in zijn fauteuil.

'Hij denkt alweer dat hij doodgaat,' spotte mijn grootmoeder.

Als de dokter eraan te pas kwam klampte hij zich aan haar vast: 'Moeder, hij gaat me pijn doen!'

Zij werd kwaad als hij haar moeder noemde, toch had ze zich het moederschap veelvuldig laten aandoen, want ziek te bed of niet, als de slaapkamerdeur op slot ging sprak hij Frans en zongen ze samen een kattenduet.

November was voor mijn grootvader de maand van de verschrikkingen. Om aan de nachtmerries te ontsnappen zat hij in het donker aan zijn pijp te lurken. 's Ochtends was de rook verdwenen, maar de verschaalde tabaksgeur bleef voorgoed in de kamer hangen. 'Het was vannacht weer bar,' zei mijn grootmoeder als ze de ramen openduwde. Het was alsof ze het huis op de tocht zette om de spoken te verjagen. Ze noemde haar man *un grand sentimenteau*, het was waar, hij was vlug bewogen en huilde zonder schaamte, maar als hij voor de *Last Post* in de houding ging staan was het alsof hij tot onverzettelijkheid verstarde. Hij betoonde zijn trouw, niet zozeer aan het vaderland, als wel aan zijn gesneuvelde kameraden, en zoals alle overlevenden voelde hij zich schuldig, want 'het zijn altijd de besten die vallen'.

Toen mijn dochter werd geboren leek de dood het beschamendste geheim van het leven. Ik voelde mij onmachtig als ik bedacht wat ik haar allemaal wilde besparen. Ze zou het zelf uitzoeken, pijn en vreugde kennen en zich aan de liefde overgeven. Ik kon haar wel bezweren geen soldaat te kussen, maar wat als het haar geliefde was? Negen maanden had ik rondgelopen als een triomferende gans, maar toen ik naar dat kopje keek, naar die grote ogen die onvervaard het leven inkeken en nog niets konden herkennen, was ik plotseling bang geworden.

'We naderen de grens,' meldde Johan.

De Belgische douanes gaven niet thuis, de Duitse bekeken ons lodderig en maakten met twee tegelijk een gebaar van 'wegwezen jullie'.

'Zal ik het stuur overnemen?' vroeg Lucas.

Johan zette de radio weer aan, de muzak zeurde, het begon te regenen. Ik keek niet achterom, ook al omdat mijn keel pijn deed en mijn hals stijf aanvoelde. Het was alsof een onzichtbare reuzenhand mij in haar greep hield. Wat eens mijn voorland was geweest – Ieper, de Vlaamse vlakte – was mijn achterland geworden. Kind van mijn tijd, overal en nergens thuis, verschuil ik mij in Mechelen, de oude hoofdstad der Nederlanden, een provincienest. De stad van de oudste postverbinding van Europa, de eerste treinen op het vasteland, vergane glorie en misplaatste pretenties. In het stadhuis had Oranje – in het Frans – de beruchte woorden gesproken: 'Het zijn maar geuzen, Mevrouw.' Waarna de landvoogdes, Margaretha van Oostenrijk bijgenaamd de Vlaamse merrie, haar biezen had gepakt en het Eedverbond der Edelen zich opmaakte voor de Tachtigjarige Oorlog.

De stad is in de tijd achtergebleven, een relict, in de ochtendnevel lijkt de kathedraal op *De kathedraal van Rouen,* een schilderij van Monet. De schilder die beweerde dat hij niet de dingen schilderde, maar datgene wat zich tussen de dingen en hem afspeelde. Hij trachtte het ongrijpbare moment te vatten en zat achter het licht aan. Zijn schilderijen lijken te trillen en te beven, de vele licht- en kleurschakeringen maken het beeld diffuus. In de Eerste Wereldoorlog was de bejaarde schilder depressief geworden, zijn wereld verging, geen mens die nog om de schoonheid gaf, hele delen van het land lagen in puin. Maar Monet had zijn voorzorgen genomen en in Giverny met zijn tuin en zijn vijvers zijn eigen landschap geschapen. De tachtigjarige, half verblind door staar, het penseel aan de rachitische vingers gebonden, begon op immense panelen de *Nymphéas* te schilderen, waterlelies die tegelijk drijven en zweven in peilloze vijvers. Het wordt ijl in mijn hoofd als ik er lang naar kijk. Wat had Monet tot deze laatste krachtsinspanning gedreven, terwijl aan de Somme en de Marne een hele generatie voor de bijl ging? Was het heroïsme of wanhoop? Wist hij niets beters om de dood op afstand te houden? Moest hij een tegenbeeld van de oorlog creëren? Was het een gok voor de eeuwigheid? Of zat er niets anders op dan te schilderen? De *Nymphéas* hadden wat mij betreft niets geruststellends.

'Hoe kun je met geel en roze blauw blauwer doen lijken?' vroeg ik.

Lucas staarde mij verwonderd aan.

Ik wees naar het verregende land: 'Al dat grijs.'

Lucas hield ook meer van de zon, hij had onvergetelijke vakanties doorgebracht op eilanden in de Adriatische zee, waar de hitte de lucht deed trillen en het eten spotgoedkoop was. Had hij toen niets bijzonders opgemerkt: spanning, opruiende taal, een gewelddadig incident? Jazeker, maar zelfs zijn intellectuele vrienden hadden die schermutselingen niet ernstig genomen, en het had geen zin je vakantie te laten bederven. Wie had in 1914, na de moordaanslag op de Oostenrijkse troonopvolger, Franz Ferdinand en zijn vrouw Sophie, de Eerste Wereldoorlog kunnen voorspellen? De mensen wisten niet eens waar Sarajevo lag. Lucas zelf wist wel beter, of kon het achteraf verklaren. Er was naar die oorlog toe gemanoeuvreerd, de bondgenootschappen zorgden voor de kettingreactie. 'Een of ander stom voorval op de Balkan,' had Bismarck voorspeld. Het was wachten op het startschot, de aanleiding of het excuus. De IJzeren Kanselier maakte zich op voor een frisse oorlog die Duitsland één en groot zou maken.

In 1989, gedurende een PEN-congres, riep een Servische dichter dat Servië de hele wereld in brand zou steken. Dat zou je wel willen, dacht ik, de man met enige spot bekijkend. Aan dichters zat een steekje los. Ik tilde niet te zwaar aan die dreigende uitval, dit was Europa, eind twintigste eeuw, er zaten kieren in het IJzeren Gordijn, verenigd en welvarend zouden wij de eenentwintigste eeuw ingaan. Een clubje dolgedraaide macho's zou daar niet veel aan veranderen. Ik was een nuchtere Lagelander, bovendien een Belgische; verschillen waren politiek wisselgeld, het compromis was ons in de mond bestorven. Ik kon het geduvel omtrent de eigenheid nog altijd niet ernstig nemen, of voelde mij niet verplicht mijn identiteit te bewijzen. Ofschoon ik ook een Vlaamse ben en beter had moeten weten. Maar ik was ik, en dat was al lastig genoeg.

Ik had al vlug mijn bekomst van die congresgangers uit de diverse delen van Joegoslavië, die voortdurend hun eigenheid inriepen om hun gelijk te halen, en met hun identiteit aan je hoofd zeurden alsof dat alles verklaarde. De hele Balkan was een *Salade Macedoine* en als je er even over nadacht waren we allemaal min of meer gelukkige bastaards. Ik moest vooral de toon niet, klagend en aanklagend, alsof zij het niet konden helpen en het allemaal onze schuld was, de voorbije oorlogen en de toekomstige. Waarover ik al helemaal niets wilde horen. Tot in den treuren herhaalden de congresgangers dat de geschiedenis zich bleef herhalen omdat wij het lieten gebeuren.

'Wie zijn wij?' vroeg ik pissig.

'Het Westen, in het bijzonder Europa, maar ook Amerika, het kan jullie niet schelen hoe het ons vergaat.'

Krijg de pleuris, dacht ik. Het zou nog wel even duren voor ik mij verplicht zou voelen, maar zonder het te beseffen was ik er al bij betrokken.

Herfst 1992. Sarajevo kwam onder vuur te liggen, de oorlog was terug in zijn thuisbasis van 1914. Wie op school had opgelet, of zich de verhalen van de grootouders herinnerde, wist dat het menens was. Ik had mij teruggetrokken in mijn werkkamer als in een iglo, omringd met documentatie over de noordpool, foto's van ijsbergen, walvissen en atoomduikboten. Daar moest een boek van komen, ik was klaar voor de overwintering. Het televisienieuws bracht ijzingwekkende beelden van een oorlog die geen frontlijnen kende, maar die zich op het verschil tussen mensen richtte. Waar moest dat heen met Sarajevo, wat stond er te gebeuren als heel Europa de Balkankolder kreeg? Ik probeerde krampachtig de beelden van de noordpool vast te houden, de verrukking van de eerste aanblik, van die oneindige vlakte waarin je van jezelf wordt verlost. Een diepvrieskist vol schatten, mensen die volslagen anders en toch eigen zijn, dieren in hun element, een ijszee vol leven en gevaar. Maar ook daar vervuiling, nucleaire dreiging, aantasting van gezondheid en cultuur. Je stoot altijd weer op hetzelfde. Onvermijdelijk begonnen andere beelden door die van de noordpool heen te spoken, beelden van een bergachtig land, mooi maar woest, beelden van tot puin geschoten dorpen en verraderlijke mijnenvelden die herinnerden aan een moddervlakte, doorsneden met loopgraven en kraters zo groot als de meren des doods.

Het liefst had ik niet thuis gegeven toen op een dag een leeuw van de fax begon te rollen. Het was de Vlaamse, met de vraag of ik naar Rotonde 13 van het parlement wilde komen. Ik was nog niet bekomen van de verrassing toen er weer een leeuw van de fax rolde, de Belgische, met dezelfde vraag. Met leeuwen moet je uitkijken; waar je ze in het vrije zelden ontmoet, kom je ze op allerlei blazoenen tegen. Hun wensen zijn bevelen. Ik bestudeerde de manen, de klauwen, de flamboyante krullen tussen de dijen en de geheven staarten, werd er niet wijzer van, en vertrok naar Brussel. Diezelfde dag ging ik akkoord om een Staten-Generaal van de Gemeenten bijeen te roepen, omtrent de oorlog in wat al zowat het 'voormalige Joegoslavië' was. En indien door die Staten-Generaal zou worden besloten om een hulporganisatie op te zetten voor de slachtoffers van de oorlog, zou ik het voorzitterschap voor de Vlaamse vleugel daarvan op mij nemen.

Zelden heeft iemand zo beduusd weer de trein naar huis genomen. Ik vatte het niet, maar begreep dat ik mij in de stront had begeven. Het koude zweet brak me uit als ik aan het boek dacht, dat nog moest worden geschreven, het woord deadline werd relevant. Ik had geen tijd meer te verliezen, maar hoe ik mij ook verzette, het leven leek op tijdverlies neer te komen. En op wachten. Ik verzette mij ertegen door de droom van anderen te worden gegrepen, of voor de kar te worden gespannen. Ik wilde mij niet langer schuldig voelen omdat ik mijn eigen gang ging. Ik had mij neergelaten op een zitje bij de deuren, alsof ik meteen weer wilde uitstappen.

Toen we uit de Brusselse ondergrondse opdoken stond daar een verkreukeld mannetje dat mij bestraffend aankeek: 'U zit op mijn plaats!'

Ik staarde hem stomverbaasd aan en toen hij zijn opmerking dwingend herhaalde vermoedde ik dat er binnen in dat hoofd ook een en ander was verkreukeld. De treinwagon was maar matig bezet, plaats zat. Het mannetje tikte op de wand achter mijn rug. Daar hing een schildje waarop een zwaard met laurierkrans was afgebeeld. Het was mij nooit eerder opgevallen, maar het mannetje verklaarde dat dit het schildje was voor de grootinvaliden van de Eerste en van de Tweede Wereldoorlog, die aldus verzekerd waren van een zitje. Hij vond het overdreven dat ik ging verzitten alsof ik mijn billen had gebrand, maar hij zat op zijn stoel alsof hij zetelde om recht te spreken. En aan zijn verhaal viel niet te ontkomen.

Zijn vader was een spoorwegman, dat was in de Tweede Wereldoorlog, geen vooruitzichten en haast niets te bikken. Het gezin verkommerde, met zestien was het mannetje zijn vader gevolgd naar het spoor. De konvooien van Mechelen naar Auschwitz waren al op gang gekomen. Het verzet was begonnen met het losdraaien – of niet vastzetten – van de schroeven van de dwarsliggers, spelenderwijs om zo te zeggen, maar als je dat over een zekere afstand deed en met kennis van zaken ontspoorde de trein. Op 19 april 1943, de dag dat de opstand in het getto van Warschau losbarstte, een merkwaardige samenloop van omstandigheden achteraf gezien, was een konvooi samengesteld uit veertig veewagens van het type 'veertig man of acht paarden' in Boortmeerbeek tot staan gebracht. Het openen van de deuren werd bemoeilijkt omdat ze vanbinnen ook nog met prikkeldraad waren afgesloten, maar de gevangenen konden, voorzover ze durfden, ontsnappen. Een uniek voorval in de geschiedenis van de deportatie. De Duitsers waren in alle staten, die van het spoor werden van sabotage beschuldigd. Het was een werkkamp in Duitsland geworden, waar het mannetje ook aan het spoor te werk werd gesteld. Daar was het gewoon doorgegaan: schroeven losdraaien, deuren ontgrendelen, stelen als de raven. Tot de RAF hem het ziekenhuis in had gebombardeerd waar hij met 'een stijve poot' weer uit was gekomen.

'Mijn broodje was gebakken,' besloot het mannetje grimmig.

Ik zat op mijn plaats genageld, tenslotte vroeg ik het mannetje wat het zwaarst had gewogen. Hij keek dat groentje hoofdschuddend aan, maar als ik het echt wilde weten, de verveling, dat had het zwaarst gewogen, het wachten, aan de oorlog leek maar geen einde te komen. Je schoenzolen raakten versleten, je liep in een gekeerde jas, het brood was niet te vreten (als je het al had) en zelfs voor een lief en trouwen moest je wachten. Een beetje actie hield je bezig, en je wilde het die moffen betaald zetten, want wat had je aan je 'schoon jong leven'? Daarbij moest ik weten dat zijn vader in 14-18 aan de IJzer door het gas was gepakt, die had de rest van zijn leven naar adem lopen happen. De stem van het mannetje was uitgeschoten, klootzakken waren het, die moffen! Geen druppel water hadden ze de gedeporteerden gegeven, en die mensen vergingen van de dorst!

Er viel een ongemakkelijke stilte. Toen een reiziger omstandig zijn krant dichtvouwde, schrokken we allebei. Ik begon over de oorlog in Joegoslavië, het klonk alsof ik ook een duit in het zakje wilde doen, maar het mannetje leek ervan op te leven. Die partizanen hadden de moffen rake klappen toegebracht, jammer dat ze ook elkaar waren begonnen te bevechten. We praten een eindweegs over de naweeën van het communisme en de onverdraagzaamheid van de diverse partijen. 'Volgende keer doe ik niet meer mee!' besloot het mannetje. Dreigde hij dan niet zijn gegarandeerde zitje te verspelen? 'Ook weer waar.' Hij lachte een glimmend kunstgebit bloot, waardoor hij onverwacht op de Franse acteur Fernandel leek.

Bij de aankomst spoedde hij zich naar de uitgang als een doorgewinterde stationsrat; hij mocht dan hompelen, ik had moeite het tempo bij te houden. Op het stationsplein hield hij halt, maar in plaats van afscheid te nemen maaide hij met beide armen om zich heen. 'Dat lag hier allemaal plat!' Mijn blik gleed van de morsige cafés en de Chinese restaurants naar de seksshops en de meubelzaken vol nepantiek en nepdesign. Ik durfde niet goed te vragen of het voorheen, voor de oorlog, ook al zo lelijk was geweest. Maar ik kreeg de kans niet, zonder verder omhaal had het mannetje mij de rug toegedraaid en was weggehompeld.

Was het door dit soort voorvallen, dit soort van verhalen, dat ik mij liet vangen? Was ik opgezadeld met de oorlogen van twee generaties vaders? Ik kon in ieder geval niet doen alsof ik het niet had geweten, al in de wieg was ik bestookt met slecht nieuws. Maar wat wist ik van het toenmalige Joegoslavië? Tito, partizanen, slivovitsj. Een 'niet gebonden land', de Duitsers hadden het er niet onder gekregen, maar ook tegenover Moskou leek het een onafhankelijke koers te varen. Er was een aardbeving geweest in Skopje, in Sarajevo waren nog een keer de Olympische Winterspelen gehouden. Als ik mij niet vergiste waren er aan de veelgeroemde kust naaktstranden, maar die had je bijna overal. Uit de literatuur waren mij gruwelijke verhalen bijgebleven, maar ook poëtische; geweld en spleen, het Slavische gemoed nietwaar. Ik wist gewoon te veel, of liever gezegd, ik was overvoerd met kennis, de versnippering was eindeloos. De wereld was onoverzichtelijk, ik had geen inzicht meer. Ik was op zoek naar troost, naar balsem voor de ziel. Ik was murw van het nieuwsbombardement, de niet aflatende stroom beelden en berichten over moord en honger, de alomtegenwoordige oorlog. Voor de boekenkast aarzelde ik alsof ik niet wist welk boek te kiezen, voor de televisie zat ik als bezeten te zappen. Ik ontwikkelde een zesde zintuig voor catastrofes.

'En altijd op etenstijd,' klaagde de slagersvrouw.

Het was alsof ze het erom deden. Als je de hele dag in gehakt en ingewanden had gegraaid wilde je 's avonds naar wat anders kijken. Je kon de ellende niet verhelpen en begon je af te zetten. Of je koos een koekje uit de doos van Pandora. Ik geef voor Afrika. Zoals de dames in de negentiende eeuw door hun meid aan de deur lieten zeggen: 'Mevrouw heeft haar eigen armen.'

Als ik een bedelaar iets toestopte voelde ik mij rot, maar ik voelde mij nog slechter als ik het niet deed. Ik schaamde mij, vooral als ik in eigen land met bedelaars werd geconfronteerd. Het liefst was ik met een boog om ze heen gelopen, maar je zag ze bijna overal hun schamele kunsten vertonen en hun armoede uitstallen. Zelfs als ze blind waren leken ze dwars door me heen te kijken. Het verschil tussen diegenen die hebben en diegenen die niet hebben werd meer dan een gevoel van onbehagen. Al direct na het uitbreken van de oorlog in Joegoslavië waren er in de labyrinten van de Brusselse stations bedelaars opgedoken die op het bordje bij hun bedelnap 'Vluchteling uit Bosnië' hadden staan. Het waren veelal vrouwen met kinderen, gekleed in lagen lorren en met ogen die wisten hoe ze als een geslagen hond moesten kijken.

'Dat zijn zigeuners,' had Johan scherpzinnig opgemerkt.

Wij spoedden ons verder naar de volgende bijeenkomst, de hulpactie kwam traag op gang, de oorlog bleek moeilijk te verkopen, de beloofde toelage van de overheid bleef uit, er waren conflicten tussen Nederlandstalige en Franstalige vrijwilligers, het was alle dagen een beetje Sarajevo in Brussel. Johan hield vol dat het niet met taal, maar met mentaliteit te maken had.

'Taal is mentaliteit,' zei ik.

Hij hoorde me niet of wilde mij niet horen. Hij was als een brandweerman die een uitslaande brand probeert te blussen zonder zich af te vragen waar de brandhaard zit. Hij zou de ernst van het geval pas toegeven toen het Servo-Kroatisch, dat zowel in het Cyrillisch als in het Romeins alfabet werd geschreven, twee aparte talen werd, die elk aan een etnische groep werden gekoppeld. Waarna prompt het 'Bosniac' werd uitgevonden. Het land viel uiteen, de mensen werden in etnische eenheden opgedeeld, en door de taal kon je vriend van vijand onderscheiden. Je mocht wel uitkijken als je iemand begroette, een uitdrukking die voorheen gemeengoed was, of je tongval, konden je verraden of brandmerken. De politieke grenzen werden tot in de intimiteit doorgetrokken.

'Dat is racisme!' riep Johan.

Maar hij bleef ervan overtuigd dat taal niet meer dan een communicatiemiddel was. Zoals hij toevallig ergens was geboren, zo had hij een taal meegekregen, en gelukkig was de sociaal-politieke toestand in zijn geboorteland zo geëvolueerd dat die taal geen uitsluiting of discriminatie meer betekende. Niets aan de hand. En dat in een land waar uit de taal politieke munt werd geslagen, waar met de taal de grond en de macht werden betwist, en waar de taal definitief de structuur van de staat zou bepalen. Wat is een mens zonder taal? En in hoeverre bepaalde een taal wat voor soort van mens je was? Haarkloverij van schrijvers.

Johan ging een beetje slordig met de taal om, zodat niemand hem ervan kon verdenken conservatief te zijn. Hij besefte niet dat zijn taal was voorgeprogrammeerd, dat hij een jargon hanteerde dat uit zijn instelling voortkwam en door een club gelijkgezinden werd gebruikt. Net zoals hij zich met het Engels van de hulpverlening redde, zonder erbij stil te staan dat het op een ander niveau ook het Engels was van de wapenhandel. De hulpverleners bleven beleefd als ik brieven corrigeerde of officiële mededelingen analyseerde, maar ze namen het niet ernstig, behalve als er plotseling niet bleek te staan wat er stond, of als een tekst ook voor tweeërlei uitleg vatbaar was. Waarom moest men het zo ingewikkeld maken, was het niet voldoende dat de mensen je begrepen?

Op de jaarvergadering van de Balkanactie had ook de kersverse diplomatieke staf voor Bosnië present gegeven. De heren ergerden zich aan het Servo-Kroatisch van het vluchtelingenkrantje, dat moest voortaan in het Bosniac. Ik vroeg of dat een geschreven taal was en er volgde een dispuut waarbij de heren zich gedroegen als de eieren die de kippen een lesje wilden leren. Toen ze het wat taalpolitiek betreft moesten afleggen, eisten ze de lijst namen van abonnees op, en met de journalisten die het krantje samenstelden mochten we wel uitkijken; er bevonden zich onder de vluchtelingen ook criminele elementen. De gezichten van Nada en Esad waren strak en bleek, vertrokken tot het masker van de angst. Ze konden – of wilden – niet terug naar Sarajevo en hadden een permanente verblijfsvergunning aangevraagd, zou die nu in het gedrang komen? Kwaad zei ik dat 'in dit land' de persvrijheid gegarandeerd was en dat er van namenlijsten geen sprake kon zijn. O, maar de heren wilden niet censureren, het krantje moest gewoon aan het Bosnische idioom worden aangepast, en het was hun taak landgenoten in het buitenland bij te staan. Onder intellectuelen, of onder democraten, moest dat toch bespreekbaar zijn? Poeslief namen ze afscheid.

'Wat zullen we nu beleven!' had Johan uitgeroepen.

Lucas stelde voor als stijloefening een week lang de woorden Vlaanderen en Wallonië in de kranten aan te strepen. Marc vond dat je geen appelen met peren kon vergelijken, maar was ervoor de streektalen officieel in te voeren, elke provincie moest in zijn eigen provinciaals worden bediend! De jongens gingen meteen hun dialecten uitproberen, binnen een mum van tijd stond de Toren van Babel weer overeind. Lucas friste ons geheugen op met het verhaal van de Brugse Metten – 13 mei anno 1302 – toen de ambachten, waarvan de overlevering wil dat de slagers en de wevers de vurigste waren, de Fransen over de kling joegen. Het bloedbad werd bij nacht aangericht en de bezetters werden in het donker geselecteerd op hun Franse tongval. Wie het wachtwoord: 'Schild en vriend!' niet correct kon uitspreken, was eraan gegaan. Johan betwijfelde de authenticiteit van dit verhaal, ook al omdat de inheemse nachtbrakers dan evenmin hun leven zeker waren geweest; in het West-Vlaamse dialect wordt de 'sch' immers een 'sk'. De goede luim zat er weer in, maar ik vermoedde dat het waarheidsgehalte van dit soort verhalen bijkomstig was. Ik begon bij mijn uitstapjes naar Brussel op de zigeuners te letten en bemerkte hoe de onderdanige blik hatelijk werd als hun een aalmoes werd geweigerd, dat ze een verwensing mompelden als iemand hen haastig voorbijliep. Ze moesten het van de lichaamstaal hebben, de blik, de uitgestoken hand, het aanklampen. Ze volstonden met een gestamelde bede, een paar woorden langs de weg opgepikt, maar onder elkaar waren ze rad van tong. Als ze bemerkten dat ze in de gaten werden gehouden, hielden ze hun mond en wierpen elkaar veelbetekenende blikken toe, of gingen achter het handje zitten smoezen. Beroeps, ze lieten zich lijdzaam verjagen, maar de volgende dag waren ze weer op hun post. Mensen zonder land, die op onze vuilnisbelt moesten zien te overleven. Waar ze vandaan kwamen was een raadsel – misschien waren ze wel uit Bosnië gevlucht – waar ze heen gingen al evenzeer. Alleen de politie volgde hun gangen, als het even kon werden ze als lastposten over de grens gezet. Terwijl de moderne, goed opgeleide en welvoorziene mens als een luxenomade over de wereld zwierf, werd het handjevol nomaden dat onze geschiedenis had overleefd voorgoed gemarginaliseerd en weggepest.

Ik probeerde verhalen met elkaar te verbinden: het loflied op de zonen (en de dochters?) van de wind, die voor alles de vrijheid liefhadden en zo prachtig konden zingen en dansen, met de verdoemde saga van de kinderrovers, de paardensjacheraars en de kippendieven. Uiteraard bezaten ze ook de duistere aantrekkingskracht van de vreemdeling, de exotische erotiek en de seksuele potentie. Je hart raakte van slag als je te diep in hun ogen keek en vervolgens was je verloren. Hoe raakte je van dit soort verhalen af? Welke taal moest je hanteren om de vooroordelen te ontmijnen? Wat voor soort abracadabra? De zigeuners hadden hun eigen gedenkplaat op de muur van de voormalige Dossin-kazerne in Mechelen, vanwaaruit ze met de joden waren gedeporteerd. Het stak mij dat bij herdenkingsplechtigheden de bloemen exclusief voor de joodse slachtoffers waren. Samen de dood ingedreven maar toch weer verdeeld. Wanneer hield de waanzin een keer op?

Zigeuners hadden hun gebruiken, maar dat was al folklore. Hun taal, die nergens stond geschreven, was tot Bargoens vervallen. Wie geen land had dreigde ook zijn taal en zeggenschap te verliezen. Het poverste volk had ergens wel een kraai die alles zat op te schrijven, maar de zigeuners, die dreigden uit te sterven, hadden dringend een ghostwriter nodig.

'Je kunt de wereld niet redden,' had mijn grootvader in voorkomende gevallen gezegd. 'Wie zich toch geroepen voelt wordt heilig of gek, en het verschil is vaak niet uit te maken', had mijn grootmoeder er ongetwijfeld aan toegevoegd. Die twee hadden kennelijk hun eigen grenzen bepaald, ik protesteerde, maar het klonk kinderachtig.

Op een dag was er een wilde staking bij het spoor uitgebroken, de reizigers waren onverwacht in de ondergrondse van Brussel gestrand. De spoorwegpolitie gaf niet thuis, ook al omdat ze wist wat ze van het morrende volk over zich heen zou krijgen. Een groep zigeunervrouwen profiteerde van de gelegenheid om de reizigers vakkundig te plukken. Ze omcirkelden ze, trokken zich terug als ze wat geld kregen toegestopt, namen de volgende klant onder handen en keerden weer naar de eerste terug. Alles in de stijl van: van-voren-krijgen en van-achteren-stelen, uitdagend, met vooruitgestoken borsten en draaiende heupen. Het leek een speels vertoon, maar de gekrenkte trots vroeg blijkbaar om revanche. En je had even goed kunnen proberen een zwerm sprinkhanen te verjagen.

Toen een getergde reiziger zijn vuist hief, begonnen de vrouwen als bij afspraak te krijsen, ze renden naar de trappen, daar bleef er eentje staan alsof ze de aftocht wilde dekken. Ze wierp een doordringende en minachtende blik op de perplexe reizigers en tilde haar rokken op. Ik meende de beruchte moederkeszak te onderscheiden, die privé- kluis die ook burgerdames op reis plachten te dragen, maar ondertussen had de vrouw zich wijdbeens voor de trappen geposteerd en begon krachtig te plassen. De reizigers stonden haar als betoverde apen aan te gapen. Niemand die een vinger durfde uit te steken. Ook ik niet. Maar toen de hele heisa voorbij was – en de treinen ook nog gingen rijden – waren de tongen losgekomen. Vooral de vrouwen waren diep verontwaardigd.

'Heb je die wijven gezien, zigeuners hebben geen manieren!' brieste er eentje. Een andere vertelde dat ze, geroerd door de kinderen, een pakket oude kleren had meegebracht. Alles schoon en nog goed te gebruiken. Maar de zigeuners hadden het pakket niet eens willen aannemen, geld moesten ze hebben!

Ik zat het grimmig aan te horen. Het hulpcentrum werd overspoeld met oude kleren en verjaard blik. Als ze van hun troep afraken willen de mensen best helpen. 'Je komt het wel aan huis ophalen?' Want zelf naar de verzamelplaats brengen, dat zagen ze niet zitten. Het leek er soms op dat de hulp de hamstervoorraden van vorige crisissen te verstouwen kreeg. 'We kunnen al tot Korea terugtellen!' had Marc gemeld.

Toen de vrouw van het klerenpakket bleef zeuren over haar goeie goed, schraapte ik mijn keel: 'Met geld kun je brood kopen.' Het kwam er schor uit.

'Brood?' schamperde de vrouw.

'Of gebakjes,' zei ik, zoals de minister die Marie-Antoinette souffleerde.

'Stank voor dank zal je bedoelen!' De vrouw was in wrokkig zwijgen vervallen.

Ik staarde naar buiten; tuintjes bezet met hokken, loodsen, autokerkhoven, de achterkant van de wereld. Maar midden in dat godvergeten landschap, in een weide, stond een Brabander. Onbeweeglijk, de oren gespitst, de ronde kont gespannen, een monument. Hij ploegde niet meer door het veld, of versleepte niet langer lasten in de havens. Hij had zich aangepast, stapte in stoeten, processies en reclamekaravanen. Hij overleefde de teloorgang van zijn werkterrein omdat hij de liefhebberij was geworden van lieden die zich de luxe konden veroorloven. Mijn eerste paard, verkwanseld erfgoed. Toen mijn grootvader vanuit een trein een Brabander zag die, van schrik of uit zottigheid, tegen de prikkeldraad was gelopen en onhandig rukkend en trekkend, en zich daarbij nog meer verwondend, probeerde los te komen, had hij aan de noodrem getrokken. Die van het spoor vonden het geen noodgeval, mijn grootvader had een fikse boete gekregen. 'Geen niveau.' Misprijzend had hij zijn pijp uitgeklopt.

Ik hoopte dat hij het daarbij zou houden, want ik kon niet tegen paarden die werden aangeschoten, van uitputting bezweken of moesten worden afgemaakt, en die al te vaak in zijn verhalen voorkwamen.

'Ik ben nog maar een kind,' zei ik parmantig.

'Als het je zo uitkomt wel,' antwoordde mijn grootvader.

Dat was juist, maar ik had het gevoel dat de volwassenheid mij werd aangedaan. Ik had wat graag in Sinterklaas geloofd, maar het was mijn grootvader, verkleed en lichtjes aangeschoten, dat viel niet te ontkennen. Zo ging het met alles: het was niet wat het leek, het viel tegen, of het was angstaanjagend en vervulde mij met afschuw. Ik droomde ervan op een ongezadeld paard weg te galopperen.

'Meisjes en paarden,' monkelde mijn grootvader, die in die wens prille erotische gevoelens onderkende. Maar het was evenzo een verlangen naar onschuld. En van de oorlog wilde ik niet weten.

Ik was zo in gedachten verzonken dat ik bijna bleef zitten toen de trein in Mechelen halthield. Geschrokken haastte ik mij naar de deur. Een man hielp me uit te stappen en mompelde: 'Mijn respect, mevrouw.' Hij had gedurende het reisje zijn mond niet opengedaan.

Ik liep op mijn hoge hakken het station uit alsof ik lichtjes beschonken was. Wat had ik aan respect als er geen liefde bij was? Thuis stampte ik op blote voeten de trap op, het papier van de fax was vastgelopen, toen ik de rol weer vlot trachtte te krijgen, sneed ik gemeen mijn vingers aan het papiermes. Ik likte het bloed op en spoelde de weeë smaak uit mijn mond met een whisky, ik had zin om eens flink dronken te worden. Maar mijn grootouders keken mij vanuit de ovalen, met roosjes besneden kaders van hun foto's op mijn vingers. 'Het is al goed,' zei ik hardop, en toog aan het werk.

Voor zigeunerin was ik kennelijk niet in de wieg gelegd. Ik schrijf, en hoe meer ik schrijf, hoe minder geschikt ik ben voor wat anders. Ik zou een Lippizaner willen zijn, gefokt voor de schoonheid, met aanleg om op muziek van Mozart te dansen. Ook literatuur is een kwestie van stijl. Maar ik zag me al als Brabander, beroofd van land en stand, op weg een kermispaard te worden. Terwijl de werkelijkheid, alweer de verbeelding voorbij, mij in het harnas van een strijdros dwong. Het woord als wapen. Alleen de praktijk kon mij van de pathetiek redden.

Vijftig kilometer over de grens hielden we een sanitaire stop. Mijn reisgezellen zochten fluks een boom en stelden zich op – ruggen naar mij toe – om het meditatieve moment van de man te beleven. Ik stapte voorzichtig door het bedauwde gras – op sommige wegbermen kan je zowel in een drol als op een landmijn trappen – naar de beschutting van een bosje en probeerde de straal zo te richten dat ik mijn broekspijpen niet bespatte. Tussen mijn knieën, in het gras, verstoorde ik de rust in insectenland. Een zwartpaarse kever, die op een scarabee leek, zocht schommelend een heenkomen. Een spin, die haar web in het gras had gesponnen, alsof ze haar bedje had gespreid, rende langs een draad van luchtbelletjes naar een neerslagvrije zone. Een weldadige geur van herfstbladeren, paddestoelen en warme buik, steeg op. Als dit Madurodam Duitsland was, had ik het wel tussen mijn knieën willen houden. Geen erfvijand, geen verdachte verwantschap. Haat noch angst. Een bevrijdend besproeien, als van een historische kramp verlost. Vanuit mijn schuilplaats keek ik naar de ruggen van mijn reisgezellen met het gevoel achterwaarts in de tijd te tuimelen.

Vanwege theologische meningsverschillen met de nonnen van de dorpsschool – ik kon bijvoorbeeld niet geloven dat dieren geen ziel hadden – werd ik naar de jongensschool verbannen. De meester onderwees de jongens alsof hij ze moest temmen om ze enige beschaving bij te brengen. Hij was nog van de Verlichting, een achttiende-eeuwse liberaal, aan theologie deed hij niet, hij probeerde de wereld rationeel te verklaren. Hij bekeek ook mijn geval filosofisch: nu en dan werd er een buitenbeentje geboren, ik had mijn afstamming niet mee, te veel verschil tussen mijn ouders, maar hij had een zwak voor lastpakken, op voorwaarde dat ze niet dom waren. En ook een meisje moest leren haar 'kopje' te gebruiken. Hij was prettig verrast als ik hem een veldboeket bracht, of de bordenwissers uitklopte, maar ook als ik het eerst klaar was met een taak, of een spitse opmerking maakte. Hij hield van het vrouwelijke. Van de weeromstuit was ik erop uit hem te behagen. Zo zat ik in mijn geborduurde Hongaarse blouse, mijn vlechten om mijn hoofd gewonden, tussen de heidenen en de vechtersbazen, die vast van plan waren mij eens flink te pakken. Ik leerde ze al vroeg kennen, de jongens. In een groep waren ze ongenietbaar, op het gevaarlijke af; alleen werden het sukkels, bereid tot verraad en vol zelfbeklag. En ze waren voordurend in de weer met hun piemel.

Na schooltijd trok er eentje een streep in het zand en gaf het bevel: 'Plassen!' De jongens schaarden zich in het gelid en deden hun best, om het verst, om het hoogst, om het langst! Ik hurkte neer en tuurde onder mijn rok, die als een tent over mijn knieën was gespannen. Ik kon mijn plas afknijpen of druk op de straal zetten, na wat oefenen kon ik het ook staande, maar toen ik voor tante Adeline een demonstratie gaf, drukte ze mij bij de schouders omlaag: 'Ga zitten!' Ik viel met mijn blote bibs in de stoppels, het was oogsttijd, de velden lagen erbij alsof ze slecht waren geschoren.

Zuster Franciska beweerde dat nonnen niet naar de wc hoefden, na een week bespieden en volgen had ik haar op de wc betrapt, ik bloosde van plaatsvervangende schaamte. En wat te denken van het verhaal dat alle nonnen kuise bruiden van God waren, dat ze hem alleen maar wilden aanbidden? Ik ging naar de meester om uitsluitsel te krijgen.

'Het verschil zit daar niet.' Hij begon omstandig zijn brillenglazen te poetsen. 'Het is dat de een over de ander de baas wil spelen.' Bijziende tuurde hij in de verte. De stilte woog.

'Zuster Franciska...' begon ik.

'Zuster Franciska is zot!' Hij sloeg met zijn vlakke hand op de lessenaar.

De meester woonde naast de school, hij had geen kinderen, zijn vrouw was ziekelijk, maar ze kon mooi pianospelen. Achter de gordijntjes van een vitrinekast stonden rijen boeken, de sleutel van die kast droeg de meester bij zich, in zijn vestzak, daar waar bij mijn grootvader het zakhorloge werd opgeborgen. Ik was uit het huis van de meester niet weg te slaan.

'Het ruikt daar zo lekker,' antwoordde ik desgevraagd.

'Makkelijk, als je geen kinderen hebt.' Tante Adeline verbood me de meester nog langer lastig te vallen, dus zat ik me opzichtig te vervelen. 'Maar je hebt toch vriendjes!' riep ze.

Vanzelf had ik vriendjes, maar dat hielden we stil: vriendschap tussen de geslachten was toen net als nu verdacht. Gabriël en Jules, mijn neven, en ik waren de drie musketiers, maar op school was het niet langer 'één voor allen en allen voor één'; als de neefjes het al voor me moesten opnemen, dan was het omdat we toevallig familie waren. De gêne die ook onze spelletjes zou binnendringen, was een voorafspiegeling van later.

'Eerste liefde roest niet,' herhaalt Jules bij elke begrafenis, en Gabriël staat het besmuikt lachend aan te horen. Jules heeft een buikje ontwikkeld, het haar van Gabriël is vroegtijdig grijs geworden.

'Weet je nog hoe we in het wijwatervat plasten?' vroeg ik bij de begrafenis van oom Ernest. Mijn neven keken geschrokken naar hun vrouwen. 'Voor een weddenschap,' probeerde ik het nog goed te maken, maar de dames konden er niet om lachen.

'Kinderstreken,' zei Jules en dat was er zo geknepen uitgekomen. Ik rouwde, maar niet zozeer om de overledene.

Toen mijn vader werd begraven, vroeg ik mijn neven op de man af: 'Zijn jullie bang om dood te gaan?'

'Jij bent niet veranderd,' antwoordde Gabriël zacht verwijtend, en Jules trachtte er zich vanaf te maken met een oud mopje: 'Vrouwen leven het langst!'

'Niet in onze familie,' stelde ik vast.

In de uitgedunde rangen bevonden zich geen stammoeders meer, we waren bezig uit te sterven. Er had zich een man bij de begrafenisstoet gevoegd waarvan niemand wist wat onze graad van verwantschap was. Mager, maar taai, een gebeitelde kop en scheppen van handen. Het had een boer uit Picardië kunnen zijn, eind negentiende, begin twintigste eeuw. Bij elke begrafenis was hij present, hij ging mee naar het graf en schoof aan voor het begrafenismaal. De verwonderde blikken negeerde hij soeverein. Na de koffie haalde hij zijn zakhorloge uit zijn vestzak, keek rond alsof hij telde hoeveel familieleden er nog over waren, wierp een blik op het horloge en stapte op. Ik dacht aan mijn grootvader die als hij zijn zakhorloge bevestigde steevast zei: 'We zullen de tijd nog maar een keer aan de ketting leggen.' Het was een standaardgrapje, ik wist dat het zou komen en zette me schrap, maar het was alsof ik tegen de haren werd gestreken.

'Ik ga die man vragen wat hij hier komt doen,' besloot ik.

'Laat dat,' Jules was zichtbaar geschrokken.

'Het is vast iemand,' mompelde Gabriël.

De man stapte zonder groeten op, het was alsof wij lucht voor hem waren. Ik voelde mij dieptreurig. De drie musketiers leken alleen nog in mijn herinnering te bestaan. Voor de laatste begrafenis, dat wil zeggen voor ik aan de beurt was, zou ik mijn neven vragen of het niet mogelijk was dat wij gewoon vriendjes waren geweest zonder onderscheid van sekse, of afkomst. Het kon niet dat wij niet meer waren dan de som van onze verschillen. De onbekende begrafenisganger zou ik voortaan Petrus noemen, afgeleid van Pietje de dood, zijn knokige schaduw. Op de begrafenis van mijn vader ontbrak hij, mijn neven hadden hem evenmin gezien, Jules beweerde zelfs dat de man die ik Pietje noemde een product van mijn verbeelding was. Maar ik wist dat ik hem weer zou zien en dat het dan te laat zou zijn. Ik keek naar de vermoeide mannen die mijn vriendjes waren geweest en dacht; wie is de volgende? De deur naar de eeuwigheid stond op een kier, zoveel was zeker.

'Weet je nog dat wij de drie musketiers waren?' vroeg ik.

Weer dreigde ik mijn neven in verlegenheid te brengen, maar ik ging door: 'De drie musketiers, die waren eigenlijk met vier.'

'Wie mag dan wel die vierde zijn geweest?' vroeg Jules.

Mijn reisgezellen hadden met het bekende gebaar, half knikje, half wipje, hun piemel drooggeschud en stonden ongedurig mijn kant uit te kijken. Ik sjorde de jeans over mijn heupen, een rok was handiger, maar niet geschikt voor een veldtocht. Regen en wegenwerken vertraagden ons tempo, en net toen we voluit konden gaan werden we ingehaald door een loeiende ambulance. In de file schoven we voorbij de ravage, een auto lag ondersteboven naast de weg, een andere hing half over de vangrail. Onder een laken tekende zich de vertrouwde vorm van een lichaam af, ernaast – alsof een vrouw haastig haar schoen had uitgeschopt – lag een gekantelde rode pump. Ik had een paar rode hoge hakken die ik zelden droeg, maar waaraan ik gehecht was. Marc mompelde iets over snelheidsmaniakken, verder zei niemand wat. Ik wist dat ik dat elegante rode schoentje niet zou kunnen vergeten; bij alle medeleven voelde ik ook woede, alsof mij iets werd aangedaan. Onwillekeurig keek ik uit naar die boer uit Picardië. Ik had mijn reisgezelschap willen vragen of zij die ongenode gast ook wel eens zagen, maar ik vreesde dat zij mij net zo vreemd zouden aanstaren als mijn neven.

Voor het verkeer weer op kruissnelheid kwam tufte de tweetakt ons voorbij.

'Daar gaan onze Polen!' riep Johan.

Het leek een illustratie van een fabel van Jean de la Fontaine, *De schildpad en de haas*. We wuifden, maar de mannen in de tweetakt staarden ons net zo uitdrukkingloos aan als de eerste keer. Toen we hen even later weer inhaalden tikte de bijrijder veelbetekenend met een wijsvinger tegen zijn voorhoofd.

'Beter een reactie dan geen reactie!' lachte Lucas.

Wij zouden de tweetakt niet meer weerzien, hij was naar het Noorden, vermoedelijk richting Berlijn gereden, terwijl wij meer naar het Zuiden, richting Wenen, afzakten. Ik was erop ingesteld de ruimte op te zoeken, de zee, de vlakte, nu trok ik de diepte in. Ik keerde mij niet naar buiten maar naar binnen, naar een gebied dat mij niet onbekend maar toch vreemd was. De zeldzame keren dat ik voor de val van de Berlijnse muur Midden-Europa bezocht had ik er rondgelopen als in een boek, of in een droom. Magisch en tragisch waren die steden en landschappen, als beladen met geschiedenis. In Midden-Europa leek het eigene vreemd en het vreemde eigen. Ik was onder de indruk, al vroeg ik mij af waarom men al die nostalgie geen likje verf gaf. Je vergelijkt altijd met het beste wat je hebt achtergelaten en niet met het slechtste.

De mensen die ik toen ontmoette, toevallige gesprekspartners in een café of nerveuze dissidenten, leken die sombere niet op te merken, of zij hadden zich eraan aangepast. Het trof mij dat wij het over dezelfde gebeurtenissen hadden, maar die anders verklaarden. De oorlog was nooit veraf, maar ook daarvan was de uitkomst anders. Als ik over de toekomst sprak, verwezen mijn gesprekspartners naar het verleden. Het waren net oude familieleden die mij verwijtend toespraken. Het was alsof ik zowel Boedapest als Praag – om van Warschau niet te spreken – in de steek had gelaten, en ook nog schuld had aan het verschil in vrijheid en welstand. Terwijl ik vol goede wil was, bereid tot luisteren en helpen. Het maakte weinig indruk, streng werd mij de les gelezen. Besefte ik hoe makkelijk medeleven was als je zelf niet hoefde geholpen te worden? Wat wist ik, voor wie de vrijheid een vanzelfsprekend goed was, van de onvrijheid? Ik had het gevoel dat ik op de beklaagdenbank zat. Maar het was wel waar dat ik de onvrijheid alleen kende als ingebouwde geremdheid, of als zelfopgelegde beheersing. Dat een grens mij bescherming bood zonder mijn bewegingsvrijheid te beperken. Aan de andere kant van Europa werd mij voorgehouden dat mijn status het gevolg was van omstandigheden, ik was toevallig aan de goede kant geboren, ik had stomweg geluk gehad. Dat pleitte mij echter niet vrij van de last van de geschiedenis en eventueel persoonlijk ongeluk leek ondergeschikt aan hun algemene ellende. Dat zat mij niet lekker. Ik vertikte het te zeggen dat ik het niet kon helpen. En ik raakte geïrriteerd door de neerbuigende manier waarop men zich de betere waande. Men presenteerde zich in het slachtofferschap als zijnde van oude adel. Alles kwijtgeraakt in de revolutie, behalve geschiedenis, traditie, stand en stijl.

Op een avond in Praag, na een gesprek met een man die alles had meegemaakt en alles had gelezen, raakte ik tamelijk uitgeput van de belerende toon. Arm, onvrij, maar men kende zijn klassieken! Toen ik beleefd aankondigde dat wat mij betreft de avond erop zat, begon hij mij ernstig uit te leggen dat seks ongeveer het enige was waarin men zijn vrijheid kon uitleven. Had ik *De Seksuele Revolutie* van Wilhelm Reich gelezen? De echte subversie zat tussen de benen. Wij moesten met een orgie van liefde tegen de onderdrukking aan. De daad bij het woord voegend begon het heerschap mij te betasten en te zoenen. Toen ik hem afwees – verontwaardigd, maar op het randje van de slappe lach – vroeg hij of ik wat tegen hem had? Vond ik hem een schooier? Was hij anders dan de gelikte westerse heren die mij het hof maakten? Nee, verzekerde ik de man, hij was niet anders, of gewoon hetzelfde. (Dat was tegenslag, hij moest het van zijn anders-zijn hebben.) Ik voelde er niets voor om met hem te vrijen, dat was alles. Hoezo? Nou ja, ik kon toch gewoon nee zeggen? Dat kon blijkbaar niet, of ik was een trut. Voor hij eraan kon toevoegen dat ik een flinke beurt nodig had, wandelde ik weg. Hij mocht dan niet weten waar zijn onvrijheid ophield, ik wist wel waar mijn vrijheid begon! Het kleine verschil had blijkbaar ook zijn grenzen.

Toen ik in 1994 weer in Praag verbleef werd ik eens te meer getroffen door de vermenging van vreemd en eigen. Weer had ik het gevoel op zoek te zijn naar iets, een ontbrekend stuk in mijn persoonlijke puzzel, maar ook iets – ofschoon ik het niet kon omschrijven – waarvan ik niet zeker wist of ik het wel wilde weten. De nostalgie was onveranderd, de beroemde beelden op de Karlsbrug deden mij huiveren.

Jarka, vervallen gezicht, droevige maar mooie ogen, wijst mij een plek aan op de oever van de Moldau waar de meisjes voor het eerst werden gekust. 'Ik ook.' Haar lachje vergaat in de ademnood van haar rokershoest.

Ze zegt het niet, maar ze was een schoonheid, en sterk en intelligent. De ellende en het gebrek hebben haar vroegtijdig oud gemaakt. Vrijers verdwenen in de gevangenis of vluchtten naar het buitenland, er was aan alles tekort, je moest voortdurend op je hoede zijn voor verklikkers. Onvrijheid kun je niet uitleggen maar het is haast niet te verdragen. Toen de Russen Praag binnenvielen ging Jarka demonstreren met haar studenten, die ze meende te moeten beschermen. Er was een stormloop, ze viel, een tank reed met zijn rupsbanden over haar mooie slanke benen. Vooruit, en toen achteruit. Jarka beschrijft het geschrokken gezicht van de soldaat in de open koepel van de tank; zo jong, net van moeders borst, ontzet starend naar de jonge vrouw in haar zomerjurk die met verbrijzelde knieën op straat lag. Vanwege die blik gelooft Jarka dat de bestuurder van de tank ook geschrokken was en niet goed wetend wat te doen, of hoe vlug van haar af te gaan, het vervaarlijke vehikel in zijn achteruit had gegooid.

Ik kijk vanuit het venster van haar eenkamerwoning neer op de grafstenen van het joodse kerkhof waartussen toeristen, vooral Amerikanen van joodse origine, dwalen. Een uitzicht dat tegenwoordig geld waard is, maar voor Jarka is dit kamertje, vijfhoog, als een kooi waaruit zij niet weg kan, mogelijk niet meer weg wil. Hier heeft zich haar leven afgespeeld, dat uit verzet en liefde bestond, en op verlies neerkomt. Kinderen konden niet, het werden noodgedwongen engeltjes. Haar geliefde knapte af, na jaren van bedreiging en uitstoting. Net voor het regime ten val kwam sprong hij in het water, niet ver van de plaats waar de meisjes werden gekust door jongens zoals hij. Jarka is alleen, de vrienden dissidenten bekleden officiële functies, of hebben zich in de intimiteit teruggetrokken. Maar Jarka beklaagt zich niet, zij is vrij. Ook als de prijs voor de vrijheid te hoog is, er valt niet op af te dingen.

Het joodse kerkhof is eeuwig, de graven mogen niet worden geruimd, de grafstenen niet weggehaald. De rust van de doden is geheiligd. Jarka zegt het met overtuiging en ik spreek haar niet tegen, ofschoon het een koud kunstje zou zijn die schots en scheef gezakte stenen stuk te slaan en de beenderen te verstrooien. Geweld tegen de doden is absurd, maar het is gebeurd; de graven geschonden, de grafstenen als wegverharding gebruikt. Wat later slenter ik zelf tussen de grafstenen, ik wuif naar Jarka, vijfhoog, een schim achter een spiegelende ruit. Ik probeer me voor te stellen hoe dat is als je veertig jaar geen ander uitzicht hebt dan een hoek van een ingebouwd kerkhof, waar altijd meer schaduw dan zon is. Zijn de doden Jarka vertrouwder geworden dan de levenden? Op de grafstenen liggen allerhande steentjes. Ik zoek er een uit waarop maar weinig steentjes liggen, en leg daarop het keitje dat warm geworden is in mijn hand. Hoe meer de dode wordt herdacht, hoe meer hij wordt gerespecteerd.

Ik voelde me beladen met een verleden dat wel en niet het mijne was. En tamelijk hulpeloos omdat ik niets kon goedmaken. Midden-Europa was als een schroeivlek op de kaart. In de synagoge, nu een museum, stond ik verslagen voor de muur waarop de namen van de gedeporteerden waren geschreven. Het waren er te veel, er was geen beginnen aan. Ik dacht aan de vijf Franse woorden die ik als kind elke dag uit mijn hoofd moest leren. En koos van de lijsten op de muur vijf willekeurige namen. Die zou ik onthouden. Later liep ik achter een gids die alle details van gebouwen uitlegde, en vervolgens het ontbrekende begon aan te wijzen: 'Hier heeft dat gestaan en daar is dat gebeurd.' Hij liet het aan de verbeelding over om de leegte in te vullen.

Het onzichtbare, of het ontbrekende, ook dat was voor mij Midden-Europa. Een gebied waarvoor Duitsland de scheiding of de verbinding bepaalde. En van Duitsland wilde ik af. Hoewel ik uitgerekend daar mijn eerste zoen had gekregen, of uitgewisseld, want het was een zogenaamde Franse kus. De jongen, eigenlijk al een man, was tussen de Rijn en de Donau geboren en hij sprak over die stromen alsof het de dijen van zijn moeder waren. Daarover had ik willen schrijven, over de aard en de kunst van het zoenen. Over de rivieren, hoe zij landen verbinden of begrenzen, hoe zij zich in zee storten of zich breeduit in de oceanen verliezen. Over alles wat mij verwonderde of wat ik liefhad. Of over Praag, weer later, waar ik nog een keer op de lippen zou worden gezoend. Speels, haast vluchtig, voor een afscheid dat geen afscheid was. Over die keer dat ik ja zei zonder het uit te spreken of te beseffen dat ik ja zei. Over dat alles dus en nooit meer, nooit meer, over oorlog. Maar terugkijken is in dit geval op de geschiedenis vooruitlopen.

We reden door Duitsland, we waren op weg naar Sarajevo. We deden alsof onze neus bloedde. Hielden de oorlog op afstand met flauwe grapjes. Concentreerden ons op praktische problemen: de reisroute, het weer, dreigend oponthoud. Onverwacht vroeg Lucas of wij anders naar het landschap zouden kijken indien wij niet wisten dat dit Duitsland was. Of Sarajevo een andere stad zou zijn zonder die zwaarbeladen naam.

'Zodra je een sluipschutter zijn geweer op een kind ziet richten weet je meteen waar je terecht bent gekomen,' zei Johan.

'Misschien zouden landen en steden geregeld een andere naam moeten krijgen, bijvoorbeeld als er onherroepelijke dingen zijn gebeurd, of om een ander tijdperk aan te geven,' opperde Marc.

Johan haalde zijn schouders op: 'Zo kun je wel aan de gang blijven.'

Ik had Marc willen vragen hoe zijn vrouw hem noemde, of hij zelf zijn geliefde had herdoopt, maar ik meende mij te herinneren dat zij elkaar met pappa en mamma aanspraken. Mij was de naam van de kalenderheilige toegevallen, eigenlijk had ik Denise moeten heten naar het baby'tje dat bij de geboorte was gestorven.

'Een engeltje,' zei tante Adeline met tranen in haar stem. Ik wilde geen plaatsvervanger zijn, of mij op de kop laten zitten door een engel. Mogelijk benijdde ik Denise ook de onvoorwaardelijke liefde van tante Adeline. En toeval of niet, mijn naam was mijn naam, zoals een roos een roos is. Een ding, maar mijn ding.

Jules had eerst Sylvain geheten, maar toen zijn moeder was gestorven en zijn vader hertrouwde met het prototype van de boze stiefmoeder, waren zijn kansen op studie verkeken en moest hij bij een boer gaan werken. Toen wilde hij ook van die luxenaam af, en om hem bij te staan besloten Gabriël en ik dat wij alle drie onze namen zouden begraven. We schreven ze met koeienletters, elk op een apart blad, en begroeven dat in de moestuin. Maar voor de avond viel werd ik zo door onrust geplaagd dat ik mijn naam ging opgraven. Gabriël had dat voor de zijne al eerder gedaan. Alleen de naam van Sylvain was door de aarde verteerd. Hij had voor zichzelf, maar ook voor ons en de wereld, een andere persoonlijkheid aangenomen. Na een periode van naamsverwarring was hij Jules geworden. Een hardere of grovere jongen, die kippen en konijnen slachtte.

'Sylvain zou dat niet gedaan hebben,' zei ik.

'Wat weet jij daarvan?' vroeg Jules. En toen hij mijn pijnlijke verwarring zag: 'Sylvain is dood en begraven.'

Ik wist zeker dat ook Gabriël om zijn oude maatje treurde. Op een dag stelde Jules voor dat wij met z'n drieën Ylonka te grazen zouden nemen: 'We trekken haar broek af!'

Gabriël en ik protesteerden heftig. Gabriël had zelfs een kleur gekregen, het was niet uit te maken of het van schaamte was, of uit woede.

'Het is toch maar een vreemdelinge!' riep Jules.

Ik stond perplex, maar Gabriël repliceerde zonder aarzelen: 'Dat ben jij ook!'

Hij deed een uitval naar de bretellen van Jules' broek en ik hielp hem, alleen maakte hij geen kans. In de worsteling floepte een van de elastieken in het gezicht van Jules. Dwars over zijn wang tekende zich een rode striem af.

'Dat is je merkteken!' hijgde Gabriël.

Jules staarde ons aan, legde een hand op de pijnlijke plek en trok zich terug uit het gevecht. Hij deed een paar stappen achterwaarts, draaide zich om, en zette het op een lopen. Gabriël barstte in tranen uit, hij had het voornemen met Ylonka te trouwen. Dat had ik ook, maar ik hield mijn mond.

'Is Ylonka een vreemdelinge?' vroeg ik tante Adeline.

'Een vreemdelingetje,' antwoordde ze sussend.

Jules, Gabriël en ik bleven nog wel een tijd met elkaar optrekken, maar het verbond van de drie musketiers was verbroken. Ik voelde mij met de jongens niet meer op mijn gemak en begon aandachtiger in de spiegel te kijken. Een weerkerende nachtmerrie verstoorde mijn slaap: ik dwaal door de gangen en kamers van een groot huis. Ik zie mezelf opduiken als een schim in een spiegel; als ik naderbij kom zijn alleen de omtrekken van mijn figuur zichtbaar, mijn gezicht is weg.

Toen mijn grootvader na de dood van mijn grootmoeder de spiegels omdraaide vatte ik dat niet zozeer op als een teken van rouw, maar dacht ik dat hij het niet kon verdragen dat haar gezicht voorgoed uit de spiegels was verdwenen. Veel later zou ik het benauwd krijgen in een bioscoop waar *J'accuse* werd vertoond, een film over de Eerste Wereldoorlog. In de magistrale slotscène verrijzen de gewonde en verminkte soldaten uit hun graven om als schimmen een protestmars te houden. In ademnood, over knieën klimmend en op voeten trappend, werkte ik mij de bioscoop uit. Op de oorlogskerkhoven zijn het vooral de grafstenen met als opschrift: *Soldier known unto God* die mij met afgrijzen vervullen. Het heuvelland, met zijn rondingen en slingerende wegen, is wat mij betreft niet alleen het grensland tussen Vlaanderen en Frankrijk, maar vanwege de oorlogskerkhoven ook een overgangsgebied tussen leven en dood. Het ondergrondse schimmenrijk bedierf het mooiste landschap.

Dat ik ooit van mijn naam zou vervreemden kon ik niet voorzien, maar hoe meer hij openbaar werd, hoe meer hij bij een ander leek te horen. Maar voor die naam stond ik garant en ik kon erop worden aangesproken. Het was te laat om hem nog een keer te begraven. Hij zou mij overleven. Toen – een jaar voor het beleg van Sarajevo – in een luchthaven mijn naam werd omgeroepen, onderdrukte ik een schok van herkenning en bleef star voor me uitkijken. De stem bleef de oproep herhalen en ik probeerde uit de toon af te leiden wat mij te wachten stond. Tenslotte had ik mij met lood in de schoenen gemeld. Ik had geen zin meer waar dan ook heen te vliegen. Het goede doel waarvoor ik op pad was kon me gestolen worden, de bezigheidstherapie miste haar uitwerking. Ik was op de vlucht voor het ondraaglijke of het onherroepelijke, en ging dat paradoxaal met een rotvaart tegemoet. Ik leek mijn vader wel. Hij was een marathonloper met een kreupele voet, maar een tempo en een uithoudingsvermogen! Gewoon niet te kloppen. Ons roept de verte, ons wenkt de top! Dat grijnzende optimisme, de dadendrang. Daar wilde ik niet langer schatplichtig aan zijn. Ik was ongelukkig en dat wilde ik weten. Ik hield me

41

voor dat het niet mijn oorlog was, waarheen ik ook op weg was, maar hij zou het wel worden.

'Onderweg zijn is het mooiste,' had Marc zich laten ontvallen. Het gezelschap dat met een gemiddelde van 130–140 km per uur over de autostrada reed zong en vertelde en zette de eindbestemming van zich af. In een slaapverwekkende opeenvolging rolden bossen en weiden voorbij, oorlog was onwezenlijk, Sarajevo onbestaand. Het was *unheimlich*, alsof er een glazen wand tussen mijzelf en de dingen zat. Ik kon alles waarnemen en hield een beschermende afstand. Het was echter ook verkillend en ik voelde me niet op mijn gemak. Lucas hield een betoog over 'het schuldig landschap'. Bij een schoorsteen in de buurt van Auschwitz hoefde men geen bord te plaatsen met als opschrift 'Dit is geen schoorsteen!' Natuur en geschiedenis waren met elkaar verbonden. Zeker in Europa was er geen landschap dat niet door mensen was gevormd en hervormd, geen plek die niet was betwist, of ingenomen. Niet alleen wijzelf, maar ook de dingen hadden hun onschuld verloren. Ik dacht aan de zwartpaarse kever die op een scarabee leek, aan de spin die haar web in het gras had gesponnen alsof ze haar bedje had gespreid. In wat voor soort van landschap leefden die? Wat met de stenen die de tijd weerstonden en hun eigen landschap vormden?

'Zwerfkei,' fluisterde ik.

'Ha, stenen! Breek me de bek niet open,' zei Lucas. Hadden steden die hun ligging aan een stroom of een dal of een kruising van de windstreken te danken hadden, het landschap niet vervormd of ingenomen? Was een steen, die op zichzelf al begrensd, niet al te vaak het begin van een afbakening? Een muur was altijd een afscherming. Was het ook een bescherming?

'Alweer Polen!' riep Marc.

'Die zitten op het verkeerde pad,' lachte Johan.

We wuifden met z'n allen, maar de lui in de Mercedes hadden net als die in de tweetakt geen gevoel voor humor.

'Wat moeten al die Polen in Duitsland?' mompelde Lucas.

Ik herinnerde mij hoe ik in een ander leven met kinderen, honden en al terugkeerde van vakantie. Het verkeer op de Duitse snelwegen was hectisch en de radio berichtte gedurig over stakingen en rellen op de scheepswerven van Danzig, die op een opstand tegen het regime begonnen te lijken. Uit het onderbewuste dook het woord 'corridor' op, Hitler had een corridor naar de vrijstad Danzig geëist, wat de rechtstreekse aanleiding was voor het uitbreken van de Tweede Wereldoorlog. Dat was voor mijn tijd, ondertussen was Europa politiek en economisch in twee machtsblokken opgedeeld. Bijna had ik geschreven: tussen het Oostblok en het Westen, want zo is het ons ingelepeld, en zonder het te beseffen verbonden wij aan het ene een logge, eenvormige, povere en amorfe massa, en aan het andere een veelkleurige, dynamische en welvarende alliantie. De mensen van Oost waren ongetwijfeld de pechvogels van deze geschiedenis, ik voelde met ze mee, maar zeggen dat ik er wakker van lag, nee. De opstand in Boedapest was verzonken in de kinderjaren, maar de Praagse lente stond mij nog levendig voor ogen, en ik vroeg mij af hoe deze Poolse zomer zou aflopen. Russische tanks in de straten van Warschau, woedende en wanhopige mensen, dictators in slechtzittende pakken die naar de pijpen van Moskou dansten? En aan de andere – onze – kant, ronkende verklaringen over de vrijheid en de mensenrechten, dreigementen van pas op of er zwaait wat, betogingen en tenslotte wrevel en een algemeen gevoel van onvrede? Maar alles went, en allicht waren er velen die de status-quo verkozen boven het avontuur. Was ikzelf niet beducht voor wat er kon gebeuren als het machtsevenwicht werd verstoord?

In een wegrestaurant met houten lambrisering, houten plafond en houten vloeren – het was alsof je in een sigarenkist zat te eten – had de waard Schnaps van het huis geschonken. Hij noemde Lech Walesa een katholieke proleet en vervloekte 'die Polakken'; en passant verklaarde hij zich bereid de muur van Berlijn eigenhandig te versterken om zich die luizentroep van de hals te houden. Een foute Duitser, had ik vastgesteld, meer dan veertig jaar te laat, maar getroffen door zijn scheldtirade aan het adres van 'die Polakken', een uitdrukking die in de geschiedenis resoneerde, had ik hem terechtgewezen. De Schnaps was de man in het verkeerde keelgat geschoten, ook de vorige keer was het in Danzig begonnen, óf ik begreep er niets van, óf ik was een verrader van de eigen soort, en in beide gevallen kon ik maar beter mijn mond houden. Mijn dochter was zo geschrokken van zijn uitval dat zij haar hoofd onder mijn sweater stopte en tussen mijn borsten bescherming zocht. De waard klopte op de lambrisering: oud-eiken, ook het plafond en de vloeren, eerlijke materialen, een keuken van natuurproducten! Zijn vader had de zaak na de oorlog weer opgebouwd, hij werkte zich ook uit de naad, maar hij wist waarvoor hij stond. Erfgoed en traditie! Wegwezen, dacht ik.

Het ging erom de gebeurtenissen voor te blijven, een trekje dat ik van mijn vader had. Als die er de pas inzette had je het nakijken, voor mij uit, van mij weg, altijd de andere kant op. Het was eigenaardig dat alles wat ik van hem had meegekregen, of wat hij mij had ingeprent, consequent tot andere besluiten leidde, of een andere uitkomst had. Alsof ik averechts was geboren. Mijn vader had de waard ongetwijfeld gelijk gegeven: soort bij soort, kleur op kleur, sekse contra sekse, Oost is Oost en West is West! Wel makkelijk als je alles zo zeker wist. Ik verdacht hem ervan mij te jennen, maar nee, hij kon zijn mening niet bijstellen zonder zijn overtuiging te verliezen. Hij moest wel in God geloven. Zijn beweeglijkheid had niets met flexibiliteit te maken, zijn hele leven was één voorwaartse vlucht. Ik had lang naar hem opgekeken, of hem gevreesd, maar toen ik hem eenmaal een arme drommel had genoemd, was het alsof die woorden niet meer konden worden herroepen. Hij had het altijd over 'vaststaande feiten'; van toen af had ik er ook een.

Ik had erop aangedrongen de Schnaps te betalen, en zou de waard ook graag toegevoegd hebben dat het giftig drankje iemand met blindheid kon slaan, maar verder betoog had geen zin. De waard was een angstbijter, 'die Polakken' vertegenwoordigden alles wat hij vreesde en verafschuwde, het waren – bij gebrek aan joden – de ideale zondebokken. De muur van Berlijn scheidde hen af van de vrijemarkteconomie en hield hen gegijzeld in een systeem dat daar haaks op stond, en dat als het ineenstortte ontreddering en oneerlijke concurrentie tot gevolg zou hebben. Toen de waard als toetje kwam aanzetten met een plaat van een 'oeroude Duitse eik', begon de sigarenkist mij danig te benauwen, ik loodste mijn troepje snel naar de auto en gaf vol gas. Het diffuse licht van het vijfde seizoen vergulde de glooiende velden. Dorpje hier, dorpje daar, bossen die de horizon afzoomden. Een ruiter te paard – zo ver weg dat ik alleen maar kon raden of het een amazone was – bleef een tijdlang parallel met de auto in het landschap, ofschoon de lichte dansende tred tegengesteld was aan het razende malen van de autobanden. Ik wist niet wat ons boven het hoofd hing, die avond dat ik met kinderen en honden en al huiswaarts keerde en verontrust naar de radio luisterde. Het was een avond voor Mozart, voor lichtvoetige melancholie, een avond als een afscheid, dat wist ik wel.

De Berlijnse muur viel niet, er werden brokstukken uitgehakt – het leek wel de geboorte van een reuzenadelaar – tot de mangaten groot genoeg waren om het volk erdoorheen te laten stromen. Van Oost naar West, als uitgehongerden naar de vleespotten. De champagnekurken knalden, het was feest. Ook West verheugde zich, vanzelf, die muur was een belediging en een sta-in-de-weg, maar men voelde er zich niet door af- of ingesloten. Zolang de Russen er maar niet overheen klommen. Vrijheid en welvaart, samen het grote gelijk, waren een exclusiviteit van West. De winnaars hadden al vlug eerder wat te verdedigen dan te veroveren. Goed, West stapte ook door de gaten in de muur, maar bedachtzamer. Voorop de curatoren om de failliete boedel in te schatten. Daarna de potentiële investeerders, die zich lam schrokken. Tenslotte de hulpdiensten. Die bleven uiteraard geduldig, al stonden er hen aan de andere kant geen nederigen of dankbaren op te wachten, maar verongelijkte lui die zich bekocht wisten. Zij West aanvallen? Ze waren zelf bezet geweest en de ergste bezetting is die door de eigen soort. Zij hadden gewoon wat beter willen leven, wat vrijer, wat meer aan comfort kunnen besteden, en nu het zover was, hadden ze de middelen niet om te reizen, of om al die spullen te kopen. Eerst hadden zij voor de Duitse oorlogsschuld moeten opdraaien en nu dit! Eens te meer waren zij het kind van de rekening. Als slachtoffers verwierpen zij alle verantwoordelijkheid. De echte fascisten resideerden aan de andere kant van de muur. Die van het Oosten waren misschien niet meer gevaarlijk, maar ze waren zeker zo lastig als toen ze nog de gedoodverfde vijanden waren. Over de schuldvraag zou nog lang worden geredetwist, maar één ding stond vast: het zou geld kosten. Het puin van de muur was nog niet geruimd of velen in West waren met de waard van het wegrestaurant tot de gilde van de metselaars toegetreden. Van taxichauffeurs tot schrijvers, allemaal verklaarden ze zich bereid de hand aan de troffel te slaan.

Die avond, toen de radio over de demonstraties in Danzig berichtte, zag ik ergens in Duitsland een muur om een domein die kilometerslang door het landschap was opgetrokken, maar die ermee was vergroeid als de bomen. Geen moment had ik toen aan de Berlijnse muur gedacht waarmee ik in 1986 voor het eerst werd geconfronteerd. Het was februari, de wind leek van de toendra te komen, hij joeg een fijne sneeuwdrift door de straten, het was alsof er naalden op je gezicht regenden, ik trappelde om mijn voeten warm te houden. En daar had je het onding. Beton, prikkeldraad, wachttorens. Lelijk, dacht ik, en vervolgens: gestoord. Een gesloten deur heeft op mij de uitwerking die ze op een kat heeft: aan welke kant ik mij ook bevind, het ding moet open, want ik wil eruit, of moet erin. Ik klom in een uitkijktoren om over de muur te gluren, van de andere kant werd ik door Vopo's met verrekijkers in de gaten gehouden. Grenstroepen, getraind om het eigen volk in de rug te schieten. Ik vroeg me af of ze hun geweren zouden aanleggen als ik van West naar Oost over de muur zou proberen te klimmen. Een paar dagen later ging ik met de bus door Checkpoint Charley, in het gezelschap van twee Engelsen, een Fransman, en een clubje West-Duitsers die maar bleven klagen dat zij 'ook hadden geleden'.

'Dat zou er maar aan moeten ontbreken,' mompelde de Fransman.

Niemand verstond hem en ik deed alsof. We werden verplicht Oostmarken te kopen en onze paspoorten werden meegenomen door militairen van wie je verwachtte dat ze ook nog je beha- of schoenmaat zouden controleren. Na lang wachten – het leek wel een schoolreisje – mochten er drie onder toezicht naar de wc. Ik veronderstelde dat het wc-raampje vergrendeld zou zijn, maar het draaide moeiteloos open.

Ik keek tegen een jute afsluiting aan, metershoog, die mij een déjavu-gevoel bezorgde. Dat soort jute schermen is te zien op foto's uit de Eerste Wereldoorlog. Aan het front in Vlaanderen werden de wegen op dezelfde wijze afgeschermd voor het Duitse geschut. Het beeld van twee Engelse ruiters, met helmen als vliegende schotels op hun hoofd, die over hun paarden gebogen over een kasseiweg draven, was me bij-gebleven. Ik sloop om het wc-hok en trok bij een paal de jute opzij met het gevoel dat elke aarzeling fataal kon zijn. Ik weet niet wat ik ver-wachtte: een tankformatie, het Rode leger, een geheime radarinstalla-tie? Wat het ook mag geweest zijn, ik keek in het absolute niets. Kale akkers zover het oog reikte, een saai Kartoffelland. Was ik alweer voor-gelogen? In de bus zat ik maar naar die jute schermen te staren.

Nog altijd verdwaasd stond ik in Potsdam voor de tafel met vlagge-tjes van de geallieerden, waarrond in 1945 Europa nog maar weer een keer was verdeeld, en zogenaamd geschiedenis was geschreven. Op de foto's poseerden oudere heren.

'Dode paarden rennen niet,' had Churchill gezegd toen hij er in het parlement discreet op werd gewezen dat zijn gulp openstond. Ik her-innerde mij de treinwagon in het bos van Compiègne, waar in 1940 een wapenstilstand was getekend, omdat in datzelfde treinstel in 1918 ook een wapenstilstand was getekend. Ook daar allemaal oudere he-ren die stijf stonden van trots. Het was alsof de vlaggetjes op die ge-boende tafel in Potsdam een walsje deden.

In *Sanssousi*, het slot van de Alte Fritz, schoof ik in vilten pantoffels over het marmer. Het leek binnen nog kouder dan buiten. Het slot was aan het mannelijk gezelschap van de verlichte vorst voorbehouden ge-weest, maar voor mij hoefde het ook niet meer. Ik zocht soelaas bij de terrasmuren, waartegen zure druiven werden geteeld. Het metselwerk leek een weefsel. Metselen had wat van breien: een recht, een averecht; de gelijkmatige verdeling van de stenen bracht de geest tot rust.

Mijn gastvrouw en gastheer stonden erop mij het mooie Jugendstil-huis te tonen, aan de oever van de Spree, waarin zij een ruime flat had-den gekocht. Een woning die zij zich ergens anders niet hadden kun-nen veroorloven: toen werd Berlijn nog meer gevreesd dan begeerd. Wie wilde er nu in de schaduw van de muur wonen? Of daar een bestaan opbouwen? Het stel had heel voordelig kunnen lenen, de overheid deed er alles aan om jonge gezinnen in de stad te houden. Het huis was na de Tweede Wereldoorlog zo goed en zo kwaad als het ging hersteld, de echte restauratie was nog volop aan de gang. Oorspronkelijke materialen en vaklieden waren haast even onvindbaar als onbetaalbaar. Zo was het echtpaar, ondanks mooie principes, bij slopers en zwartwerkers terechtgekomen. De ornamenten van de plafonds werden door Poolse stukadoors in hun oude glorie hersteld. De mannen kwamen voor het weekend en werkten dan onafgebroken door. Er hing een muf mensenluchtje in de flat. Op een gasbrander stond een zwartgeblakerde koffiekan, in een kartonnen doos lagen een pak noedels en een maaltijd in blik, witte bonen in tomatensaus. Slaapzakken waren als afgestroopte vellen op een hoop gegooid. Uit een transistorradio klonk slepend:

'*Du kannst nicht treu sein,*
nein, nein,
das kannst du nicht…'

Ik bestudeerde de fries met Griekse motieven die het plafond van de muren afscheidde. Daar viel niets op af te dingen. De Polen groetten beleefd, maar hun bleekblauwe ogen stonden schichtig in hun hoekige gezichten. Ik liep naar de grote erker en keek naar de bevroren rivier, ergens in het midden van de Spree liep als een onderhuidse barst in het ijs ook een grens. Ik speurde naar zoeklichten en scherpschutters. Er verscheen een man met een bontmuts, die de panden van zijn enkellange jas opensloeg om tegen een boom te plassen. Hij deed dat strategisch, een kwartslag naar de boom gedraaid, het hoofd in de richting van de rivier, alsof hij over zijn schouder gluurde. Van de brug af landde een eend tamelijk plomp op het ijs, ze schoof uit op haar platvoeten en snaterde. De man bij de boom verstarde alsof zijn plas stokte. De panden van zijn jas vielen vanzelf dicht toen hij zijn geweer greep dat hij opzij tegen de boom had gezet. Wat ik niet had opgemerkt. Een van de Poolse stukadoors was van de stellage gesprongen en gleed als een schaduw naar het zijraam van de erker. Pas toen zag ik ook dat hij geen schoenen droeg, dat zijn voeten met vodden waren omzwachteld. Even gebeurde er niets. Toen stak de man aan de overkant van de Spree een hand tussen de panden van zijn jas en begon te frutselen. Had zijn broek nog een gulp met knopen, of wat voerde hij uit? De Poolse stukadoor siste iets tussen zijn tanden wat op een vloek leek. Ik keek hem verwonderd aan. Aan de overkant van de rivier was de man weer in het decor verdwenen. De eend sukkelde nog over het ijs als een dronken schaatser, naar ik hoopte aan de goede kant, al was dat discutabel. Ik kneep mijn ogen dicht, zoals ik deed wanneer ik naar een film keek en verwachtte dat het fatale schot zou vallen.

Afgezien van mijn eigen begrenzing had ik grenzen nooit ernstig genomen. Aan de oever van de Spree, meer nog dan aan de muur van Berlijn, werd ik mij bewust van de beperking van een grens. Een rivier scheidt twee oevers, maar verbindt ze ook. Stromend water geeft een gevoel van vrijheid. De dreiging die van de bevroren Spree uitging was als een perversie. Duitsland was zijn eigen vijand, maar dat maakte het niet minder gevaarlijk. Ik probeerde mezelf gerust te stellen, door aan andere grenzen te denken.

Toen ik, zes jaar oud, voor het eerst naar Frankrijk reisde, had ik in de kattenbak van de sportwagen een houten stok, bezet met spijkers, verborgen. Een geïmproviseerde 'goedendag', waarmee ik de vijand op de kop zou slaan. Ik had met stijgende verontwaardiging kennisgenomen van *De Leeuw van Vlaanderen,* de klassieker van Hendrik Conscience, waarin de Guldensporenslag wordt beschreven. De Franse ruiterij was met haar zwaarbeladen paarden in de zompige grond vastgereden, waarna het voetvolk, de leden van het ambacht, de ridders met een goedendag de genadeslag had toegebracht. Ik wist wat mij te doen stond. Maar ik was nog geen honderd kilometer over de grens of ik was al verliefd op dat mooie land en gecharmeerd van de Fransen, die mij *une jolie blonde* noemden. Ik was meteen verlost van mijn melkboerenhondenhaar. Wat later verbleef ik in Essen, aan de Belgisch-Nederlandse grens, die mij aanzette tot een kat-en-muisspelletje met de douaniers:

'Ik ben een smokkelaar,
die diep in de nacht
steeds weer zijn smokkelwaar
de grens overbracht...'

Luidkeels zingend laveerde ik met de fiets over de kasseien. Sigaren omwikkelde ik met mijn vlechten, voor boter 'leende' ik de beha van de vrouw die mij verzorgde. Zij had geen borsten, maar een boezem, die stevig werd ingepakt. Als ze koffiedronk zette ze het kopje op haar front alsof het een bijzettafeltje was. Ik stopte haar beha vol Hollandse boter, gespte het geval om mijn ribbenkast, trok er een losse trui overheen en fietste naar de grenspost. Het was zomer, door de warmte en de inspanning begon de boter te smelten. De douaniers lagen in een deuk bij het aanschouwen van mijn omvangrijke en voedzame, maar snel slinkende tieten. Dat was frustrerend, maar ik ging te zeer op in mijn onderneming om er veel aandacht aan te besteden.

Ontelbare keren zou ik die grens overgaan, het werd een constante in mijn leven. Ik zat als het ware te paard tussen Noord en Zuid, ontsnapte aan het benauwde van het ene en benarde van het andere, en kon met de verschillen mijn voordeel doen. Ik bleef me verwonderen, en verwonderen is genieten. Paradoxaal gaf die grens mij een gevoel van vrijheid. Ik kon altijd even oversteken, of in geval van nood ontsnappen. Ook aan mezelf als ik daar behoefte aan had. Dat deze *va et vient* iets gemeen had met de onrust van mijn vader, die de neiging had zichzelf voorbij te lopen, zag ik maar node in. Schrijven dwingt tot afzondering, tot stilzitten. Aan de schrijftafel word ik echter met intiemere grenzen geconfronteerd. Opgedrongen, of zelf gecreëerd, ze blijken moeilijk te overschrijden. Soms spring ik op en ijsbeer door de kamer. Louis Paul Boon beweerde dat je de waarheid moet liegen, maar al schrijvend kom ik achter dingen die ik niet wil weten. En ik kan mezelf niet voorliegen zonder het schrijven tekort te doen.

Een grens is als een tweesnijdend zwaard, tegelijk bescherming en beperking. Ik wilde mezelf niet gevangen zetten, maar ik ontdekte dat ik mijn eigen territorium afschermde. Dat iemand die mij te na kwam op een elleboogstoot kon rekenen. Dat als het bijvoorbeeld op de taal aankwam het ook voor mij tot hier en niet verder werd. Was het een gezonde reflex, of voelde ik mij ten onrechte bedreigd? Ik wilde uitbreken, zette het op een lopen. Het reizen was haast dwangmatig geworden; een voorwaartse vlucht.

Aan de Spree was ik even, noodgedwongen, tot stilstand gekomen.

Het grijze landschap leek versteven, het was alsof het nooit meer kleur zou krijgen. Ronald Reagan, die als president van de Verenigde Staten zijn hoofdrol zou spelen, betitelde die onvatbare ruimte aan de andere kant van de Berlijnse muur als 'Het Rijk van het Kwaad'. Die dag in februari leek het een decor voor *Doornroosje*. Alles leek te wachten tot de betovering zou worden doorbroken en de personages zouden ontwaken. Het ijs zou smelten, de muur zou worden neergehaald, mensenstromen zouden op gang komen. Zo schrijf je verhalen, die immers hun eigen wetten stellen. Ik voorzag niets of kon niets voorspellen, maar ik wist dat ik voor een onhoudbare toestand stond. Grenzen moeten algemeen worden herkend of het gevaar bestaat dat ze op een goede dag algemeen worden genegeerd. Het kwaad zetelde niet exclusief aan deze of gene kant van de muur, het was dat lelijke bouwsel *an sich* dat een schande was. Zowel diegenen die de muur hadden neergezet, als diegenen die dat tolereerden, hadden er schuld aan. Ik begreep niet dat je een volk zijn vrijheid kon ontnemen zonder daar angstig van te worden, of mensen tot tweederangsburgers degraderen zonder het onrecht te vrezen.

Het water van de Spree leek gestold, maar de verkleuringen van het ijs wezen op verraderlijke plekken, het was niet aanbevolen de rivier lopend over te steken. Je kon in een wak terechtkomen en in het slib verzinken, of door de stroom worden meegevoerd, want onder de ijslaag vervolgde het water onverstoorbaar zijn weg. Water en vuur zijn moeilijk te bedwingen, zoals mensen niet in toom te houden zijn als ze eenmaal massaal op gang zijn gekomen. Toen de grote dooi inzette, de muur in Berlijn werd doorbroken en het IJzeren Gordijn werd opgehaald, sloeg het volk van Warschau tot Boekarest aan het muiten. In het theater moet het ijzeren gordijn, dat achter het fluwelen schuilgaat, de toeschouwers voor een uitslaande brand van het podium behoeden. Het applaus voor de vrijheid was nog niet weggestorven of Oost vatte vlam en West zat – zonder afscherming – op de eerste rij. In de Balkan werden de messen geslepen voor de – zoveelste – finale afrekening. Het zou de oorlog worden van de ontbinding, van buur tegen buur, omwille van etnisch en religieus verschil. Een oorlog die in de darmen woedde, het was alsof een heel gebied buikloop kreeg. De stank van 'dat andere Europa' sloeg West in de neus, en dat soort geur ligt gevoelig. Men herinnerde zich Sarajevo, men herinnerde zich gruwelijke verhalen over moordpartijen en verkrachtingen. De Balkan stond in een kwade geur van haat en onbeheerst sentiment. De beschaving leek eraan voorbij te zijn gegaan. 'Ten zuiden van Zagreb vind je geen deugdelijke wc meer,' beweerde een reiziger. Dat klopte niet, maar men nam het gretig aan. Het vooroordeel werd zelfs bevestigd door diegenen die er het mikpunt van waren. Op een congres in Santiago de Compostela, waar het belegerde Sarajevo op de agenda stond, was een vluchteling voor het forum verschenen om zich met pijnlijke ernst over het tekort aan wc-papier te beklagen. De pijprokende heer, die zichzelf een intellectueel noemde, was na de landing in Frankfurt meteen naar de wc gestapt en bij het aanschouwen van een rol wc-papier prompt in tranen uitgebarsten. Toen hij bemerkte dat het goedwillende publiek dit geen onoverkomelijk probleem vond, hield hij een hartstochtelijk nationalistisch pleidooi waarin hij beweerde dat het niveau van beschaving aan het wel of niet gebruiken van wc-papier kon worden afgeleid. Ik ironiseerde dat verschil, maar werd bits terechtgewezen: 'Jongedame, de natie en zuiverheid zijn het hoogste goed!' Er kon geen lachje af, de man nam zichzelf stronternstig. En ofschoon hij zich Bosniac noemde, had hij de terminologie van een bezetter – die alweer in de geschiedenis was bijgezet – overgenomen.

Het was alsof de oude grens tussen het Habsburgse en het Ottomaanse rijk nog altijd de afscheiding was tussen orde en chaos, tussen weldenkendheid en barbarij. West vreesde gewapenderhand bij het conflict te worden betrokken, of voor de ellende te moeten opdraaien, de eerste vluchtelingen meldden zich spoedig. Bovendien leken Kroaten, Serven, Bosniërs op elkaar en gedroegen ze zich om beurten slecht, of om het ergst. Hoe hield je de goede uit de kwade? Voor een buitenstaander was het één pot nat. De afschuw was aanvankelijk groter dan het medeleven. Haast hadden we de eenentwintigste eeuw gehaald met de zucht 'eind goed, al goed' op de lippen, en daar kwamen die spelbrekers met een heuse oorlog aanzetten. Een oorlog die al te zeer aan het eigen verleden herinnerde. Het duurde niet lang of er werd voorgesteld een muur om de brandhaard te bouwen en het geweld te laten uitwoeden.

'Gewoon wachten tot de beenderen door de zon zijn gebleekt!' riep een oude bekende. Hij lachte, maar hij meende het wel.

'*Mourir pour Dantzig?*' had het in 1939 retorisch geklonken. In 1992 werd dat algauw, en met het gemak van de overdrijving: 'Sterven voor Sarajevo?'

Het was alsof de film vijftig, of zelfs tachtig jaar werd teruggespoeld. Twee wereldoorlogen hebben het beeld van de twintigste eeuw bepaald, en ze waren in de eerste plaats een Europese aangelegenheid. Men nam daar afstand van door de schuld op elkaar af te schuiven, of de oorlog als een nationalistische en ideologische aangelegenheid voor te stellen. Maar het zou nooit meer gebeuren. In het toekomstige Europa zouden de vredeswil en het verlangen naar welbehagen groter zijn dan het machtsstreven en de ideologische verschillen. Wie de dans was ontsprongen zou voortaan in vrede leven. Hoe kon men daar zo zeker van zijn in een continent dat in machtsblokken was opgedeeld? Waar de troepen van de Navo en die van het Warschaupact tegenover elkaar stonden? Waar onder de dekmantel van de Koude Oorlog een ongenadige strijd werd gevoerd tussen de vrije markt en de planeconomie? Hoe was het mogelijk dat men zich tooiend met de verfomfaaide veren van 'de westerse beschaving' alweer superieur begon te voelen? Of dat ik bijvoorbeeld geloofde dat grenzen van het verleden waren?

Toen de oorlog uitbrak probeerde Europa halfhartig te bemiddelen. Men gunde die nieuwe – of herstelde – staten hun vrijheid wel, maar naar westers model, om niet te zeggen op westerse voorwaarden. Het duurde net zolang tot het aanzicht van de verwoestingen, van de doden en gewonden, van de vluchtelingenstromen, ondraaglijk werd en Amerika er zich mee ging bemoeien. Daarmee waren de machtsverhoudingen op scherp gesteld. Het uiteenvallen van Joegoslavië kon niet anders dan vragen oproepen omtrent de soliditeit van het Verenigd Europa. Hoe verontwaardigd men zich ook uitliet over het etnisch geweld en er afstand van nam, het herinnerde aan een recent verleden en wees op onze eigen onverdraagzaamheid. Deze oorlog was in alle opzichten *too close for comfort*. Men raakte verstrikt in tegenstrijdige gevoelens van medeleven en wrevel, van angst en woede. Dat nam men die lastpakken kwalijk en men wilde er zo weinig mogelijk mee te maken hebben. Maar men zat aan elkaar vast. Terwijl men luchtbruggen en transporten organiseerde, had menigeen een muur in gedachten. Zoals men niet voor Berlijn het loodje wilde leggen, zo stond men niet te trappelen om voor Sarajevo het hoekje om te gaan. Bij de rit naar de luchthaven zag ik op een muur een affiche van een oude oorlogsfilm: *Honden, wilt gij eeuwig leven?* De titel deed een belletje rinkelen, al wist ik haast zeker dat ik die film nooit had gezien.

Toen de vlucht van Berlijn naar Frankfurt werd uitgesteld kwam ik vast te zitten in een stad die ik zo vlug mogelijk wilde verlaten. Het gevoel van onbehagen dat je overvalt als je op vertrekken bent ingesteld en dat om een of andere reden wordt verhinderd werd nog nadrukkelijker door de angst of de afkeer van een verleden dat bezig was de toekomst in te halen. Ik was van na de oorlog en dat moest zo blijven.

Toen we Slovenië binnenreden was ik mijn stem kwijt. Ik schreef op een blaadje dat ik geen eten hoefde, alleen een bed. Mijn reisgezellen verdwenen in de nacht en ik dook tussen de klamme lakens. De kamer wasemde een kelderachtige kilte uit. Onder het linoleum zat een bult, die de vorm had van een opgerold tapijt: wie of wat lag daaronder begraven? Klappertandend citeerde ik Paul van Ostaijen: 'Hun zal veel worden vergeven, want zij hebben veel films gezien.'

Mijn neus was verstopt, ik ademde met open mond, bij elke ademteug kreeg ik een gulp koude lucht binnen. Strompelend ging ik op zoek naar de antibiotica. IJzige vingers grepen naar mijn enkels, het linoleum herinnerde mij aan het zachtverende gras van de oorlogskerkhoven. Voor geen goud zou ik daar op blote voeten hebben gelopen. Ik was niet bang voor de dood, maar voor wat daarna kwam. Ik meende de zacht klagende stemmen te horen van de gesneuvelden, die in het donker van de aarde op de verrijzenis wachten. Om de angst te bezweren had ik in een afgedankte varkenstrog, die op de graanzolder was opgeslagen, het grafliggen geoefend. De trog was zo nauw dat ik wel doodstil moest blijven liggen. Om het nog echter te maken had ik ook een jute aardappelzak boven op mijn hoofd gelegd. Op een keer hield ik het zolang vol dat ik bedwelmd raakte, door een ongeruste oom Ernest uit de varkenstrog werd gevist en met een draai om mijn oren weer tot leven werd gewekt. Maar de angst voor 'wat daarna kwam' was nooit meer overgegaan.

De pillen waren krengen, ik kreeg ze haast niet doorgeslikt en vreesde dat ze de darmflora zouden aantasten. Ik voelde mij echter zo beroerd dat ik om het even wat had gedaan om van de griep af te raken. Het bed stond me tegen, het was een twijfelaar en ik was er nooit aan gewend geraakt alleen te slapen. Bovendien kon ik in bed niet om de kern van wat me bezighield heen draaien. Het was alsof ik door spoken werd bereden, en de oorlog kwam alsmaar dichterbij. Ik liep naar het venster, schoof de vitrage opzij en keek naar de hellende straat. Naar de huizen met bepleisterde en alweer afbrokkelende gevels, en hogerop naar de kerk. Waar je ook ging, vooral in Midden-Europa: er was nooit een tekort aan kerken. Alle kerken predikten liefde en rechtvaardigheid, en slaagden erin met dezelfde begrippen verdeeldheid en onverdraagzaamheid voort te brengen. Ik was in de schaduw van een molen geboren, die leek zoveel indrukwekkender dan de kerk, maar de molen was afgebroken terwijl de, vrij banale, dorpskerk op de monumentenlijst stond. Er liep een zwarte kat over straat, op een drafje, plotseling bleef ze staan, draaide haar kop, en verdween met een sprong achter een heg. Wat is er wonderlijker in de nacht, de roerloosheid of het bewegen? In een flits zag ik mezelf staan voor een veelvoud aan ramen. Vanaf het raam van de kamer waarin ik ben geboren, en waar ik op een stoel moest klimmen om de rozentuin te zien – de uitbundige boerenrozen leken bij nacht verstild, als betoverd – tot het raam in het Hoge Noorden, waar ik op Baffin Island een dier tussen de barakken zag scharrelen. Een beer, een hond? Wat het ook was, het maakte de nacht onveilig. Ik besefte dat ik altijd zo zou staan, ergens, wakend in de nacht, uitkijkend naar de morgen, maar zonder haast. Ik dacht ook aan de nachten dat ik niet alleen voor een raam stond, maar tegen mijn rug de warmte en de bescherming voelde van een ander lichaam. Ook de liefde – het hoge woord moest eruit – zoekt tijdloosheid of eeuwigheid. En wie wil er weten wat er na de liefde komt? Het verlangen naar een nacht die eindeloos zou blijven duren had wat mij betreft niets met de dood te maken.

Ik ging uiteindelijk naar bed met het tegenstrijdige gevoel dat ik maar al te goed kende: heimwee naar de verloren tijd en verlangen naar nog een leven, waarin ik alles anders zou doen. De nacht ontfermde zich over mij. Ik liep over de kasseiweg naar school, hij kwam uit de velden het dorp in geslingerd en kronkelde er aan de andere kant weer uit, een aanfluiting voor alle rechtlijnigheid; het was een weg om onderweg te zijn. Hij was bultig, aan weerskanten uitgesleten door de karrensporen, als het regende veranderden de putten in modderpoelen. De kasseien werden kinderkopjes, of keikoppen, genoemd. Keikop, werd mij bij gelegenheid ook toegevoegd. Ik kon die kasseiweg wel dromen, maar nooit zag ik hem zo duidelijk als in die ijskoude kamer, ijlend in het niemandsland van koorts en medicijnen. Ik liep met mijn ransel op mijn rug en keek vliegensvlug van de kasseien naar de velden, en van de velden weer naar de kasseien. Een spelletje waarin je bedreven moest zijn om niet over je voeten te struikelen. In een van de hoeves woonde Ylonka, ze kwam uit Hongarije, had zwarte vlechten en blozende wangen. Als appeltjes, om in te bijten. De jongens riepen: 'Kongarije!' als zij passeerde. Haar wangen kleurden nog donkerder, soms rolden er tranen over, maar zij verdedigde zich niet en liep op een sukkeldrafje verder. Dat kon ik niet verdragen, want voor mij was zij een prinses. Een prinses die van ver was gekomen, van de poesta – dat woord alleen al – om kleur aan mijn bestaan te geven. Ik wachtte haar op, met mijn zakken vol keien, en begeleidde haar tot aan de poort van de meisjesschool. De jongens riepen Kongarije zoals ze jood en nikker riepen, zonder te weten wat het voorstelde, of wat zij ermee aanrichtten, maar ze riepen het wel met overtuiging. Het waren overgeleverde scheldwoorden, die mensen brandmerkten. Ik had met Kongarije mijn lesje geleerd, Ylonka was een meisje zoals ik, dat mij aantrok met wat eigen aan haar, en verschillend van mij was.

Ik vroeg haar of zij wist wat de koeien deden als ze 's nachts in de weiden bleven: sliepen ze staande – liggen leek mij in het bedauwde gras niet aangewezen – of bleven zij wakker om te herkauwen? Ylonka wist het ook niet. Ik stelde voor dat wij op onderzoek zouden uitgaan zodra het volle maan was. Zij keek mij even, van opzij, aan met haar donkere ogen en glimlachte. Het was alsof ik een halve meter boven de kasseiweg zweefde. Met stijgend ongeduld stond ik avond na avond bij het raam naar de wassende maan te staren. Tenslotte siste ik Ylonka bij de schoolpoort 'Vannacht!' toe. Zij keek mij weer aan, met die ogen, en glimlachte. Met mijn neus in de lucht stapte ik langs de jongens.

Zodra het stil was die nacht en de maan als een bleke eierdooier aan de hemel stond, sprong ik van de vensterbank. Ik worstelde me door de rozenstruiken, het was alsof ontelbare klauwtjes mij wilden tegenhouden, maar ik ontsnapte. Ylonka was niet op de afgesproken plaats. Ik speurde geruime tijd de kasseiweg af en wachtte op de oprijlaan van de hoeve waar zij woonde. Ik durfde het erf niet te betreden, uit angst dat de hond zou aanslaan. Toen veronderstelde ik dat zij al op weg was gegaan en mij bij de molenberg zou opwachten. Ik rende erheen alsof ik op vleugels werd gedragen, nog altijd onkwetsbaar, maar zij was nergens te bekennen. De koeien stonden onaangedaan in de weide te herkauwen, eentje lag zelfs op haar zijde, de poten opgetrokken, de gezwollen uier in het natte gras. Overal waren er schaduwen die leken te bewegen, en het was alsof ik in de maneschijn de dingen in tegenlicht zag.

'Ylonka?' riep ik zachtjes.

Zij kwam niet. Met kloppend hart begon ik aan de terugtocht. Struikelend liep ik om de molenberg, ik viel haast in een sloot en haalde mijn hand open aan een heg van christusdoorn. Ik hield halt bij een boomgaard om het bloed op te likken. Een zacht proesten deed mij verstijven. Een paard boog zijn kop over de omheining en drukte zijn snoet tegen mijn wang.

'O, ben jij het,' hijgde ik.

Ik streelde het benige hoofd en de zachte hals waarin ik de harteklop kon voelen, tot het paard er genoeg van kreeg en met een kopstoot te kennen gaf dat ik moest gaan: Vort! Mismoedig droop ik af, en kroop zo onhandig door het raam naar binnen dat ik, als een vis in een net, in de vitrages verwikkeld raakte. Alle lichten floepten aan. Tante Adeline schudde mij hardhandig door elkaar.

'Een groot plezier is een rammeling waard,' riep ik uit gewoonte, maar niet uit overtuiging.

Mijn armen en benen zaten onder de schrammen. Ik moest met de tekens van mijn nederlaag naar school, waar de jongens al wisten dat ik op mijn donder had gekregen. Ik meed Ylonka, maar zij liep als een hondje achter mij aan. Tenslotte ging ik aan de rand van de kasseiweg in het hoge gras zitten. Zij kwam met gebogen hoofd bij mij en begon de schrammen op mijn armen te likken. Toen huilde ik wel.

Ik bleef Ylonka naar school begeleiden, maar ik vroeg haar niets meer. Zij was even vreemd als mooi, zij kwam uit Kongarije en was het liefste waarvan ik ooit afscheid genomen heb. Met haar had de weemoed mij aangeraakt. Zij zou in mijn geboortedorp blijven en er meer en meer in passen, terwijl ik weg zou gaan en nooit meer de weg terug zou vinden.

Ik ontwaakte met het gevoel dat ik niet had geslapen. Mijn reisgezellen waren al bepakt en bezakt, klaar om te vertrekken. Alleen Johan was stiller dan gewoonlijk, hij liet het stuur aan Marc over en ging op de achterbank zitten.

'Je wordt toch niet ziek?' schreef ik in mijn notitieboekje.

Overbodige vraag, optimisten worden niet ziek en gaan slechts per vergissing dood. Johan was graatmager, alsof hij zijn vlees verteerde, maar men zou hem eerder taai dan tenger noemen. Zijn grootvader was gedurende de Tweede Wereldoorlog naar een kamp afgevoerd, het mocht een wonder heten, maar hij had het overleefd en zijn verhaal op Johan overgedragen.

'Als het fout gaat, stappen we in dezelfde trein!' riep hij geregeld.

Hij wilde mij daarmee opbeuren en onze solidariteit bevestigen. Ik voelde mij echter vreselijk opgelaten en had me als kind voorgenomen 'later' alleen vrijwillig in een trein te stappen. Ook ik had last van overgeleverde verhalen. Het was bijtijden alsof mijn grootouders als een bult op mijn rug zaten.

Links werd de horizon afgesloten door een bergketen, rechts strekte zich een heuvelland uit, groener dan groen, met op alle toppen een burcht of een kerk. Die stonden daar niet als kaarsen op een taart, maar ter bescherming tegen de invallen van de Turken. Het Ottomaanse rijk had Slovenië nooit ingelijfd, maar de Turken hadden wel rooftochten gehouden in wat toen nog tot het rijk van de Habsburgers behoorde. Slovenië was een geval apart, er waren Slovenen, en er was Sloveens, maar het land was door de geschiedenis heen ingebed in grotere structuren. Toen het toch, onverhoeds, een staat werd, ontdekte Europa verbaasd die lilliputter die een hoge borst opzette. Slovenië moest het negentiende-eeuwse idee van de natie – even romantisch als exclusief – uitwerken op de drempel van de eenentwintigste eeuw, die supranationaal werd aangekondigd. Het land moest zich ook nog van 'de Balkan' distantiëren, zich van het communisme ontdoen en zichzelf als staat profileren, zonder zich al te zeer op de eigenheid van de soort, of het recht op eigen bodem te beroepen. Dat deden de buren al op zo'n bloedige wijze dat iedereen er de buik vol van had.

Ik probeerde verschuivingen in het landschap te ontdekken, het verschil in bouwstijl te bepalen, alsof ik een vinger op de zere plek wilde leggen.

'We zijn er zo doorheen,' meldde Marc.

Dat echode in de geschiedenis, ik keek naar de bergen, herinnerde mij de grotten, de grandeur en de magie. Misschien moest je dit land in de hoogte en de diepte berekenen, je afvragen wat overheersing en bezetting hadden nagelaten.

'Slovenië is mooi de dans ontsprongen.'

Lucas verwees naar de oorlog even verderop, maar het klonk ook een beetje als een verwijt. Wat hem betreft had Joegoslavië rustig verder kunnen bestaan en van grenzen had hij graag een formaliteit gemaakt. Helaas, terwijl Europa zich enerzijds verenigde, bleef het zich anderzijds opdelen. Wie nog geen nationaliteit had moest er zich vlug een kiezen. Ik speurde de hellingen af, Siglavy liet zich niet zien, ik had het ook niet verwacht, hij laat zich graag bidden. Hij mag dan op het land, in Lipica, geboren zijn, hij weet dat hij in Wenen zijn opwachting zal maken. Deze hengst is een heertje. Ik bewonderde hem echter niet onder de kroonluchters van de Spaanse rijschool, waar hij sneeuwwit, in gala, zijn pirouettes, levades en capriolen uitvoerde. Ik ontdekte hem ook niet als een zwart veulen, teder en kwajongensachtig, op de weiden van Lipica, of huppelend onder de linden en de kurkeiken. Nee, het was in Triëst, op een avond dat de zon stonden bleef ondergaan, en de pier als een rode loper was uitgelegd voor de paartjes, die door het kabbelende water helemaal in amoureuze stemming geraakten. Ik zat met een wegenkaart op schoot, maar werd afgeleid door de joelende kinderen op de Piazza dell' Unità, en door de zee, die altijd de verte oproept. Twee oudere heren, die de kunst verstonden eindeloos van één kopje espresso te nippen, vroegen mij waar ik vandaan kwam, waar ik heenging, of ik hun stad en hun zee bewonderde, en of ze me konden helpen met de kaart. Het ging met de conversatie de kant uit van de espresso. Tot de oudste – zo schatte ik hem in – met een weids gebaar de statige gevels omvatte die het plein omsloten en plechtig verklaarde: 'Dit alles is Oostenrijks!'

De andere zat meteen op zijn paard, hij legde uit dat Triëst bij Italië hoorde en dat het aan Churchill te danken was dat het niet aan Joegoslavië was toegevallen. Ik had geen zin in de spitsvondigheden van de geschiedenis, ik zat ermiddenin en kon of wilde geen partij kiezen. Ik hield van steden die zich onttrokken aan het land waarin ze zich bevonden: New York, Parijs, Brussel. Triëst was voor mij geen twistappel, maar de stad waar mijn grootvader martini's had gedronken, op hetzelfde terras, een stad waar ik danste, op dit eigenste plein, met een jongen die me dicht tegen zich aan drukte toen ik daar nog te jong voor was, een stad waar de honden zich hadden losgerukt en blaffend de pier waren opgerend, met mijn gillende dochters erachteraan. Het was de stad van Svevo en Joyce, waarin hun schimmen ronddwaalden en het aura van hun boeken hing, een stad waarvan ik meende dat het er goed leven en beminnen zou zijn, een ankerplaats waar ik heen kon als ik weg wilde. Hardop zei ik naar Slovenië te willen reizen.

De heren keken sceptisch en hielden een betoog waarin ze elkaar voortdurend onderbraken en tegenspraken. Joegoslavië was gedoemd uit elkaar te vallen, omdat de volkeren in dat gebied elkaar vanouds naar het leven stonden. Ze waren belust op bloed en hadden ook nog de hebbelijkheid andere landen bij hun oorlogen te betrekken. Het was aan te bevelen een muur te bouwen om die barbaren binnen de omheining te houden.

'Een weinig originele gedachte,' wierp ik tegen.

De heren waren verstoord, was ik wel op de hoogte van de zeden in de Balkan? Ogen uitsteken, buiken openritsen, over het lot van de vrouwen zwegen ze uit schroom. Gelukkig had Churchill het van Tito gewonnen.

De oudere heer bleek de koppigste, maar ook de jongere verklaarde zich gelukkig Italiaan te zijn en geen Sloveen, die waren tegelijk trots en kruiperig, omdat zij nog altijd het Oostenrijkse juk op hun nek voelden. Onderwijl hadden de Italianen zich in Italië verenigd, zoals zij leven en kunst wisten te verenigen, een land kende men aan het volk dat er woonde.

Ik had de heren graag geplaagd met de afscheidingsbeweging in Tirool, of de uitvinding van Padonië, dat godbetert ook nog met water uit de Po ten doop was gehouden, maar ik kneep mijn ogen dicht tegen de zon, die halverwege in zee was gezonken. Het gekrakeel herinnerde mij aan de oude mannenclub in het thuisland die, als het weer het maar even toeliet, neerstreek op de bank die op de hoek van mijn straat staat opgesteld. Die heren uitten hun ongenoegen over de migranten die urenlang in het Marokkaans café zitten met één thee of één watertje, te lui om te werken, maar wel goed om hun vrouwen te bezwangeren en de sociale verzekering op te lichten. Toen ik een keer opmerkte dat zij daar ook maar zaten te zitten, op die bank, om het verkeer in de wereld te regelen, althans verbaal, zoals alles in hun leven verbaal was geworden, ook de seks, anders waren ze allicht niet zo verzuurd geweest. Enfin, dat laatste zei ik niet. De heren reageerden als gestoken.

'Wij zijn hier thuis, het is ons goed recht hier te zitten!'

Ze mokten als die twee heren in Triëst, toen ik volhield naar Slovenië te willen reizen en vandaar naar Kroatië en Bosnië. Toe maar, het was de goden verzoeken, ze trokken hun handen van me af. Toch bleef het hun dwarszitten: wat had ik daarginds, in die negorij te zoeken? Ik leek in het tegenlicht op een figuur van een Italiaans schilderij, wist ik dat?

'Ha nee,' wierp ik tegen, 'als ik ergens op hoor te lijken, dan moet het op een Vlaams schilderij zijn.'

Grote kunst, beaamden de heren, de Italiaanse musea hingen er vol van, Van Eyck, Rubens, Van Dyck, daar had ik het dus van.

'Ik ben in Poesele geboren,' zei ik.

Waar dat lag?

In Kongarije!

Daarop was het gesprek stilgevallen. Maar Kongarije was het mooiste land van de wereld en niemand kon het mij afpakken. Ik wees het vlekje op de kaart waar in piepkleine lettertjes Lipica stond. 'Kleine linde'; ik wist al zo lang dat ik erheen zou gaan en nu was het zover, de werkelijkheid had de verbeelding ingehaald.

'Lippizaners moet je in Wenen zien, in de Spaanse Rijschool,' sprak de oudere heer. 'Het zijn keizerlijke en koninklijke paarden, voor het hof geschapen, ze behoren tot de erfenis van een glorierijk tijdperk.' Het was alsof die glorie een beetje op hem afstraalde. Maar de jongere heer betreurde het dat Italië een deel van de Karst had moeten afstaan en beweerde dat zijn land met de stambomen in de hand het eigendomsrecht op de Lippizaners kon bewijzen.

'Die documenten zijn door de fascisten gestolen!' De oudere heer liep rood aan.

'Had je liever bij je kameraden aan de andere kant gezeten?' vroeg de jongere heer spottend.

'Het communisme moet zijn kans nog krijgen!' riep de oudere.

'Waar denk je dat dat paard zijn elegantie vandaan heeft? Die Oostenrijkers hadden er barokke, om niet te zeggen plompe dieren van gemaakt!'

'Wat weet jij nu helemaal van paarden? Of van de stoeterij die al in 1580 is opgericht? Door een Oostenrijkse aartshertog!'

'Die in Triëst resideerde en eigenlijk een bisschop was!'

'Lipica is Sloveens.' Ik legde de kaart op het wankele terrastafeltje.

De heren verwaardigden zich niet er een blik op te werpen, maar vervolgden hoe langer hoe opgewondener hun dispuut over oorsprong en schoonheid, over ras en standaard, over wie er de opeenvolgende oorlogen had gewonnen, en aldus op dat alles aanspraak kon maken.

Ik maakte aanstalten om op te stappen. Of ik maar voorzichtig wilde zijn, de heren kwamen tot zichzelf en toonden zich bezorgd. Een vrouw alleen in een vreemd land. Geen man die een andere man leek te vertrouwen. Vrouwen verloren hun sex appeal, maar mannen werd hun zeggenschap ontnomen, wat was het meest frustrerend? Ik slenterde over de pier, wat wisten die twee van mijn grootvader, van het land waar in de heuvels witte paarden op muziek van Mozart dansten?

Die nacht verscheen Siglavy voor de eerste keer, blanke vacht, donkere huid, als met kool omrande ogen. Hij schraapte met de hoef van zijn linkervoet over de marmeren vloer, uit zijn buik daalde een zwarte erectie, maar hij, de praatzieke, sprak geen gebenedijd woord. Hij bundelde al zijn spieren voor de piaffe, de draf op de plaats; het was alsof hij in slow motion bewoog. Ik leunde op mijn elleboog in de kussens van het bed, de gevangene van een voorstelling. Siglavy boog zijn hoofd en vatte een tip van de sprei tussen zijn roze beweeglijke lippen. Knabbelende wezens lijken een beetje dom, zo niet Sig, bij hem was alles even hoofs. Het was alsof hij de sprei proefde en beproefde, als een kenner, maar met een tedere ironie. Hij wist dat ik mijn ogen niet geloofde. Toen ik het waagde een hand naar hem uit te strekken, draaide hij zich om, als voor een pirouette, en stapte vol gratie de kamer uit. Het samenspel van de gebogen nek, de hooggeheven voorbenen en de golvende lendenen bleef nog even nawerken. De houding is het kenmerk van de Lippizaner. Alles is een kwestie van stijl. Toen ik het licht aanknipte, werd de ban verbroken. Niets. Wat had ik eigenlijk verwacht? Paardenvijgen? Toen zag ik de sprei voor de deur liggen, alsof iemand daar zijn cape had laten vallen, achteloos, maar niet zonder elegantie.

Lipica-Karlovac

Ik reisde naar Lipica met het gevoel dat ik een rendez-vous had, vol verwachting, maar ook bevreesd dat ik te laat zou komen. Toen ik het graf van mijn grootvader ging zoeken ontdekte ik dat het geruimd was. Die grote schat, in de modder ontvleesd en vervolgens als een hoopje beenderen in een verzamelkuil gegooid. Ik besloot dat er wat mij betreft niet meer begraven zou worden.

Ik had de auto over de weggetjes van mijn kinderjaren gejaagd, veel te vlug, want ik kon het niet meer aanzien. Alles nep, van hoevetje tot Tudor-villa, achter de grote schuur van mijn grootmoeder – nu een weekendverblijf – stond een heuse Chinese tempel! De walm van de varkensfokkerijen dwong mij de auto hermetisch af te sluiten. Bij de kale molenheuvel, die op een grote molshoop leek, reed ik vast in de modder. Het voelde haast aan als een genoegdoening; uit de modder voortgekomen, zou dit alles weer in de modder verzinken.

Ik bezocht geen land meer zonder mij af te vragen of ik daar zou kunnen wonen. En dan moest het mij niet te zeer herinneren aan het landschap dat ik had liefgehad. Het had geen zin als een blatend lam te blijven zoeken naar je moeder die was geslacht. Toch was het niet het spectaculaire deel van Slovenië, de bergen en de grotten, hoe indrukwekkend en betoverend ook, dat mij aantrok. Het waren de dorpen die organisch leken gegroeid, de boomgaarden en moestuinen, de wegen die achter elke bocht verstoppertje speelden. Het was alsof ik in weiden vol klaprozen en korenbloemen van heimwee genas. Ik schold mezelf voor sentimentele dwaas, maar het mocht niet baten. Toen ik in september, in het stofgoud van het vijfde seizoen, de oprijlaan van de stoeterij in Lipica opreed, bonsde mijn hart van opwinding. Over de rotsharde en waterarme bodem, die de dansende tred heeft voortgebracht maar ook de taaiheid, draafden de Lippizaners. Veulens,

66

merries en hengsten, in alle nuances van zwart, grijs en wit, zozeer met het landschap vergroeid dat ze er deel van leken uit te maken. Zij hadden de tijd doorstaan, keizers en dictators overleefd, schoonheid en gratie hadden het gewonnen van nut en destructie. Lippizaners laten zich niet voor de kar spannen, tenzij het een pronkrijtuig is, ze zijn niet voor de krijg of de races te gebruiken, alleen voor de dressuur, de gangen en de bewegingen van de hogeschool zijn zij uitermate geschikt; kunst – niets meer of niets minder. Ik was verloren zoals je alleen in de liefde verloren kunt zijn. Paarden hebben over het algemeen geen gevoel voor humor, maar ik zou gezworen hebben dat Siglavy glimlachte toen hij mij daar zag staan, alsof ik bezig was wortel te schieten. Ik keek naar de linden, die drie aan drie langs de allee werden geplant door de stalknechten als zij met hun driejarige hengsten naar Wenen vertrokken. Het begin van een oeroude weg die als een bedding in de schoot van Europa lag.

Siglavy begroette mij met een afgemeten hoofdknik en sprak: 'Ben je daar eindelijk?'

Ik had hem wel om de hals willen vallen, maar beheerste mij. Het verleden kwam te dichtbij, ik vreesde de pijn, het gevoel van verlies, maar als ik het verleden bleef afwijzen ging ik een beetje dood. Sig keek ondertussen met welbehagen naar de jonge merries die ter dekking werden voorgeleid en troonde mij mee naar de stallen, waar hij op gehinnik werd onthaald. De boxen wasemden een geur uit van haver en mest, zwaluwnesten hingen als lege mandjes aan de zoldering. In de moederstal werd ik aangetrokken door een veulen dat een witte ster op zijn voorhoofd had, wat hem met zijn zwartglanzende vacht het aanzien gaf van een kleine prins. De moeder boog haar blanke hoofd waakzaam over haar zoon, maar stond me genadig toe hem te liefkozen. Ik legde een handpalm op de ster en keek naar Siglavy, die bij de openslaande deuren stond alsof hij er zich wel voor wachtte de vrouwenvertrekken te betreden. Het was een moment dat verleden en toekomst met elkaar verbond, dat ging van au, zoals de eerste adem als een pijnscheut door de longen gaat. Ik ben er weer, dacht ik.

Er kan ook te veel gebeuren in een leven, dan sla je op hol, of je trekt je terug. Jarenlang had ik mijn verbetenheid verborgen achter een masker van minzaamheid. Ik had mij op het werk geworpen, de familieremedie toegepast. Maar ik bouwde geen huizen alsof het bunkers waren, ik beoefende het schrijven om vorm aan het bestaan te geven. Ik wist dat ik niet aan mijn verhaal zou ontkomen, maar ik wist niet of ik de pijn zou kunnen verdragen. Alle verlies komt neer op falen. Ik had te veel verloren: landschappen, moeders, kinderen, het hield niet op. Ik had het leven opgeschort, hield de boot af. Overleven was de boodschap, al wist ik niet goed waarom of waarvoor. Door afstand te nemen was ik echter ook het contact met de werkelijkheid aan het verliezen, en erger nog, de verbinding met de wereld waaruit ik was voortgekomen, met de verhalen die mij bepaalden. Ik was dolgedraaid en verlangde naar de bovenaardse rust van een monnik, al was dat soort onthechtheid evenmin aan mij besteed. Ik wachtte de oorlog niet af, maar ging erop af, met de moed der wanhoop. Ik kon het letterlijk niet aanzien, dus moest ik erdoorheen. Het was, laten we wel wezen, ook een voorwaartse vlucht.

Het veulentje drukte zijn natte snoet tegen mijn handpalm, proestte, en maakte een sprongetje alsof het van zichzelf schrok. 'Een prachtzoon,' complimenteerde ik de moeder. Dat elegante sprongetje getuigde van temperament en talent, ik ontwaarde trots in haar dromerige blik. Onrust, ja angst, overviel mij en ik had haar willen aanraden geen speculaties voor de toekomst te maken.

Ook Siglavy had de nodige kanttekeningen bij deze idylle. Lipica leek een in de tijd vergeten nest, maar de geschiedenis had het niet ongemoeid gelaten. Drie keer had de kudde voor Napoleon op de vlucht moeten slaan. In de Eerste Wereldoorlog was het weer zover, met alle ontberingen van dien. De Italianen, die tussentijds de Oostenrijkers waren opgevolgd, werden in 1943 door de Duitsers vervangen. Die brachten de Lippizaners naar Bohemen, waar ze de beste paarden van Europa samendreven. Bij de ineenstorting van het Derde Rijk ontsnapten de Lippizaners op het nippertje aan de Russen, door de tussenkomst van enkele paardengekken in Duits uniform en de Amerikaanse generaal Patton, ook nooit te beroerd voor een stunt. Deze exodus sprak zo tot de verbeelding dat Walt Disney er een Hollywoodversie van maakte: *De vlucht van de witte hengsten*. Met de fel uitgedunde kudde – elf merries! – werd na de oorlog, in Joegoslavië, de stoeterij weer in bedrijf gebracht. Staatshoofden die op staatsiebezoek kwamen kregen van Tito een Lippizaner, een luxepaard als relatiege-schenk van het communisme; de partizaan ontpopte zich in zijn witte uniform als een verlichte vorst. Het lot van de Lippizaners was aan dat van de mens verbonden, het mocht een wonder heten dat ze nog be-stonden.

Aan deze laatste, nog lang niet uitgewoede oorlog, was Lipica ont-snapt, maar Siglavy toonde mij de hotels in onvervalste Oostblokstijl, met de casino's als witwasmolens van het kapitalisme; de ligging van Lipica was ideaal voor grensoverschrijdende activiteiten. Het uitge-strekte terrein bracht bovendien speculanten op het idee een pretpark aan te leggen en van de Lippizaner een kermispaard te maken. Ver-moeid, als met lood in de schoenen, was ik op een rots gaan zitten die als een gebleekte schedel boven de aarde uitstak. Siglavy was nog niet klaar. Uitgerekend nu, met de opname van Slovenië in de Europese Unie in het vooruitzicht, claimden de Italianen het recht op de Lippi-zaner. Zij hadden bij hun aftocht de stamboeken meegenomen en ze achteraf vergeten terug te geven, wat uiteraard de Oostenrijkers niet onberoerd liet. Die hadden de Lippizaner voor de Spaanse Rijschool in Wenen bestemd. Maar ook Brussel deed met de Lippizaner Vereni-ging een gooi naar 'de wieg van het ras'. Was de Noorse pony na wat gekissebis niet aan Nederland toegewezen? Een bergpaard onder zee-niveau! Dan kon de Lippizaner ook wel uit het Zoniënwoud stam-men. De Europese Unie wilde met de herkomst van een product de echtheid garanderen. De Denen mochten bijvoorbeeld geen Griekse feta afleveren. Waar alles namaak is willen de mensen echt, het merk is een fetisj geworden. Van sokken tot onderbroeken, discreet of opzich-tig, het label getuigt al dan niet van smaak, en van wat men zich kan veroorloven. Maar een paard met een vals paspoort was een gotspe. Het copyright van de Lippizaner was de gebrandmerkte L op zijn wang.

Sig snoof, hij beliefde geen product te worden genoemd, en zijn sperma was niet simpelweg genetisch materiaal. Zijn gratie ging zijn handelswaarde te boven. En wat zijn oorsprong aaning, hij stampte op de grond; hier had zijn wieg gestaan en dit – hij draaide zijn wang met de L naar me toe – was daar het teken van. Hij was voortgekomen uit het werkpaard van de Karst en de luxe-Arabier. Hij had zijn eigen vorm gekregen door eeuwenlange selectie, waarbij het slippertje of vreemdgaan niet was uitgesloten, al werd dat verdonkeremaand. Hij bezat een stamboom om u tegen te zeggen; zoals zijn vacht blank was en zijn huid donker, was hij zowel cultuur als natuur; een perfecte combinatie. Maar hij was ook zichzelf, niemand had zijn houding of aanleg kunnen voorspellen, laat staan zijn karakter. Hij was uniek, het tegendeel van een kloon, een afstammeling van de oudste paarden van Europa. Wat het verdeelde Europa niet had kunnen vernietigen zou door het verenigde Europa niet worden versjacherd. Hij kwam van Lipica, hij was een Lippizaner, en onder de Lippizaners was hij Siglavy; Sig voor de vrienden. Had ik daar wat op aan te merken? Hij besloot zijn tirade met een capriool, waarbij hij zich met een snelle sprong boven de aarde verhief, horizontaal in de lucht zweefde en de achterbenen in een strakke lijn achteruitsloeg.

Ik was sprakeloos, voelde me plotseling iemand die van de andere kant van de bergen kwam en maar één versie van het verhaal kende. Het Verenigd Europa werd ons, zo dicht bij Brussel, dagelijks ingeprent. Dit Verenigd Europa zou erfvijanden verzoenen, oorlogen voorkomen en voor een zekere welvaart zorgen. Het was eerst en vooral een markt, maar er werd ook – op een hoger plan – gewerkt aan een multiculturele lapjesdeken, waarvan elk deel zijn waarde zou hebben en alle delen samen een landschap zonder grenzen zouden vormen. Politiek en militair stelde de Europese Unie niet zoveel voor, dat bleek meteen toen dat andere Europa zich aandiende, het strategisch belang dat van de markt verdrong en de oorlog uitbrak. Dat alles wist ik, of liever gezegd: ik kon het niet ontkennen, maar ik gaf de voorkeur aan die ideële lapjesdeken, dat landschap zonder grenzen. Eenmaal Kongarije verloren had ik mij bij voorkeur een wereldburger genoemd, iemand die overal en nergens thuis is.

Ik keek naar dat boze paard, dat ondertussen weer stevig op de grond stond, en naar de okeren muren van de stoeterij. Ik had een U-bocht gemaakt, was weer terug bij af. Het was benauwend en fascinerend, alsof ik iets herkende en op het punt stond iets te ontdekken. Je kunt de toekomst niet verklaren, tenzij uit het verleden.

Ik herinnerde mij hoe ik enige jaren daarvoor in december door Wenen had gedwaald. Een fijne sneeuwjacht bedekte de grond en bleef aan de mutsen en jassen kleven. De Heldenplatz was spekglad, de koffiehuizen zaten afgeladen vol. Ik vluchtte het museum in en liep van *Het Pelsje*, het schilderij met Helene Fourment, de tweede vrouw van Rubens, naar het zelfportret van de meester op oudere leeftijd. Zij ondersteunt haar jolige borsten met een arm en bedekt haar bontje onder aan haar buik met een bruine vacht. De grote ogen waarmee zij de schilder aankijkt en de volle mond getuigen van de erotiek die hij in het huwelijk wilde uitleven en aldus bedwingen. De schilder kijkt aan zichzelf voorbij en ontwijkt ook de blikken van de toeschouwers. Onder zijn zwierige hoed met veer is hij meer diplomaat dan kunstenaar. Een geslaagde maar ook verbitterde man. Ik bleef maar heen en weer drentelen tussen dat ongelijke paar, tot de zaalwachters mijn gedrag verdacht begonnen te vinden. Toen ik naar het hotel liep sneeuwde het echt, met volle vlokken die in een mum van tijd alles bedekten. Ik vond sneeuw altijd geruststellend, maar die nacht had ik een woelige slaap. Ik droomde dat Wenen was leeggelopen, dat de deuren en de vensters van al die paleizen en ambtswoningen wagenwijd openstonden en de wind er vrij spel had. Keizers, hovelingen, officieren, kamermeisjes en staljongens, allen, van hoog tot laag, hadden de stad verlaten. Alles wat overbleef waren de barakken van de macht.

's Ochtends belandde ik weer in de buurt van de Hofburg, ik kleumde bij de praalgraven van de Habsburgers, maar nergens vond ik rust. Het was alsof ik nog altijd onder de indruk van die droom werd voortgedreven. De sneeuw was tot pulp gereden, of lag als een vervuilde berm aan weerszijden van de straten. Bij een doorgang naar de Jozephplatz werd het verkeer stilgelegd. Onder het gewelf weerklonk het geluid van hoeven en daar stapten de Lippizaners van de Spaanse Rijschool voorbij. Ze liepen aan de teugel met gebogen hoofd. Een gezadeld paard zonder ruiter heeft iets onbestemds. Ik was nog niet van de verrassing bekomen toen de Lippizaners alweer waren verdwenen. Hun hoefslag bleef als een echo onder het gewelf naklinken, maar was net als de paarden onvatbaar. Toen het verkeer weer op gang was gekomen en de voetgangers zich voortspoedden, was ik voor dat gewelf blijven staan alsof ik door een poort van de tijd moest stappen.

'Nah?' vroeg Siglavy.

Dat kon zowel: 'Wat nu?' als: 'Wat ga je eraan doen?' betekenen.

Ik kon wel proberen hem uit te leggen dat ik machteloos was, dat een land door oorlog kon worden verwoest, maar evengoed kon worden uitverkocht. Dat het gevaar zowel vanbuiten als vanbinnen kon komen. Het was zinloos, Sig had zich trouwens al afgewend, de verantwoordelijkheid lag nu eenmaal niet bij hem. Onvermijdelijk dacht ik aan mijn grootvader en ik nam het hem kwalijk dat hij dood was. Het schoot mij ook te binnen dat je een erfenis kunt weigeren, als de schulden groter zijn dan de baten bijvoorbeeld.

'Luister…' begon ik, maar getoeter deed me opschrikken.

Over de oprijlaan waren twee auto's genaderd. Oudere Mercedessen, maar herstelde en opgepoetste luxemodellen. Zij hadden voor een bruiloft kunnen dienen. Hoewel, ze waren zwart, het leek eerder een rouwstoet die daar naderde. Toen de chauffeur van de eerste auto het raampje omlaagdraaide verscheen er een vette kop die mij gebood opzij te gaan. De man sprak Sloveens en herhaalde zijn commando in het Italiaans, om tenslotte in het Duits: 'Uit de weg!' te blaffen. Hij plantte zijn zonnebril op zijn kalende schedel en keek mij dreigend aan. Zijn rooddoorlopen ogen getuigden van te weinig slaap en te veel drank. Ik bleef staan waar ik stond, niet zozeer uit verzet, maar omdat ik voor een deel afwezig was. Een claxonnade van beide auto's deed de kudde onder de bomen op hol slaan, ik schrok en zette een paar stappen opzij. De auto's trokken zo hard op dat zand opstoof en keitjes tegen mijn benen spatten. In een flits zag ik grijnzende gezichten, nekken, meer zonnebrillen. Het soort dat zijn eigen moeder zou verkopen, dat aan oorlog grof geld verdient. Opererend in een niemandsland, noch aan wetten, noch aan fatsoen gebonden. Het kwaad waarop men geen vinger kan leggen, dat quasi-ongrijpbaar is. Ik had dit soort heren zowel in Wenen als in de casino's van Boedapest aan het werk gezien, met hun aanhang van hoeren en bodyguards.

Plotseling werd ik kwaad en wilde op een kinderachtige wijze wraak nemen. Banden lek steken, suiker in de benzinetank gooien. Maar ook molotovcocktails of plastic ladingen zouden dat soort niet uitroeien. In een krant die ik mee op reis had genomen, had ik een column gelezen over de oorlog in de Balkan. De schrijfster vond het etnisch geweld onbegrijpelijk, maar vroeg zich ook af wat wij – of zij – in zo'n geval zouden doen. Het scheelde niet veel of ik was hardop in de lach geschoten. Ik achtte mezelf tot veel in staat, maar ik leed niet aan zelfhaat. Ik hoefde ook niets goed te praten. Tegenover de verschrikking stond het afgrijzen, de hulpeloosheid die woede provoceert. Ik stond in Lipica op mijn benen te trillen. De Lippizaners waren weer voorzichtig naderbij gekomen, maar ik zag Siglavy niet. Was hij in de kudde opgegaan of had hij de vlucht genomen? Het was niet het moment om verstoppertje te spelen.

'Sig, voor de drommel, waar zit je?' riep ik.

Een man die ik niet had opgemerkt, maar die me vermoedelijk al een tijdje gadesloeg, sprak me aan. Ik verstond niet wat hij zei, maar interpreteerde het als: 'Wat zoek je?' of: 'Wat voer je daar uit?'

Ik beet een stuk uit een appel en voerde dat aan een Lippizaner. De andere drongen eromheen. Ik verdeelde de appel over zoveel mogelijk monden en zei dat ze Sig konden berichten dat ik hulp zou zoeken. Dat wij uiteraard niet de enigen waren die vonden dat Lipica en de Lippizaners bij elkaar hoorden. Dat dit soort plaatsen niet mocht verdwijnen. Dat de geschiedenis niet ongedaan kon worden gemaakt, dat een verhaal verplicht. En nog veel meer van dat soort dingen. Maar het ging ook over mijn grootvader, over Kongarije. Kortom, over de schoonheid en de weemoed. Over datgene wat de tijd weerstaat. Mijn mantra. De Lippizaners lieten zich de appel smaken. Ik knikte afgemeten naar de man die mij in de dreef bleef nastaren.

Uit het onderhout kwam een reus de weg opwankelen. Marc vloekte, gooide het stuur om. We kwamen zigzaggend tot stilstand in de berm. De reus stond onwijs lachend, zwaaiend, midden op de weg. Heel de nacht aan de rol geweest, ergens in veld of bos in slaap gevallen, nat van de dauw overeind gekrabbeld. Marc wilde erop af, maar Lucas hield hem tegen.

'Dat zul je hier wel meer meemaken.'

'Dat zul je overal meemaken,' corrigeerde Johan schor.

Ik opende het portier van de auto. Koele lucht stroomde naar binnen. Het was bladstil, geen wind, zelfs geen bries. De lucht had de geur van grondwater. Ik huiverde na de koortsige nacht maar stapte toch uit. Het groen was overweldigend. Wat ver was en wat nabij, van de horizon tot de ruimte tussen de bomen – alles was groen. De hemel was als een op zijn kop gezette oceaan: zeegroen. Als ik slalommend het woud was ingerend, had het groen mij opgeslokt. De stemmen van de reisgezellen verstomden toen de reus begon te zingen. Hij had een volle bariton en zong alsof de woorden uit een bron opwelden. De slepende melodie klonk als een klaagzang, maar zonder gejammer. Het kon een liefdeslied zijn of een lied van de partizanen. De reus had donkere haren tot op zijn schouders, een zwarte baard en een meer dan gevuld figuur. Maar zijn trekken waren fijnbesneden en zoals hij daar stond, met gesloten ogen en geheven handen, leek hij een hogepriester. Toen het lied uit was bleef hij onbeweeglijk tot de laatste klank was weggestorven. Hij schudde zijn hoofd en boog, maar niet voor ons. Hij boog voor de bomen, het groen, zijn wereld. Onverwacht onderbrak hij zijn buigingen, keek onze kant uit en deed: 'Boe!' Wij stonden op een kluit bij de auto. De reus barstte in lachen uit. Ik weet niet meer wie aangaf: instappen en wegwezen, maar we gingen ervandoor. De reus bleef schuddebuikend achter. Wij bespraken dit voorval niet. Marc zou er in Sarajevo over beginnen – zijn tong was losgemaakt door de slivovitsj – maar toen het tafelgezelschap het meteen over 'vreemde types' had, klapte hij dicht. Ik begreep dat de anderen zich ook passanten hadden gevoeld.

Het echte geheim is datgene waarover wij niet kunnen spreken. Het overkomt ons een aantal keren dat ons iets wordt geopenbaard. Vaak zijn wij te onwetend om het op te merken, of vergeten wij het weer voor het tot ons kan doordringen en ons leven verandert. Of het tot een last maakt omdat wij het niet kunnen of durven veranderen. Als wij er ontvankelijk voor zijn is het een verlicht moment. Het lied van de reus die ons tot stilstand bracht op de weg die zich door het groen slingerde was zo'n moment. Ik heb het altijd onzinnig gevonden dat je voor het sterven je leven in luttele seconden aan je zou zien voorbijtrekken. Wat voor nut had dat als het per definitie te laat was om iets recht te zetten of om het anders aan te pakken? Van wat ik bij stervenden had waargenomen geloofde ik ook niet dat het er zo aan toeging. De luciditeit ontbrak, of ze waren het leven zat. De terugblik was voor de toeschouwers.

Onder de invloed van morfine werd mijn vader in zijn stervensnacht plotseling vijftig jaar jonger. Hij lachte, zijn ogen straalden, zelfs zijn rimpels waren gladgestreken. Hij bezat weer de duivelse charme die hem onweerstaanbaar had gemaakt. Het was de vader waarvan ik maar een glimp had opgevangen, de man van horen zeggen. Hij prevelde onverstaanbare dingen en was onbereikbaar. Na een paar minuten doofde het dwaallicht in zijn hersens en was hij voorgoed weggezonken. Ik bleef achter met alles wat fout was, of anders had kunnen zijn. Een reden te meer om zorgvuldiger te leven. Maar ik dacht niet echt aan mijn vader, daar op die weg in Slovenië, en ook niet aan de dood. Het was meer een gewaarwording. Dat ik van iets af moest. Dat het verleden het heden niet mocht bepalen. Dat ik moest vergeten of opnieuw uitvinden. Dat het heden zo op het verleden inwerkte dat het verhaal voortdurend werd aangevuld en andere, of bijkomende, betekenissen kreeg. Dat dit mijn enige uitweg was. Wat mij het levendigste van de geboortes van mijn kinderen was bijgebleven waren niet de weeën, maar de pauzes daartussen, alsof je op je rug in een dal van golven dreef. Ik had de tijd willen stilzetten en ervoer het persen, die ondragelijke aandrang om je te ledigen, als een opgedrongen handeling. Maar ik moest het kind te water laten.

Ik stond daar quasi afwezig op die weg, de oorlog binnen handbereik, maar volkomen in beslag genomen door iets wat ik toen niet had kunnen benoemen. Ik had op de televisie een vrouw gezien die haar man had vermoord. Een bloederige geschiedenis, maar het was uit liefde, had zij verklaard. Hij was haar te na gekomen. Terwijl de advocaten hem van katoen gaven, de juryleden verschrikt, en de rechters ernstig toehoorden, plukte de moordenares een pluisje van haar rok. Een precies, haast teder gebaar. Een stuiver voor je gedachten, zei ik bij mezelf.

Om bij die weg te blijven: wat achter ons lag was als verdwenen, wat voor ons lag was nog een mysterie. Het had geen zin het ene te betreuren en het andere te vrezen. Wij moesten verder. Ik begreep plotseling waarom Siglavy verstoppertje speelde, hij lokte me mee, of hij dreef me verder. Ik vond het zonde dat ik mijn medereizigers niet kon vragen wat zij al dan niet hadden ondervonden op die weg die voor even niet de weg naar Sarajevo leek, maar de route naar Damascus.

Johan had onze paspoorten ingezameld. Ziek of niet, hij was de chef, of zoals hij zelf zei: 'De verantwoordelijke'. Wij naderden de grens met Kroatië, het werd ernst. Johan was op oorlog ingesteld, op het gevecht, de aanval of de verdediging, zij het dan als officier van de hulptroepen. Ik werd hoe langer hoe tammer. Vreesde, of voelde, gêne voor het elan waarmee men ten strijde trekt. Verbeeldde mij dat ik als zwerfkei in het veld kon liggen tot er mos op me groeide. Eigenlijk was ik bang voor de woede die in mij smeulde.

Bij de gloednieuwe grenspost was de drukte al op gang gekomen. Johan verdween met onze paspoorten, Marc volgde met het geld. Het uniform van de douaniers zat nog onwennig, maar de dikdoenerij was er al. De papiermolen draaide op volle toeren. Er werd weer eens een staat uitgevonden.

'Mijn koninkrijk voor een stempel!' smaalde Lucas.

Ik zette mij schrap voor de spottende blikken. Humanitaire hulp. Geen lucratieve handel. Wij hadden niets te verbergen of niets te verkopen. Geen wapens, geen coke. Mensen werden de andere kant uitgesmokkeld. Het liefst had men ons weggekeken. Wij hielpen ook de erfvijanden, terwijl wij volhielden neutraal te zijn. Wij waren afgezanten van een systeem dat bezig was zijn macht uit te breiden onder het mom van vredesmissies. Neefjes van de blauwhelmen. Pottenkijkers en bemoeials. Die hun opvattingen wilden opdringen. Een manie om te vermengen, maar zich stiekem beter weten. Wij met ons bastaardideaal. Wij moesten worden uitgeschakeld voor de wereld één pot nat werd. Het 'Proletariërs aller landen verenigt u!' had kennelijk zijn uitwerking gemist. Aan die grenspost heerste de wet van de distinctie.

Een vrouwelijke douanier klauwde met bloedrode kunstnagels in de armzalige bagage van een bejaard echtpaar. De oudjes probeerden de dame zachtjes klagend milder te stemmen, maar zij ritste een pakje panty's open en trok met haar nagels een ladderspoor door het nylon. 'Dat soort wijven...' Marc ving mijn blik op. Zweeg. Verlegen.

'Die oudjes zijn Bosniërs.'

'Moslims,' verklaarde Lucas.

Ik vroeg mij af wanneer hij eens kwaad zou worden. De oudjes moesten aan de zijkant, bij de slagbomen wachten. Waarvoor, waarop, hoe lang? Misschien wist de vrouwelijke douanier het zelf niet. Ze riep twee mannelijke collega's en kwam traag, als een roofkat, op onze auto af. Een douanier begon de kofferbak te inspecteren, de andere dook onder de motorkap. Marc, die het van ver had zien gebeuren, kwam aangelopen en begon op de dame in te praten. Zij negeerde hem straal. Johan was nergens te bekennen. Toen de vrouwelijke douanier mij op de achterbank ontdekte, ineengedoken in mijn vliegeniersjak, boog ze voor het raampje om mij vlak in het gezicht te kijken. Ik ging rechtop zitten en keek terug. We deden een spelletje: wie het langst de ander kan aanstaren zonder met de ogen te knipperen. Het duurde even, toen vertrok het gezicht onder de vele lagen makeup in een verbitterde grijns. Zij commandeerde haar assistenten naar de volgende auto en liep weer naar de slagbomen. Haar afgemeten en tegelijk sluipende tred gaf haar iets dreigends; alsof ze op het punt stond toe te slaan, of zich maar met moeite kon beheersen.

'Dat mens paradeert als een straathoer,' siste Marc tussen zijn tanden.

Hij liet zich achter het stuur zakken. Wij schoven een paar meter verder in de file. Toen een of andere cowboy langs de file naar voren kwam geracet en zich voor ons in de rij wilde voegen trapte Marc op de gaspedaal. Het werd haast een kop-staartbotsing, maar het gat was gesloten en bumper aan bumper ging het verder.

'Vrouwen hebben het hier zwaar te verduren, als ze erin slagen gezag te verwerven zijn ze niet makkelijk.' De stem van Lucas had bezwerend geklonken.

'Voor of na de revolutie: de positie van de vrouw is horizontaal!' schreef ik. Toen Lucas verbluft naar dat zinnetje staarde, schreef ik eronder: 'Grapje!' Ik klapte het notitieboekje dicht. Het was haast een opluchting geen stem te hebben.

'Moeilijkheden?' Johan was ondertussen zo schor dat wij hem met moeite konden verstaan. Hij transpireerde. Maar liever dood dan ziek. We begrepen dat de papierslag nog even kon duren, er zat echter niets anders op dan in de rij auto's te blijven aanschuiven.

'We merken het wel als we aan de beurt zijn,' zei Marc strijdlustig.

Ik hield me overal buiten. Een windstoot ontvouwde het wit en rode schaakbord op de vlaggen van Kroatië. Ik verbeeldde me het doek te horen wapperen. De vlaggen, de uniformen, de gloednieuwe nummerborden op de auto's van de voormalige landgenoten. Allemaal tekens om zich van de ander te onderscheiden en te tonen dat je ergens bij hoorde, al was het niet noodzakelijk bij elkaar. Een puberale bedoening. Ik stelde me voor dat de taalgrens in mijn land van herkomst een heuse grens was geworden, waar leeuwen- en hanenvlaggen tegenover elkaar stonden opgesteld. Nu leek het nog een grap, maar waar lag de grens van het onoverkomelijke?

De bedrijvigheid van Johan deed mij aan mijn vaders drukte denken. Die voortdurend de grens van de ander overschreed maar zichzelf had gebarricadeerd. Zijn opvattingen stonden niet ter discussie, zijn herkomst en taal waren heilig. Het had op mij een verlammende uitwerking. Die man uit één stuk was eigenlijk bang in duizenden stukjes uiteen te vallen, zichzelf in de wijde wereld te verliezen. Er zat niets anders op dan territorium te veroveren of zich in egelstelling terug te trekken. Ik kon niet zonder de taal die ik de mijne noemde, maar hoorde die taal bij mij, of hoorde ik bij die taal? En hield dit soort van vragen in dat de ene taal de andere uitsloot? In welke taal droomde ik eigenlijk? Het liefst had ik het ergens bijhoren als een vanzelfsprekendheid ervaren, als iets dat niet uitgesproken hoefde te worden, en zeker niet als iets dat moest worden afgebakend of verdedigd. Ik begreep de behoefte om zich te onderscheiden, maar niet de drift om te conformeren of uit te sluiten. Ik keek weer naar die vlaggen met hun schaakbordmotief en kreeg eens te meer het gevoel dat mij iets werd opgedrongen.

Der geschenkte Gaul. Het leven als een gegeven paard. Die uitdrukking was mij te binnen geschoten toen ik Hildegard Knef 'Ik heb nog een koffer in Berlijn' hoorde zingen. Haar nachtclubstem was als een echo van de Tweede Wereldoorlog. Een oorlog die nu maar eens afgelopen moest zijn.

'Dat zou je nooit in een boek kunnen gebruiken,' zei de schrijfster die onverhoeds tot Kroatische was geproclameerd. Ze had even daarvoor gezegd dat je geen leven in een koffer kunt stoppen. Haar Engels klonk zangerig, maar het was een klaagdeuntje.

We zaten in een pizzeria, in een achterafstraat ergens in Berlijn. De brokstukken van de muur werden als souvenir verkocht. De open ruimtes tussen Oost en West werden vol beton gestort. Het was een grijze dag, winter alweer. De schrijfster kwam uit New York, ik uit Praag. Ik had nog drie dagen lezingen voor de boeg, dan kon ik naar huis. Zij niet. Of wel; haar leven was niet in gevaar, het bestaan zou haar alleen onmogelijk worden gemaakt. Het nieuwe vaderland eiste onvoorwaardelijke goedkeuring en collectief geheugenverlies. De geschiedenis werd weer eens herschreven. De identiteit opnieuw gedefinieerd. Wie dwarslag kwam in de marginaliteit terecht. Werd uitgespuwd. De schrijfster had het onzekere boven het onvrije verkozen, maar haar vrijwillig exil werd ter discussie gesteld. Overdreef ze niet een beetje? Was zij niet een tikje ondankbaar? Als je haar situatie vergeleek met die van de echte vluchtelingen? Die naamloos en monddood het vervolg van de gebeurtenissen moesten afwachten. Die allicht nooit meer terug konden. Alleen een drama kon haar status rechtvaardigen, maar daar was ze net iets te goed, of te intelligent voor. Ze keek ook naar het Westen, naar ons, met een ironisch schrijversoog. Ze noteerde wat haar verwonderde of bevreemdde. Dat werd haar niet in dank afgenomen.

De schrijfster wilde geen toetje, sommige mensen staken hun hoofd in het zand, zij had het hare in de koelkast gestopt. Om haar onvrede, het heimwee, weg te eten. En ze wilde niet op haar grootmoeder gaan lijken, die was zo zwaarlijvig dat ze haast immobiel was geworden. De schrijfster was verplicht mobiel, zij moest nu eens hier, dan weer daar neerstrijken. Thuis was van vroeger. Ze had reeënogen, een delicate huid.

Ik had iets aardigs willen zeggen, troosten. Ik noemde namen van schrijvers uit de wereldliteratuur – Thomas Mann, Joyce, Nabokov – die in ballingschap prachtige boeken hadden geschreven. Zij zuchtte dat ze uit haar taal was gestoten, dat die taal politiek werd gezuiverd. Dat ze onder een andere vlag voer en zich in haar afwezigheid ontwikkelde, zoals talen dat plegen te doen, van de mond naar het blad, vanuit de werkelijkheid een andere werkelijkheid scheppend. Is dat niet hoopvol, vroeg ik, dat kerk noch politiek de taal aan banden kunnen leggen, of onder toezicht stellen? Maar de schrijfster, die op vertalen was aangewezen, bleef tobben. Ze vreesde dat ze van haar taal zou vervreemden. Ze had het over de verzamelde werken van Shakespeare, in het Servo-Kroatisch. Een gebonden editie, die je niet in een koffer om de wereld kon zeulen.

'Je kunt Shakespeare toch ook in het Engels lezen,' wierp ik tegen.

'Dat is niet hetzelfde,' antwoordde zij.

Haar boeken werden in diverse talen gepubliceerd. Een collega meende dat de oorlog haar geen windeieren had gelegd. 'Dat is een ei dat door de wind bevrucht is,' zei ik. 'Eentje zonder kalkschaal, dank je wel,' antwoordde de schrijfster. Meer dan ooit klonk haar zangerige stem als een zacht klagen.

We liepen naar mijn hotel.

'Berlijn is vol,' zei de receptioniste.

Ze observeerde de schrijfster met wakkere, afwijzende ogen. Was dat er eentje uit Polen? Uit Kroatië? Daar hadden ze er ook al meer dan genoeg van.

Een lege stad bestaat niet. De receptioniste wilde haar hotel ook volgeboekt zien, maar dan met gasten van de juiste signatuur. Mijn grootvader beweerde dat een heer met één goedgepakte koffer om de hele wereld kon reizen. De receptioniste zou hem hartelijk welkom hebben geheten, zijn bagage was picobello, mooi verweerd kalfsleder. Onverslijtbaar. Een koffer voor het leven, maar hij hoefde er niet uit te leven.

Het verschil in bagage was mij opgevallen toen ik voor het eerst Oost-Berlijn aandeed. In de ene rij de Oost-Duitsers, met versleten of bordpapieren koffers, met allerlei pakken en zakken. In de andere rij hun fortuinlijker soortgenoten, het Westen, wij, met slagvaste koffers op wieltjes en lichtgewicht schoudertassen. Ik had zelfs een paar boeken meegenomen. Wij werden ijzig correct gecontroleerd, onze bagage werd weggekeken. Zij werden als vee naar de stallen gedreven, hun bagage werd doorzocht. Wij betaalden, hun spullen werden in beslag genomen. Een gammele koffer viel van een tafel op de grond en begaf het. Truien, koffie, kousen; een vrouw en een man probeerden alles wat ze moeizaam hadden vergaard, of wat de familie in het Westen hun had meegegeven, weer in de uitpuilende koffer te proppen, maar het lukte niet. Ik knarsetandde, maar zachtjes. Onvermijdelijk draaide zich in mijn hoofd de bekende film af. Mensen met bundels kleren over de arm, rugzakken van allerlei makelij, verwarde haren, wezenloze blikken. Haveloos, de spreekwoordelijke ander. Het zou van een nette burger enig voorstellingsvermogen vergen om zich met dat soort te vereenzelvigen.

Ik had de schrijfster omhelsd. Zacht en triest was ze, maar ook onverzettelijk. Het was alsof ze door haar tranen heen giechelde. Bij thuiskomst werd ik bij de grenscontrole door een rijkswachter vriendelijk begroet. Ik glimlachte, desondanks. Toen de transportband met de bagage begon te rollen was het alsof de wereld aan mij voorbijtrok. Ik giste wie de blitse koffers van de band zou graaien en wie de troep. Het was bijna altijd raak. Ik schaamde me.

Later stond ik voor mijn boekenkast, haalde er een boek uit, zette het weer terug. De veelgestelde vraag welke boeken ik zou meenemen naar een onbewoond eiland had een akelige bijbetekenis gekregen. Het onderscheid tussen reizen en vluchten was plotseling duidelijk. Wat meenemen en wat achterlaten? Een jongetje kon geen afstand doen van zijn konijn, een oude vrouw had haar po in haar armen geklemd. De hulpverleners zaten ermee verlegen. Mensen zeulden de raarste dingen mee.

Ik koesterde een foto van een vrouw die Zena heet. Zesentachtig jaar. Ze staat in een vluchtelingencentrum voor de britsen die met kleren zijn volgestapeld. Haar sjaal is half van haar witte haren gegleden. Ze houdt haar ogen neergeslagen, maar toont haar pasje van toen ze naar Auschwitz werd gedeporteerd. Een andere legitimatie heeft ze niet. Op het pasje is naast *Ausweis* de foto van een jonge vrouw afgedrukt, een meisje nog, dat met wijd opengesperde ogen in de camera kijkt. Alle rimpels en kreukels van Zena's nog altijd mooie gelaat zijn om haar dichtgeknepen mond samengetrokken. Haar houding is van een ondragelijke gelatenheid, maar haar samengeknepen mond wijst op een bovenmenselijke beheersing.

'Misère is fotogeniek,' zei een vriendin, toen ze die foto zag.

De werkelijkheid zag er iets minder beeldend uit. De werkelijkheid was chaotisch. De werkelijkheid stonk. De werkelijkheid was het relaas van een soldaat van de vredesmissie die probeerde zoveel mogelijk vluchtelingen op een vrachtwagen te krijgen zodat ze aan hun moordenaars zouden ontsnappen. Hij was kwaad geweest omdat de mensen op gevaar van hun leven toch hun lorren bij zich wilden houden. Hij had een oude vrouw geholpen die geen kans maakte in de laadbak te klimmen. Toen hij haar optilde merkte hij dat de vrouw maar één been had en ze had ook nog op hem geplast, maar haar handtas had ze krampachtig omklemd gehouden.

'Het was geen fraai plaatje,' had de soldaat besloten.

Ik had de kraag van mijn vliegeniersjak tot over mijn oren getrokken. Het gonsde in mijn hoofd en ik kreeg het maar niet warm. Bij de slagbomen was tumult uitgebroken. Probeerden de oudjes uit Bosnië alsnog met hun handel over de grens te glippen? Ze scharrelden tussen hun plastic tassen en de dozen die met touwen en tape bij elkaar werden gehouden. Het vrouwtje had de geladderde panty's weer willen inpakken. Het mannetje rukte ze uit haar handen en maakte aanstalten om met de panty's naar het kantoor te gaan. Het vrouwtje ging als een kind aan zijn jas hangen. De vrouwelijke douanier, die het paar in de gaten hield, riep iets – een verwensing – tegen een collega. Het mannetje gaf toe, terwijl het vrouwtje de panty's opborg, klopte hij haar onhandig op de rug. Het vrouwtje liet zich op de knieën vallen om een van de pakken weer samen te binden, het mannetje stond over haar heen gebogen en gaf advies. Het zaakje schoot niet op. De vrouwelijke douanier dreigde door het lint te gaan, haar stem sloeg over, ze hief haar hand alsof ze de oudjes met een zweep wilde afranselen.

Ik had ooit een aangeschoten boer een hond zien doodslaan. Het was nog een jong dier dat aan de ketting was gelegd en huilde. De boer schold, de hond jankte, de boer trapte, de hond kroop piepend naar zijn voeten en plaste. De boer trok zijn broeksriem en begon de hond gericht te slaan. Tot het dier geen geluid meer gaf en met gebroken rug bleef liggen. Ik was ongeveer vijf jaar oud.

In *The Informed Heart* beschrijft Bruno Bettelheim zijn ervaringen in Dachau en Buchenwald. De soldaten trapten harder naarmate de slachtoffers hun angst toonden. Toen ik dat boek las, had ik niet aan die hond gedacht, daar aan die grenspost schoot mij een ander beeld te binnen. Het moet enige tijd na het doodslaan van die hond zijn gebeurd. Dezelfde boer zat in een rieten stoel onder een appelaar. Hij had het ene been over het andere geslagen en liet zijn dochtertje op zijn wippende voet paardjerijden. Het kind kraaide van plezier. Ik was er eigenlijk te groot voor, maar de boer vroeg toch: 'Wil jij ook?' Ik schudde heftig nee en zette het op een lopen.

Weer wat later had de teef van mijn oom, een raszuivere Groenendaeler, zich door een bastaard laten dekken. Aan tafel werd erover gesproken de pups te verdrinken als er geen liefhebbers voor werden gevonden. De oortjes van de hondjes lagen nog slap tegen hun kopjes, hun buikjes waren als tonnetjes. Ik besloot het fatale gebeuren niet af te wachten en de pups zelf naar de rivier te brengen. Gelukkig kon tante Adeline er eentje kwijt aan de pastoor, een ander werd door een venter geadopteerd, een stierf, wat overbleef werd in het alledaagse bedrijf opgenomen. Maar ik had de nacht dat ik het verdrinken beraamde drijfnat van het angstzweet in bed gelegen. Ook na de goede afloop bleef ik wrokken, al wist ik niet goed waarom of tegen wie.

'Godver...' Marc was uitgestapt.

Wij volgden. Hier en daar gingen er nog portieren open, het merendeel van de wachtenden bleef echter in de auto's zitten. Een man riep iets, hij stond achter de geopende deur van zijn auto, één voet nog binnenboord.

'Hij vraagt hoe lang dit nog gaat duren,' vertaalde Lucas.

Wij sloten ons aan bij het groepje toeschouwers. Het mannetje uit Bosnië was ook in een tirade uitgebarsten. De moed der wanhoop, of de steun van het publiek? Een douanier werkte zich door de omstanders, of beter, zij weken voor hem. Een getaande man, genre vermoeide adelaar, die met enkele korte bevelen een einde aan de poppenkast maakte. Hij greep de vrouwelijke douanier bij de arm en leidde haar naar het kantoor. De oudjes verzamelden hun tassen en pakken en volgden hen. De slagbomen werden opgehaald en de colonne werd eronderdoor gejaagd. We moesten naar de auto hollen.

De rush over de grens was als een versnelde film, het gebeitelde gezicht van de douanier die het commando had overgenomen werd uitgewist. Maar: zijn hand om de arm van zijn vrouwelijke collega, het wit weggetrokken vel om de knokkels, haar gebogen hoofd, de plotselinge willoosheid van haar lijf, ze had een ladder in haar kous – pijnlijke details die je altijd bijblijven.

Drie of vier auto's na de onze werden de slagbomen neergelaten, het ging weer als druppelen, auto na auto. Ik zat nog altijd achterom te kijken. Het reisgezelschap luchtte zijn verontwaardiging, zijn spot ook. De oudjes leken in het hele gedoe wat vergeten, maar we zouden hen en huns gelijken nog vaak ontmoeten. Hun gekrakeel had mij aan mijn grootouders doen denken, die hadden elkaar bekend tot in het meningsverschil. Het was een paar vol tegenspraak, dat in de intimiteit een eigen taal had uitgevonden. Ik vroeg hen met de brutaliteit van de onwetende of zij van een ander hadden kunnen houden. O ja, volmondig. Zij was nooit om aanbidders verlegen geweest, hij was gedurig verliefd.

Hij: 'Je grootmoeder mag gezien worden.'

Zij: 'Je grootvader is een hele knappe man.'

Zij zaten elkaar achterna, renden struikelend en giechelend rond de tafel, om het bed. Het bleef spannend. Ik werd verteerd van heimwee naar hun voorstelling van de liefde.

Mijn reisgezellen luchtten hun verontwaardiging. Wat ik van de vertoning dacht? Ik glimlachte verontschuldigend, geen stem, weet je wel. Siglavy was net te laat gekomen, de slagbomen werden voor zijn neus neergelaten, maar als een volleerd springpaard had hij de hindernis genomen. Voorbenen geheven, balancerend in een halve boog, achterbenen hoog opgetrokken, gewicht opgevangen voor een zachte landing. Hij galoppeerde even met ons mee, schuin achter de auto. De manen wapperden om zijn hoofd, schuimvlokken vlogen van zijn lippen. Langzaam werd de afstand tussen ons groter, hij verliet de weg, draafde een wei in en bleef ons aan de rand van een bos staan nakijken.

Kroatië leek volgeplant met vlaggen, alleen in Amerika had ik dergelijk vlaggenvertoon gezien. Voor kerken, scholen, en banken. Het was alsof de Amerikanen hun eigen land bezetten. En er ging geen dag voorbij of ergens in de wereld werd die vlag verbrand. Lucas hield een uiteenzetting over bergbeklimmers en ontdekkingsreizigers die op de hoogste toppen of in onbekende gebieden hun vlag planten. Ik fluisterde dat het iets voor mannen was, het merken van het territorium. Marc repliceerde prompt dat vrouwen hun eigen manier hadden om aan te geven wat zij tot het hunne rekenden. Mijn zwakke stem voorkwam dat we het voor of tegen gingen afwegen. Ik herinnerde mij de maanreizigers, die na enkele huppelpasjes hun vlag verankerden tegen zesmaal minder zwaartekracht. Daar stond dat ding nu verlaten in het luchtledige.

'Van wie is de maan?' fluisterde ik.

'Wat?' Johan blafte als een hese hond.

'Een kleine stap voor de mens, maar een grote sprong in de geschiedenis,' citeerde ik nauwelijks hoorbaar. Ik had na de maanlanding verwacht dat ik anders naar de maan zou kijken, maar het hemellichaam was in al haar schijngestalten zichzelf gebleven.

'Wat voor geheimen worden daar op de achterbank uitgewisseld?' vroeg Lucas.

Johan zwaaide als een signaalgever met denkbeeldige vlaggetjes.

Ik heb nooit een vlag gegroet, laat staan gekust. Toen ik de vlag op de kist van mijn vader zag vroeg ik mij af of zij de lading dekte. Nochtans had ik de vlag zelf aangegeven, omdat – dacht ik – hij het zo zou hebben gewild. De veronderstelde wensen van de doden zijn onverbiddelijke bevelen. Van de dromen van mijn vader waren alleen de symbolen overgebleven.

'Je groet ze alle, of je groet er geen,' placht mijn grootvader te zeggen.

Dat was grootspraak, de vlaggen van de oud-strijders brachten hem aan het huilen, toen hij de vlag van de Fritz moest groeten – na de oorlog welteverstaan – had hij zogenaamd zijn enkel verzwikt, en toen mijn grootmoeder hem boos over mijn vlaggenparade berichtte, schoot hij in de lach.

Het gebeurde na een staatsiebezoek van de sjah van Iran, dat vooral belangstelling wekte omdat hij zijn mooie maar kinderloze vrouw had verstoten. Zuster Piata had hem als een soort Blauwbaard beschreven. De schoolkinderen waren opgesteld langs de weg om met papieren vlaggetjes te zwaaien. De sjah zat naast de koning, die nooit zijn vrouw zou verstoten, in een zwarte glimmende limousine. Er werd haltgehouden om de bloemenruikers in ontvangst te nemen. Ik ving een glimp op van een uniformpet en een paar zware wenkbrauwen, meer niet. De volwassenen liepen de kinderen haast onder de voet, vooral de vrouwen waren niet in te tomen, al was het hun klaarblijkelijk meer om de koning te doen dan om de sjah. Het hele gedoe was in een mum van tijd voorbij, de stoet ging gezwind richting Brussel en wij stonden verwezen met onze vlaggetjes langs de weg. Sommige kinderen wilden hun vlaggetje mee naar huis nemen, maar de meeste wierpen het weg, of lieten zich niet al te zeer bidden om het af te geven. Ik verzamelde de vlaggetjes tot ik een hele bundel had waarmee ik wuivend op huis aanging. In de buitenwijk waren de lichtjes in de lantaarns al aan en de buren lieten hun honden uit. Wat mijn grootmoeder mateloos ergerde, zij zou haar hond nooit zijn gevoeg op straat laten doen. Ik weet niet wat mij bezielde, misschien begon ik mij toch opgelaten te voelen met mijn armvol vlaggetjes, maar toen ik er eentje in een hondendrol had gepoot kon ik niet meer ophouden. Ik doorkruiste de buurt en plantte zo goed en zo kwaad als het ging mijn vlaggetjes – er waren er die scheefzakten of omkieperden – het was alsof ik de drollenroute uitzette. Ik deed het haastig, alsof het stiekem moest gebeuren, maar kwam toch te laat thuis.

'Wat ben jij rood aangelopen,' mopperde mijn grootmoeder.

'De sjah is op bezoek gekomen,' bracht ik uit.

'Heeft hij je ten huwelijk gevraagd?' vroeg ze gemelijk.

Ze bekeek mij afkeurend, snuffelde: 'Ga je handen wassen.'

Ik had geen vlaggetje meer over en was verlegen toen de buren overbrachten wat ik ermee had uitgespookt.

Ook als ik over mijn stem had beschikt zou ik hebben geaarzeld om dit verhaal aan mijn reisgezellen te vertellen. Niet omdat ik mij er nog voor geneerde, maar omdat vlaggen zo belangrijk en gevaarlijk waren geworden. En omdat ik vreesde dat ze op een ongelegen moment ook mijn sentiment zouden opwekken.

Ergens in Kroatië, in een stadje, op een dorpsplein, zouden wij worden opgewacht door een familie voor wie we pakjes hadden meegenomen. Ik had een hard hoofd in zulke afspraken en bestudeerde vergeefs de kaart. Maar het stadje bestond en zodra we het dorpsplein opreden kwam de familie aangelopen, kinderen voorop. We overhandigden de pakjes en kregen er meteen een lading voor in de plaats. De vluchtelingen die ons de pakjes hadden opgedrongen maakten zich zorgen over de familie die was achtergebleven, die op haar beurt vroeg zich af hoe het de geliefden in dat onbekende land verging. Wij hadden eigenlijk geen ruimte voor extra bagage, maar we bezweken voor de aandrang. De pakjes bevatten geen belangrijke of noodzakelijke dingen. We ruilden gebreide truien voor eigengemaakte jam. Iets warms tegen iets zoets. *A taste of home.* Ik had de vluchtelingen voor ogen, hun onzekerheid, hun wanhoop, de totale black-out. Vooral hun schichtige blikken troffen mij; dat vlugge spieden, het neerslaan van de oogleden als ze erop werden betrapt.

'Toen had ik geen tijd om bang te zijn, nu wel,' verklaarde een man.

Maar de familie op het dorpsplein, die niet op de vlucht was geslagen, spiedde op dezelfde wijze om zich heen. Het banale plein vertoonde geen sporen van geweld, maar een groep lummelende mannen die ons gadesloeg was gestadig aangegroeid. Wat je noemt in de kracht van hun leven, maar de vlezige nekken en de uitzakkende buiken wezen op een zekere vadsigheid. De mannen hadden eigenlijk aan het werk moeten zijn. Een vrouw van onbestemde leeftijd naderde, ze schudde haar vuist, schreeuwde. Even dacht ik dat ze de luiwammesen uitschold, toen drong het tot mij door dat ze het over ons had. En over de familie die bij de auto stond. De mannen schokschouderden alsof ze de woorden van de vrouw van zich af wilden schudden en spuwden voor hun voeten. Hun blikken waren ronduit vals.

Onwillekeurig had ik de afstand tussen ons ingeschat. Er gebeurt niets, dacht ik, maar ik wist wat er kon gebeuren. Thuis had ik de vluchtelingen aangeraakt, hun handen gegrepen, ze in mijn armen gehouden. Op dat dorpsplein deed ik hetzelfde, ofschoon ik vreesde de griep aan de familie over te dragen. Ik raakte aan en liet mij aanraken. Ik hield vast en werd vastgehouden. Ik deed dat niet alleen om hen gerust te stellen, of om nader te komen, ik deed het vooral om mezelf te kalmeren. Die cluster van mannenlijven, de quasi-ledigheid, het stompzinnig staren, was onheilspellend. Ook het kijven van de vrouw, haar overslaande stem, was niet mis te verstaan. Het was een schreeuw om bloed, een schreeuw die ons zou blijven vervolgen.

Het afscheid was kort, wij kenden elkaar niet en het was onwaarschijnlijk dat wij elkaar weer zouden ontmoeten. We hielden het ook kort omdat wij het gevoel hadden die familie in de steek te laten. We konden nog zoveel beredeneren of proberen te verklaren; we waren machteloos en ontkwamen er niet aan ons schuldig te voelen. Ik zou niet ongeschonden uit dit verhaal komen. De angst werd omgezet in een soort ondergrondse woede die mij deed verstrakken. Kon ik die schobbejakken maar een keer in handen krijgen! Kon ik het ze maar betaald zetten!

Toen wij met de auto het plein afdraaiden was de familie met pakjes en al verdwenen. De schreeuwende vrouw had de mannen schokschouderend de rug toegekeerd. Die stonden in een kring met de ruggen naar buiten, als een kudde.

'So far so good,' mompelde Marc.

Ik had een vreemde associatie van het plein met een weide, waar ik doorheen placht te lopen om vlugger het huis van tante Adeline te bereiken. In die weide graasden runderen. Ik zakte op mijn knieën om onder aan de buiken te controleren of er zich ook een stier tussen de koeien bevond. Stieren konden onverwacht aanvallen. Het verschil tussen uiers en ballen was niet altijd goed te zien. Ik stak de weide over als een snelwandelaar. Ik deed alsof ik het vee niet zag, maar ik had ogen in mijn rug. Op een dag was de weide alleen bezet door een stier.

Hij stond te staan, een massief blok. Ik probeerde zijn stemming te peilen; zwiepte hij met zijn staart, waren zijn ogen bloeddoorlopen, blies hij zijn adem door de neusgaten? Het was niet uit te maken. Ik kroop onder het prikkeldraad door en liep stijfjes door de weide. De stier had zijn kop in mijn richting gedraaid, maar het was alsof hij kippig in de verte stond te staren. Ik bereikte de overkant van de weide, kroop onder het prikkeldraad, te vlug, of onhandig, en bleef met mijn bloes aan een pinnetje hangen. De stier begon te beurelen, ik rukte mij los, zette het op een lopen, verzwikte mijn enkel, en deed het in mijn broek. Toen ik mij oprichtte stond de stier waar hij had gestaan. Hij strekte zijn kop schuin naar boven en beurelde. Het was een wanhopig, eenzaam geluid.

Wij draaiden de hoek om en het plein was verdwenen. Zo had ik het ook willen vergeten. Ik had mijn hoofd willen leegmaken, zoals ik het plein, alle pleinen, had willen schoonvegen. Geen vlaggen, geen monumenten, geen families die zich onzichtbaar probeerden te maken, geen mannen die breeduit en broeierig het plaveisel bezetten, vooral geen ophitsende vrouwenstem. Stilte. Hoogstens het geklater van een fontein, het koeren van duiven.

De vluchtelingen moesten ver van huis genadebrood eten. Ze wisten niet of ze zouden kunnen terugkeren en wat ze dan zouden aantreffen. Diegenen die waren gebleven werden geplaagd en bedreigd; de grond brandde onder hun voeten. Ik vroeg mij af wat ik in zo'n geval zou doen. Mijn grootmoeder had bij elke crisis herhaald dat ze nooit meer zou vluchten. Dat had ze in de Eerste Wereldoorlog gedaan en vervolgens had ze vier jaar in Holland zitten koekeloeren. Toen bij het uitbreken van de Tweede Wereldoorlog de vluchtelingenstroom weer op gang was gekomen, had zij zich opgedoft en de deur op de knip gedaan. Mijn grootvader had een fles Château Lafitte ontkurkt: 'Encore une que les boches n'auront pas'.

Het zou zijn lijfspreuk worden. Ook mijn grootmoeder had de gewoonte na een genoegen te verzuchten dat dit ons niet meer kon worden ontstolen. Mijn grootvader was een oud-strijder, het kwam niet bij hem op de benen te nemen, maar wie beweerde niet bang te zijn was een dwaas, of een leugenaar. Mijn grootmoeder gaf grif toe dat de vliegende bommen, de v1 en de v2, haar de stuipen op het lijf hadden gejaagd. Gesputter in de lucht, stilte, een knal. Je wist nooit waar de raket zou inslaan. Je telde af, je stond elkaar aan te kijken. Vergeldingswapens werd dat tuig genoemd. Ook dat was oorlog: de anderen je verlies betaald zetten. Mijn grootvader had het keldergewelf gestut, maar mijn grootmoeder wilde niet levend worden begraven. Zij wachtte – uiterlijk kalm – tot de hemel op haar hoofd zou vallen.

Op stille avonden had ze in Holland een duin beklommen en zich verbeeld aan de horizon het gerommel van het geschut te horen. De zoon van de dominee was verliefd, zij vond hem aardig. Maar: twee geloven op één kussen, daar ligt de duivel tussen! De dominee had het paar gevraagd te wachten tot na de oorlog. Toen was mijn grootvader uit het verdronken land opgedoken. Hij geloofde nergens meer in en hij had haast.

'Geloof is wat de mensen ervan maken,' placht mijn grootmoeder te zeggen.

Het omgekeerde was evengoed waar. Zij was bijgelovig, maar ook het obscure maakte deel uit van een traditie. Ik werd angstig van de verhalen van mijn grootouders, maar ik was eraan verslaafd. Ik moest erom bedelen, ze uitlokken. Geloof was geen onderwerp van gesprek, oorlog was min of meer taboe. Maar het handelen, denken en voelen van die twee was ervan vervuld.

Achteraf, of veel later, zou ik vaststellen dat het ook mij niet onberoerd had gelaten. Ik was een heidense christen of een christelijke heiden. De oorlog stootte mij af en trok mij aan. Lucas overtuigde mij niet als hij beweerde dat geloof een bijkomstige factor was in de etnische oorlog; religie en soort hadden een incestueuze verhouding. Ook als het geloof was verdrongen miste het zijn uitwerking niet. In de haat, in de angst, bekende haast iedereen zich tot zijn soort. Nood doet bidden, en je kunt bidden tot de verlatenheid, maar niet tot de God van je vijand. Volgens het gebod moest ik mijn naaste liefhebben zoals ik mezelf liefhad. Dat deed ik niet, maar ik geloofde wel dat het zo hoorde. Ik had ook mezelf niet onvoorwaardelijk lief, al begon ik mij wel aardiger te vinden. Toen ik voor het eerst erkende, of ervoer, dat ik mijn leven voor een ander wezen geven kon, wist ik ook dat ik voor dat wezen zou kunnen moorden. Het was mijn kind, maar dat was geen excuus.

Mijn reisgezellen, ik, wij ontleenden onze identiteit aan het allerindividueelste ik. Wij gingen er prat op dat wij alleen onszelf vertegenwoordigden. Toen de anderen ons als westers bestempelden, protesteerden wij heftig. Wij wilden niet gelabeld worden. Geloof en ideologie – wij hadden het samen verwerkt en verteerd. Wij hadden zogenaamd onszelf bevrijd. Onze placebo was de psychologie, het wroeten in de ziel onder medisch toezicht. Wij spraken over Kroaten, Bosniërs, Serven met hetzelfde gemak waarmee wij het over katholieken, moslims, orthodoxen hadden. Of over oud-communisten. Het waren spijtige – of gevaarlijke – atavismen. Zoals je de mens niet met zijn etnische groep mocht vereenzelvigen, zo moest je geloof en ideologie niet als bepalend zien, laat staan dat je soort en geloof met elkaar zou verbinden.

'Het heeft met beschaving te maken,' zei Johan.

'Of met cultuur,' voegde Lucas eraantoe.

Die van hen of die van ons, dat was de kwestie.

Je kon ons in verlegenheid brengen als je vroeg waarom wij ons in de hulpverlening hadden begeven. Wij mompelden dan wat over solidariteit, of dat je hét niet kon laten gebeuren. Voor de een was het een toevallige keuze voor de ander zijn of haar vakgebied. Wij kregen het benauwd als men ons van gevoeligheid of van *political correctness* verdacht. Wij wilden ons niet conformeren. Een enkele keer schoot mijn stem uit. Toen een jonge windbuil vroeg of wij ons superieur voelden, wij met onze dekens en voedselpakketten, terwijl 'die mensen' in de eerste plaats behoefte aan wapens hadden. Of toen een filosofe vroeg of die vrijwilligers 's avonds tevreden naar bed gingen. Mochten ze alsjeblieft?

Een dokter uit Sarajevo die door 'onze' bemiddeling in Gent werd bijgeschoold had verwonderd een bijeenkomst van overwegend Bosnische vluchtelingen bijgewoond. Barbecue, kinderspelletjes, muziek en dans. De sentimenten waren hoog opgelopen. De vrijwilligers werkten zich uit de naad.

'Wij zouden dit nooit doen voor een ander volk,' zei hij. Als dokter verzorgde hij uiteraard alle zieken of gewonden, maar als het bijvoorbeeld een Servische patiënt was, zou hij hem zo vlug mogelijk aan een Servisch ziekenhuis overdragen. Met mij wilde hij wel dansen, maar niet 'met de groep'. Het kwam mij toen nog ongepast voor hem te vragen of hij moslim was. Ik vroeg hem wel waarom hij in Sarajevo was gebleven. Familie, de zorg voor zijn patiënten? Een geliefde?

'Ik kon niet weg,' antwoordde hij.

Kon hij niet, of wilde hij niet?

Hij glimlachte. Zijn vader was in Sarajevo begraven, hij wilde zijn moeder niet in de steek laten. Waarom zou hij zich aan de goedwillendheid van de Amerikanen, van het Westen overgeven? Hij beriep zich niet op zijn doden, maar welke merites hadden wij om ons beter te voelen? Moest hij mij aan de vernietigingskampen uit de Tweede Wereldoorlog herinneren, of aan het aanslepende conflict in Ierland? Bij het uitbreken van de gevechten had hij geaarzeld. Alleen bekende dokters, of die met een opmerkelijke staat van dienst, konden in Amerika of elders aan de slag. Hij kon alleen op het Sarajevo-gevoel inspelen, zijn ellende etaleren. Dat verdomde hij. Hij was geen oorlogsprofiteur en geen gigolo. Nog liever zou hij zich als vrijwilliger melden, als arts, maar zonodig zou hij ook vechten. Hij zou zich moslim noemen en zoveel mogelijk vrouwen bezwangeren. In Sarajevo was hij iemand; daarbuiten – hij knipte met de vingers: niets! Vroeger was zijn Sarajevo het Sarajevo van de wilde spelletjes, van het eerste liefje en de gestolen kus. Het was het Sarajevo van de parken, de rivier, de bruggen. Zijn stad, die van duizend-en-één nacht. Nu was het het Sarajevo van de sluipschutters, van de kapotte huizen, van de vernielde bibliotheek. Het was het Sarajevo van het tekort, van de kou, van het kerkhof langs de heuvelflank bij het Olympisch stadion. Vroeger was het het Sarajevo van de vrienden, nu was het het Sarajevo van de vijanden. Zijn stad, een oord van angst en verschrikking, maar meer dan ooit zijn stad. Hij was er geboren en hij zou er sterven. Het was zijn wieg en zijn graf. Toen de oorlog uitbrak had hij geaarzeld, nu wist hij het wel. Als hij vluchtte was hij niet meer van Sarajevo, maar hij zou ook niet van, laten we zeggen, New York zijn. Hij zou ergens tussenin bestaan. Best mogelijk dat dit de toekomst was: mensen die nergens bij hoorden, nergens vandaan kwamen en nergens heen gingen. Mensen zonder geheugen die in niets geloofden en als blindgangers neukten. Best mogelijk, maar zijn toekomst was het niet. Het was een mooi land, mijn land. Hij was onder de indruk van Gent, de dokter. Hij begreep dat ik van deze stad hield, als ik haar mijn vaderstad noemde. Maar hij, dat moest ik begrijpen, hij wilde naar huis. Ik keek naar de dansers die nooit meer naar huis konden, maar ik zweeg, wilde de dokter niet onnodig kwetsen. Hij was bij zijn uitval rood aangelopen, toen hij zweeg zag hij lijkbleek.

In Karlovac ging de school uit, de straten liepen vol tieners, joelend en flirtend. Een mooi meisje dat niet kon kiezen tussen twee aanbidders werd getroost door een minder mooie vriendin. De twee vrijers wachtten op de hoek van de straat het verdict af. Uit de ramen van een kazerne staarden soldaten ons aan. Het waren bepaald geen liefdevolle blikken. Gepantserde voertuigen stonden startklaar op de binnenplaats. De soldaten waren niet veel ouder dan de jeugd die door de straten flaneerde alsof de wereld haar toebehoorde. Een wereld die de soldaten zogenaamd verdedigden of en passant zouden veroveren. De gezichten onder de kortgeschoren haren leken op elkaar. Een leger van klonen. Geweren in de aanslag, geslacht paraat, verstand op nul. Een soldaat die zich vragen gaat stellen is verloren. Onmogelijk niet met deernis te denken aan het mooie meisje, aan haar minder mooie vriendin, aan de lummelende vrijers.

Gesticulerend als in een stomme film toonde Johan ons een museum dat als opvangcentrum werd gebruikt. Het okeren gebouw stond erbij als een geplunderde barak. Ik legde een vinger in een kogelgat. De vluchtelingen waren over kleinere opvangcentra verspreid, de verkrachte vrouwen, die geen behoefte hadden aan aapjes kijken, apart, en verder zoveel mogelijk soort bij soort.

Op het plein voor het museum groeide gras tussen de stenen, een vieze droesem bedekte de bodem van een drenktrog. Je ging een straatje om en kwam van het volle leven in de verlatenheid van de oorlog terecht. Karlovac, Karlstadt – de stad van Aartshertog Karel, een van de neefjes van keizer Karel. De Gentenaar die aan het Mechelse hof werd opgevoed door zijn tante, Margaretha van Oostenrijk. De landvoogdes van de Nederlanden, die nog altijd de Grote Markt domineert, met haar rug naar het stadhuis – haar paleis – waar de keizer in een nis op zijn troon zit alsof hij hardlijvig is. Een erfprins met een kin als een centenbak, maar de tentakels van zijn macht strekken zich uit over de grenzen, door de geschiedenis heen. Het rijk van Carolus, waarin de zon nooit onderging. De droom van elke heerser, groot of klein. In de nagloei van de zomer leken de muren van deze garnizoensstad in Midden-Europa oud goud. Oker is een kleur die je terugvindt tot in de uithoeken van het teloorgegane Oostenrijkse imperium. Van de stoeterij in Lipica tot Het Hof van Habsburg in Mechelen. Kazerne, deportatieoord, woonblok, museum van de Holocaust. Toen ik op de binnenplaats van die vesting stond, werd ik bevangen door het gevoel dat ik van alle kanten, uit een veelvoud aan ramen, door geesten werd gadegeslagen.

'Kom maar kijken,' zei een museumbewaker toen hij mij voor de deur van het museum zag aarzelen. Het was gratis. Zijn Nederlands met Franse inslag had geen Jiddisch accent meer. Ik raakte de mezoeza aan de deurpost aan en wenste dat ik onzichtbaar was. Alsof ik daardoor ook kon ontsnappen aan wat ik te zien zou krijgen. En ik wenste dat het zich in verre barbaarse landen had afgespeeld, daar waar je het onvoorstelbare kunt stallen, maar niet hier, niet in eigen land, om de hoek van mijn straat. In de keldergewelven hingen kinderportretten, lieve, guitige, brutale kopjes. Hun namen die werden omgeroepen, vielen als korte slagen, er zat blijkbaar geen echo in deze kelder. Wie nog geen kind had, zou aarzelen er een te maken. Even de handlanger van God zijn, wat zeg ik, je God de moeder voelen, als de baby zijn eerste kreet slaakt. Vervolgens nooit meer rust, kwetsbaar zijn in je liefde. En je vanwege de hulpeloosheid danig schuldig voelen. Je wilde je eigenlijk niet voorstellen dat mensen in rook kunnen opgaan, maar in Het Hof van Habsburg werd je geconfronteerd met de maanden daarvoor, toen er nog werd gelachen en gezongen, toen de kinderen nog even kinderen waren. Nooit had ik in die benauwende kazerne willen wonen, slapen, liefhebben; het liefst had ik er geen voet gezet. Hoe goed begreep ik de klacht van mijn grootmoeder dat ze te veel had gezien en te weinig kon vergeten. Ik had het dwingende gevoel dat ik niet mocht vergeten. Dat wat ik vergat voorgoed teniet zou gaan. Maar niet vergeten betekende allicht ook niet vergeven.

Op een muur van het ontmantelde museum in Karlovac was met koeien van letters: 'Wrekers!' gekalkt.

'Wat voor museum was het?' vroeg ik hees.

Johan haalde zijn schouders op. De anderen wisten het ook niet. Toen zij het museum voor het eerst zagen, was het gebouw al leeggehaald en weer volgestouwd met desperate mensen. Ik staarde naar het vertrapte stro dat op de vloer lag te rotten. Een broeinest voor ratten.

De legende wil dat er in de fundamenten van de vesting Karlovac negenhonderd Turkse schedels zijn begraven. Het aanleggen van schedelvoorraden werd aan de Serven toegeschreven, maar de Ćele kula, de toren van schedels, hadden ze van de Turken afgekeken. Die spietsten ook mensen op stokken, zo kunstig dat er geen vitale organen werden geraakt en de duur van het sterven afhing van het uithoudingsvermogen. Na weer een grote nederlaag tegen de Turken waren de Serven naar de militaire zone van Karlovac gevlucht. Wat in de meest recente oorlog, toen uiteraard het Joegoslavische volksleger de kazernes bezette, aanleiding was tot verbitterde gevechten en uitdrijving. En tot de spreekwoordelijke verwarring; het samenleven ging immers van uniform tot bed. Steelse blikken, geheime vrijages, verboden verbintenissen. Het meisje is orthodox, of de dochter van een moslim, de jongen een Kroaat, of godbetert een Serf, die achter een mooie Bosnische aanzit. Dat brengt kwaad bloed in de familie en het loopt uit op een orgastisch bloedbad.

Ik dacht aan het paartje dat dagenlang verstijfd op een brug in Sarajevo had gelegen. Onder het alles registrerende oog van de camera's door scherpschutters afgemaakt. Hij werd het eerst geraakt, maar leefde nog, zij kroop naar hem toe toen ze de volle laag kregen. Twee die elkaar niet meer konden loslaten. Romeo en Julia. Liefde is onverbeterlijk en als het erop aankomt sterker dan de dood. Maar dit was geen theater, al was het dan een onvergetelijk drama. Voor de vluchtpoging naar 'de andere kant' had het meisje haar moeder gevraagd goed voor de poes te zorgen. De vader verklaarde de moord op zijn dochter te zullen wreken. De poes gaf kopjes, was fotogeniek. De toeschouwers waren verbijsterd, voelden zich machteloos en schuldig. Of beter: zij wilden de schuldigen aanwijzen, terechtstellen. Wilden zich zuiveren. Zich zo mogelijk vrijpleiten. Maar wie kon je verantwoordelijk stellen als het slachtoffer van vandaag de beul van morgen kon zijn? Er leek geen beginnen aan. Johan wilde het simpel houden, hij ging uit van de slachtoffers, van diegenen die leden.

'Wie zal zeggen dat de moordenaars niet lijden?' had Lucas gevraagd.

Zijn spitsvondigheid kaatste af op de uitval van Marc: 'Breng me niet aan het janken!'

Alle partijen in het conflict schoven de schuld af op de anderen, waar ze al te zeer op elkaar leken in hun drijverijen werd de buitenwereld – het Westen – met de vinger gewezen. Machtsbelust, gebrek aan solidariteit, onbegrip was nog het minste van de verwijten. Het was nog een ondankbaar volkje ook. En of ze hun vuile handen aan hun eigen broek wilden afvegen? Wij bedankten voor de eer. Wij hadden een vredevol, welvarend Europa op het oog. Wij werden misselijk van het opdreunen van de geschiedenis, van de zinloze herhaling. Wij hadden nauwelijks onze eigen oorlogen verwerkt. Zij en wij. Het was in *no time* gebeurd. De onzichtbare muur stond er al.

De bewaker van het museum in het Hof van Habsburg zei dat de Holocaust met niets kon worden vergeleken. Ik help het je hopen, dacht ik. Wat de methodes aanging om mensen te verdrijven en uit te roeien was wat zich in het verlaten museum in Karlovac had afgespeeld het werk van dilettanten. Maar de hartstochtelijke, niets ontziende en constante, haast religieuze aandacht voor het verschil was in essentie, of in intentie, niet veel anders. Het gebeuren was geladen met angst en lust; doodeng. En je kon wel in een groep aan het moorden slaan, maar sterven deed je alleen. Ik begon te voelen voor het verbod, het taboe, de voorbeeldige straf. Ik vreesde dat ik in staat was om een totem te dansen om het gevaar te bezweren.

Johan en Marc bespraken de vele mogelijkheden die het okerkleurig gebouw en het plein boden. Je zou er een ontmoetings- of recreatie-ruimte van kunnen maken. Lucas hield zich afzijdig; voorzover hij droomde, deed hij dat niet hardop. Ik kreeg de gekke inval dat het voormalige museum een goede paardenstal zou zijn en het plein best als oefenweide gebruikt zou kunnen worden. Ik zag de paarden al huppelen terwijl de amazones verrukt klaarkwamen. Verpozen en ko-zen. Ook de staljongens, de melkbaarden en de ervaren ruiters, één vrolijke bende. Een mooi visioen. Maar ik hield – ook gedwongen – mijn mond, en nam een flinke teug hoestsiroop. Mijn reisgezellen ke-ken verwonderd, alsof ik een whisky achteroversloeg. Ik hoopte dat de codeïne in het troebele drankje mijn pijnlijke keel zou kalmeren en mij min of meer verdoven.

Karlovac-Gaza-Zadar

Het vluchtelingencentrum van Karlovac-Gaza was opgetrokken buiten de stad, op een stuk verzonken land waar voorheen de zigeuners hun kamp opzetten. *Gaza* betekent wad, of doorwaadbare plaats, maar er viel nergens een rivier te bespeuren, het water moest worden aangevoerd in containers. De prefab-woningen hadden wonderlijke uitbouwsels en waren door waslijnen met elkaar verbonden. Zoals een residentiële buurt herkenbaar is, zo lijken vluchtelingencentra op elkaar. De kinderen kwamen ons niet blij tegemoet gelopen, palaverende mannen keken ons nors na, vrouwen namen het jongste kind op de arm, een jongen op een brommer met een kapotte knalpot draaide rondjes alsof hij ons wilde omsingelen. Wij werden door vele ogen met dezelfde blik gewikt en gewogen. Een auto met vreemdelingen die kwamen rondneuzen. Geen konvooi; geen bevoorrading. De regering wilde de vluchtelingencentra sluiten, de bewoners van de stad drongen er ook op aan. Vluchtelingen die bij familie konden intrekken, of anderzijds onderdak vinden, waren allang weg. De overblijvenden waren letterlijk gestrand aan de kant van de weg. Zij hadden vragenlijsten ingevuld, hadden herhaaldelijk hun verhaal gedaan, stapels dossiers lagen op afhandeling te wachten. Niemand wist hoe het verder moest. De winter stond voor de deur, in de bergen was de eerste sneeuw gevallen.

Wij liepen stijfjes langs de mannen die hun dagen doorkwamen met drinken. Je hoopte haast dat de drank hen onmachtig zou maken, zodat zij hun vrouwen niet zouden slaan of met nog een kind opzadelen. Er werd gefokt bij het leven. In een verwoest dorp had een grijsaard achttien kinderen geclaimd. Nadat zijn eerste vrouw in het kraambed was bezweken, was hij met zijn tweede vrouw lustig doorgegaan. Met de kinderen zat het zo; stierven er een paar door ziekte of oorlog, dan bleven er nog voldoende over om zich breed te maken. In het dorp waren de huizen aan de ene kant van de weg in puin geschoten, de huizen aan de andere kant van de weg stonden overeind, maar bleken grotendeels verlaten. De grijsaard had niets te verliezen, hij was gebleven. Zijn ingevallen mond was tandeloos, en hij likte voortdurend zijn lippen. Trots beweerde hij nog altijd niet met los kruit te schieten. Onwillekeurig dacht ik aan mijn onbekende grootvader, die aan moeders kant, die jaren voor mijn geboorte was gestorven. Hij had zijn vrouw met twaalf kinderen geschopt en was na de laatste, fatale, neukpartij aan een beroerte bezweken. De zorg voor het nest wezen was de oudste zonen toegevallen. Hun jeugd was verbruikt, hun huwelijkskansen verkeken. Ik wist hoe ik mijn ooms kon vermaken door met de wandelstok van mijn grootvader – die als een reliek naast de haard hing – op de grond tikkend, mompelend en bevend door de kamer te strompelen. De grijsaard had met een onwijs lachje en van lik-me-lipje voor de ruïne van zijn huis gestaan. Ik had mijn grootvader aan moederskant niet gekend en niet gemist en ik hoefde niet zonodig aan hem herinnerd te worden.

'Motherfucker,' gromde ik binnensmonds.

De grijsaard lachte instemmend, welja wij begrepen elkaar.

Het vluchtelingencentrum van Karlovac-Gaza was mij afwijzend, bijna vijandig voorgekomen. De afstand tussen de vluchtelingen en mijzelf leek onoverbrugbaar. Hoezeer ik dat ook aan de geschiedenis of aan de omstandigheden wilde toeschrijven: zij leken anders, of ik was anders. In Afrika, of aan de noordpool, om het even waar was dat anders zijn vanzelfsprekend, maar in Europa had ik het er moeilijk mee. Eigenlijk was het ook niet het anders zijn dat mij bevreemdde, maar het al te herkenbare. Het was alsof ik werd geconfronteerd met iets in mezelf waarvan ik niet wilde weten. Niet zo gek lang geleden was mijn familie op de vlucht geslagen voor de geciviliseerde buren die zich onverhoeds als barbaren gingen gedragen. Nog niet zo gek lang geleden waren miljoenen zielen in de gaskamers tot rook vergaan. En nu dit weer. Ik sloeg mijn ogen neer voor de harde, wanhopige gezichten. Wij waren allen uit hetzelfde Europa voortgekomen.

Een vrouw was door de onzichtbare barrière gebroken, zij was zo ontdaan dat ze niet uit haar woorden geraakte, het kind, dat als een aapje aan haar hals hing, begon te huilen. Lucas sprak de vrouw kalmerend toe, zij greep zijn hand, maar de jongen met de brommer dreef haar achteruit. Hij had zijn voeten op de grond en de brommer tussen zijn benen als een stokpaard. Met schuivende bewegingen viel hij uit en draaide daarbij het gas helemaal open. De vrouw drukte het kind tegen zich aan en liep op een sukkeldrafje weg, zij was nog zwanger ook. De jongen had zich triomfantelijk tegen ons gekeerd, maar Edita had hem tot de orde geroepen. Hij keek haar dreigend aan en trok het stuur van de brommer omhoog zodat het voorwiel steigerde. Edita had het bestuur van het vluchtelingencentrum op zich genomen. Zij was een onopvallende vrouw van middelbare leeftijd, die ontzag afdwong door haar beheerstheid. Afgemeten maande zij de jongen tot kalmte. Hij aarzelde alsof hij niet wist wat te doen, toen liet hij de brommer neerploffen en tufte weg.

Edita nam ons mee naar haar kantoor en verklaarde wat er aan de hand was. De vrouw had woonruimte in de stad gekregen, maar de jongen – haar oudste zoon – kon niet mee. De man van het gezin was vermist, zij leefden met z'n allen van de ondersteuning die de vrouw kreeg. Het kind dat zij verwachtte was niet van haar man, de vrouw was herhaaldelijk verkracht en de jongen was gedwongen daarbij toe te kijken. Hij had gezworen het kind bij de geboorte te doden.

Het kantoortje van Edita bevatte een metalen bureau, een paar stoelen en een koelkast. Op een prikbord hingen briefjes en steekkaarten met de huishouding van het centrum. Het zweet brak mij uit, de gasverwarming maakte mij misselijk. Edita had ook griep gehad, drie dagen zonder stem, wat een catastrofe! Zij lachte verlegen. Iedereen had de griep gekregen, de ziekte verspreidde zich in de stad, oude mensen die verzwakt waren stierven. De vluchtelingen werden met de vinger gewezen. Zo ging het met alles. Er waren buren die Edita niet meer groetten omdat zij voor het vluchtelingencentrum werkte.

De man van Edita was gestorven, vertelde ze terloops, alsof het niet hoorde om in oorlogstijd te bezwijken aan een hartinfarct. Het werk verschafte Edita een bescheiden inkomen, zij had gehoopt dat het maar tijdelijk was, maar nu zat ze eraan vast. De buitenwijken van

Karlovac werden in puin gelegd, de dorpen verderop ingenomen of door mijnen onveilig gemaakt. Er waren geen woningen, er was geen werk. Niemand had het makkelijk. De regering gaf maar een schijntje, Edita was voor de bevoorrading aangewezen op hulp uit het buitenland, medicijnen uit Duitsland, blik uit Denemarken, kleding en deegwaren uit Vlaanderen en Nederland. De dokter, ook een vrijwilliger, had urenlang consultatie. De mensen waren verslaafd aan medische verzorging. Ze zaten 's ochtends al op de dokter te wachten met chronische aandoeningen, of ingebeelde kwalen. De dokter was een aardige man, maar Edita vreesde dat hij zijn geduld zou verliezen. Hij zou zijn patiënten wat kordater moeten aanpakken. Konden wij eens met hem praten? Van haar kant zou het op impertinentie lijken. De meeste vluchtelingen hadden geen geldig paspoort, sommige hoorden ondertussen tot een andere staat. Het was moeilijk iets geregeld te krijgen. Edita wilde zich over de etnische kwestie niet uitspreken. Zij hield het op het verschil tussen stad en land. De vluchtelingen kenden de stad niet, zij voelden zich buitengesloten en meenden al vlug dat alles te krijgen is. Edita zei niet: Wat je niet kunt kopen, kan je eventueel stelen. Zij was een volbloed Kroatische, wat haar betreft maakte het niet zoveel uit, maar voor de 'autoriteiten' was het belangrijk. Ze haalde haar schouders op, wat kan een mens eraan doen?

We hadden nauwelijks van onze glaasjes limonade genipt of de eerste klaagsters – de mannen lieten zich niet zien – meldden zich. Een meisje, door haar moeder gestuurd. Veertien, mogelijk zestien, verlegen aan haar jurk friemelend, opgelaten. Oudere vrouwen die hun verhaal afratelden en ons van onder hun hoofddoek inschatten. Edita antwoordde met bedwongen kalmte, nee, die medicijnen zijn nog niet aangekomen, maar de dokter zal de moeder van het meisje morgen onderzoeken. Ja, de elektriciteit zal volgende week ook in de wc's worden aangesloten, ondertussen kan men de zaklamp gebruiken. Ach, is die ook al verdwenen? Koffie was belangrijk, dat wist Edita, iedereen had dezelfde hoeveelheid gekregen. Zij toonde aan alle klaagsters het verlanglijstje dat ze ons zou meegeven. De koffie was onderlijnd. Het Bosnische gezegde: 'Maak mij een kopje koffie, liefste,' gaf aan het bakje troost ook een erotische component.

Aan de eerste klaagsters vertelde Edita ook wie wij waren en waar we vandaan kwamen, daarna hoefde het niet meer. Voor de rondgang trok Edita een extra vest aan en wikkelde ze ook nog een sjaal om haar schouders. Zij wees op de met kiezel bestrooide wegen, de vuilniscontainers. Er is niets wat erger is dan in de modder verzinken of tussen het vuilnis zitten, ze hebben toch al zo'n last van ratten. Marc inspecteerde de muur die om de gastank was gebouwd. De tank was ook door een hulporganisatie geschonken, maar was door *locals* midden in het kamp geplaatst. Wat bij een voltreffer een oorverdovende knal zou hebben gegeven.

'Ze hebben geen benul.' Marc zei het hoofdschuddend.

'Of ze deden het opzettelijk,' mompelde Lucas.

Toen de buitenwijken waren beschoten en het kamp bij nacht onder vuur was komen te liggen, was Marc uit een caravan gevlucht en in een rioleringsbuis gekropen. In zijn ondergoed en op blote voeten. Gelukkig stroomde er geen afvalwater doorheen. Toen hij die rioleringsbuis terugzag begreep hij niet hoe hij in die mollenpijp was geraakt. Wij lachten met hem mee. Over angst werd niet gesproken.

Johan fluisterde opgewonden over de tuintjes die om de prefab-woningen – hij zei: 'Wooneenheden' – werden aangelegd. De mensen moesten leren zichzelf te behelpen. Ik twijfelde aan de opbrengst van de povere zandgrond, maar wilde Johan niet ontmoedigen. Als een goedgunstige tuinman was hij met schoffels en zaadjes over de Alpen getrokken, om midden in een oorlogsgebied volkstuintjes aan te leggen. De groente, of wat het moest voorstellen, hing slap of was verdord, en dat kwam niet alleen door het gevorderde seizoen. De percelen waren afgezet met alles wat voorhanden was: van blik tot half ingegraven autobanden. Het leek nergens op. Onwillekeurig dacht ik aan 'Het werk van den akker', een stichting die aan de rand van Antwerpen volkstuintjes verpachtte. Van tomaten tot kolen, van suikerbiet tot pompoenen, maar ook petunia's en margrieten, het was alles kleur en geur. De tuinhuisjes droegen namen als 'Ons Genoegen' en 'Onze Lust'. In de schaduw van de heggen en op de weggetjes was het goed toeven. Op een ochtend gingen mijn grootvader en ik daar in alle vroegte heen om een Vlaamse reus te kopen. Het zilvergrijze konijn had glanzende bolle ogen, een zijdezachte vacht, lange warme oren. Ik legde een vinger in een kuiltje achter een oor en het konijn sidderde. 'Als je ze daar een klap geeft zijn ze op slag dood,' zei de man die konijnen fokte. Hij zag eruit als een tuinkabouter en leek vreedzaam. Maar de ochtend was verpest.

Het konijn werd in een kartonnen doos vervoerd, het had zodanig geplast dat de bodem van de doos losliet toen mijn grootvader ze van zijn fiets tilde. Het konijn zat ineengedoken, als versuft, op straat. Toen mijn grootvader het wilde grijpen, ging het er echter zigzaggend vandoor. Wij erachteraan, door de lanen, die nog verlaten waren. Af en toe hield het konijn halt om naar adem te happen.

'Hij wordt moe,' hijgde mijn grootvader.

Maar als het dier binnen handbereik was, zette het weer een spurt in en moest de achtervolging worden voortgezet. Ik kon haast niet meer en had kramp in mijn kuiten toen uit een van de tuinen een spaniël tevoorschijn sprong en woest blaffend de jacht op het konijn inzette. Hij greep het in de nek en schudde het heen en weer, waarna het konijn als een vod in zijn bek hing. De hond liet zijn prooi voor de voeten van mijn grootvader vallen en kwispelde. 'Braaf beest,' monkelde mijn grootvader. Hij beloonde de hond met een paar klapjes.

Toen zag hij mij staan. 'Het is zijn natuur,' zei hij.

Hij keek, dacht ik, een tikje schuldbewust. Maar toen hij het konijn bij zijn oren omhooghield kon hij het toch niet nalaten op te merken dat het een flinke klepper was. Later lag het konijn stijf en koud in de kelder, achter zijn oor waar ik het nerveuze kloppen van het hart had gevoeld was het stil. 'Ze komt er wel overheen,' hoorde ik mijn grootmoeder zeggen. Dat herhaalde ze bij elk malheur. Alsof ongeluk een obstakel was waar je overheen moest klimmen.

Vergeleken met die treurige tuintjes in Karlovac-Gaza leken de volkstuintjes die ik in gedachten had lusthoven. Ze hadden ook hun nut bewezen, zowel in oorlog als vrede, de opbrengst was aanzienlijk. Het scheelde niet veel of ik was belerend opgetreden. De blik van een man die roerloos binnen zijn omheining stond weerhield mij ervan. Hij keek overal en nergens naar, het was alsof hij ogen van glas had. Er waren dingen waar je niet overheen kon en het was niet iedereen gegeven op het gepaste moment dood te vallen.

Edita raapte een beertje op en gaf het aan een kind dat heftig duim-zuigend achter een omheining stond. Het speeltje werd meteen weer over de omheining geworpen. Toen ik het op mijn beurt teruggooide, begon het kind luidkeels te huilen. Een vrouw kwam gealarmeerd aanlopen, nam het kind in haar armen en griste het beertje van de grond. Ik verstond niet wat ze riep, maar de toon loog er niet om. Lu-cas mompelde dat het Bargoens was. Edita keek strak voor zich uit; de mensen kregen grond om groente te verbouwen, maar zij hadden een ander stuk op het oog, of klaagden dat het aanpalende perceel groter was. Vervolgens gingen zij hun stek afzetten en begonnen ze hokken aan hun prefab te bouwen. Zij bleef herhalen dat de grond hun niet toebehoorde, dat aanbouwsels waren verboden, maar het hielp niet. Edita zuchtte, de regering moest het maar oplossen. Mijn reisgezellen keken elkaar even aan, tussen opruimen en uit de weg ruimen bestond zowel in het verre als in het nabije verleden weinig verschil.

De vrouw begreep dat wij haar niet verstonden en riep in een men-gelmoes van Duits en Italiaans dat zij niet weg wilde, nooit meer weg wilde, dat zij nog liever… zij vond de woorden niet. De jongen met de brommer, die als een hitsig insect over de weggetjes van het kamp had geracet, kwam met de voeten in de kiezel afremmend tot stilstand. Hij gooide het gas nog een paar keer open, zodat de doldraaiende motor loeide, toen leek hij eindelijk uitgeraasd. Hij had een pukkelkop en ge-barsten lippen. Terwijl Edita voor hem tolkte leek hij haar besmuikt uit te lachen. Hij had geen werk, geen inkomen, geen vooruitzichten. Hij wachtte en dronk. Wat moest hij anders? De meisjes van de stad gingen niet met Bosniërs. Hij was negentien, bijna twintig. Toen Lu-cas hem vroeg wat hij voor de oorlog deed, antwoordde hij niet. Als het weer op vechten zou uitdraaien, zou de jongen zich bij het leger aanmelden: het was beter te sterven dan te wachten. De vrouw met het kind viel hem bij, ze wilden allemaal vechten en als het moest sterven. Het klonk haast triomfantelijk. Het kind sabbelde op een duim en draaide ondertussen dromerig een kraaloog uit de kop van het beer-tje. De man met de lege blik was erbij komen staan; op de vraag of hij naar huis wilde knikte hij ja, op de vraag of hij liever in het kamp wilde blijven, knikte hij ook ja. Toen wij verder liepen gooide het kind ons nog vlug het beertje achterna. Marc maakte een gebaar alsof hij het beertje in zijn jack zou stoppen, onmiddellijk begon het kind weer te huilen. Toen Marc het beertje aanreikte, verstopte het kind zijn gezichtje in de hals van de vrouw.

'Kom dan ventje, pak aan,' zei Marc, zo teder dat het mij verraste.

Ook de vrouw probeerde het kind te sussen, maar het bleef verkrampt zijn gezicht verstoppen en tenslotte nam de vrouw het beertje van Marc over. Ze jammerde, leek zich te verontschuldigen, lachte en was tegelijk in tranen. Wij draalden, wisten niet wat te doen.

'Die man is er erger aan toe, die heeft zijn hele familie verloren.' Edita dreef ons verder. Ik aarzelde, keek toen toch om. Wist niet hoe die man te groeten of afscheid van hem te nemen. Ik wilde in ieder geval daar vandaan.

Edita verklaarde dat de jongen naar Duitsland wilde. Daar droomden de meeste jongeren van. Geld, disco, geen gezeur aan hun hoofd. Men had hun het uitzicht op de toekomst ontnomen. Marc merkte op dat het 'bij ons' niet veel anders was.

'Jullie hadden geen oorlog!'

Edita was onverwacht fel geworden. Oudere mannen gaven zich over aan politiek en joegen jongemannen het vuur in. Haar man had zich niet laten opjutten, maar ze hadden doodsangsten uitgestaan om hun zoon. Het leger was ook onderling slaags geraakt. Haar man had een Kroatische vader en een Servische moeder. Het goede mens was allang dood, gelukkig. Toen haar man niet enthousiast was over de oorlog, had men hem zijn afstamming voor de voeten geworpen. Hij zou zogenaamd niet loyaal kunnen zijn. Hij had veel geleden en was pas bij de tweede hartaanval gestorven. 'Zo sterf ik toch nog als Joegoslaaf,' had hij gezegd.

De zoon van Edita zorgde goed voor haar, maar zij wilde hem niet tot last zijn. Hij dacht erover naar Canada te emigreren, zij zou hem niet tegenhouden, al was ze dan alleen. Zij bleef, haar man is hier begraven, het graf van haar ouders was hier: zij bleef! Ze zei het met een koppige nadrukkelijkheid. Ik kreeg een benauwend visioen van een land dat door iedereen was verlaten, behalve door de vrouwen die bij de graven van hun geliefden waakten. Was het Robert Graves die in

Dat hebben we gehad beschreef hoe hij in de Eerste Wereldoorlog als uit de dood verrezen – zijn overlijdensbericht was al in de kranten verschenen – met ziekteverlof van het front naar huis werd gestuurd, en in Londen bordjes voor de ramen zag met 'Een zoon in Vlaanderen', of zelfs 'Twee zonen in Vlaanderen'? Was hij het die suggereerde dat de vaders in plaats van hun zonen naar het slagveld te sturen als vrijwilligers naar het front zouden trekken? En dat er dan bordjes met 'Een vader in Vlaanderen' – twee behoorde niet tot de mogelijkheden – voor de ramen zouden worden geplaatst? Was hij het die beloofde dat de zonen dan net zo trots en bedroefd zouden zijn als hun vaders massaal sneuvelden? Ik vroeg het Lucas, maar hij kende het boek niet. De Eerste Wereldoorlog, dat was lang geleden, waar kwam ik mee aanzetten?

De zon was ondergegaan, het was kil, plotseling weer november. De jongen had zijn cirkelgang door het kamp hervat, de motor van de brommer huilde en raasde. In een van de prefab-woningen werd de radio keihard gezet. Edita vreesde voor uitbarstingen, messen, zelfmoord. De vrouwen waren overbelast, alles moest worden aangesleept, er waren te weinig wasmachines, de kinderen waren nerveus, het was moeilijk het gezin bij elkaar te houden. De mannen sleutelden aan auto's of brommers, of knapten een karweitje op, maar ze waren te veel kwijtgeraakt en liepen met wrok en wraak in hun kop. Niemand wist hoe het verder moest. Edita was verlegen met haar vraag, maar het was noodzakelijk. Of wij ook voor voorbehoedmiddelen konden zorgen? Condooms? Zij gaf de voorkeur aan iets dat de vrouwen zelf konden gebruiken, de pil of het spiraaltje. Er werd geaborteerd, meestal clandestien vanwege de moeilijkheden met de instanties, en vaak mocht de man het niet weten.

'Jezus Mina,' piepte ik.

'Dat was geen koppel!' Marc was zowat de enige van onze club die nog goed bij stem was.

'Kunnen de mannen het kamp niet onderhouden?' Johan had zijn eigen gedachtegang gevolgd.

'Er zijn er een paar die een handje toesteken, maar de meesten vragen geld en dat is er niet.' Edita haalde haar schouders op. Er was duidelijk veel geld nodig, maar of je daar vrede mee kon kopen?

'Hoe meer een mens te verliezen heeft, hoe voorzichtiger hij wordt,' zei Lucas.

'Ik help het je hopen,' antwoordde Marc.

Ik fluisterde: 'Kunnen we gaan?'

Maar we konden niet weg voor we een bezoek hadden afgelegd bij twee oude vrouwen die samen 'een wooneenheid' hadden betrokken. Zij hadden geen familie, geen kinderen, niemand op wie zij een beroep konden doen. Een klein kamertje, door een tussenschot gescheiden van de rest van het nest. Een stapelbed, een tafel met borden, bestek, medicijnflesjes en doosjes pillen. Achter een geïmproviseerd gordijn een washok, alles kraakhelder. De broeierige warmte van een Turks bad. Maar die twee wijfjes hadden hoofddoeken, truien, wijd uitstaande rokken, en dikke gebreide sokken over hun kousen. Ze waren geenszins aan elkaar verwant, maar ze leken op elkaar als Russische poppetjes, de één een maat kleiner dan de ander. Ik verwachtte min of meer dat er vanachter het gordijn nog meer madroeska's tevoorschijn zouden komen.

De vrouwen grepen mijn handen, elk één, en drukten ze aan hun boezem. Ik fluisterde een verontschuldiging. De gerimpelde gezichten klaarden op, dat hadden zij ook gehad, eerst zij en dan zij, ik moest naar bed en mevrouw Edita om een portie pillen vragen. Ze hadden ook een dokter, maar hij verstond hen niet, hij was van een ander land gekomen. De wijfjes giechelden als jonge meisjes. Nee, zij hadden niet te klagen, de prefab was klein, ze moesten alles om beurten doen, maar het was warm en ze hadden voldoende te eten. Mevrouw Edita zorgde goed voor hen. De grootste sliep in het bovenste bed, maar als de kleinste weer eens een boze droom had kropen ze samen in de onderste kooi. Ze hoopten dat het veilig was en dat ze konden blijven. Ze wilden niet terug naar de oorlog. Iedereen was dood of weg en de soldaten kenden geen genade. Ze deden kwalijke dingen met vrouwen. Zij waren niemand tot last, ze wachtten op hun pensioen en ze konden ook werken. Van mevrouw Edita mochten ze blijven. Als ze maar niet naar de oorlog hoefden, de oorlog maakte alles stuk.

De stemmetjes trilden, de wijfjes hielden het hoofd schuin om hun verdriet uit te drukken. Ze klopten op hun boezem met mijn hand in de hunne, ik werd deelachtig aan een smartelijk ritueel. Kolenschoppen van handen hadden die wijfjes, gezwollen en beaderd. Ik had het gevoel dat ze mij nooit meer zouden loslaten. Toen we opstapten was het alsof ik een paar aangewaaide tantetjes in de steek liet. Je moest afstand houden, als je te persoonlijk werd, of je al te zeer engageerde functioneerde je niet meer. De *profi's* hadden het mij ingeprent en ik had mijn lesje goed geleerd. Maar ik functioneerde niet, of verkeerd. Mijn keel schrijnde, ik had zin om een potje te janken.

Edita wuifde ons uit, de avond kwam als een dief aangeslopen, wij moesten nog ver. In het schemerlicht leken de ramen van de stukgeschoten huizen op schietgaten waaruit de dood gluurde. We reden door een bos met onthoofde bomen, aan de versplinterde stronken zou geen blad meer ontspruiten. Het had een bos uit de buurt van Ieper kunnen zijn, anno 1917, maar in plaats van het niemandsland met verraderlijke modderkuilen lagen voor ons bergen als bulten. Ik bleef speuren naar een teken van leven, naar iets dat vloog of huppelde, naar de schaduw van een mens. Ik vroeg me af of die roerloosheid zo dreigend was omdat ik wist wat eraan vooraf was gegaan, of omdat ik niet durfde denken aan wat er nog kon gebeuren. Ik prevelde als een oud wijfje zomaar voor me uit.

Marc had mij verwonderd gadegeslagen, zat ik te malen of te bidden? Het geprevel en gemompel was de eerste dag van die reis naar het onvoorstelbare al begonnen. Citaten, verzen, hele stukken proza kwamen mij voor de geest, of gingen over mijn tong. Het was alsof ik teksten ophoestte. Alsof alles wat ik eerst spelenderwijs en later bewust had opgeslagen, wat ik had gelezen en herlezen – zoals een ander mens een voorraad aanlegt, of kapitaal vergaart – of dat alles zich in een veelvoud van verhalen, verzen, citaten enzovoort, aandiende. Je kunt niet zeggen dat ik er de vruchten van plukte, maar wel dat het mij overeind hield in de oorlog, zoals het mij in ziekte en bij verlies overeind had gehouden. Zelfs in ogenblikken van totale verlatenheid kon ik daar genoegen aan beleven of voldoening in vinden.

Die tekstbezetenheid was er ook wel als ik gelukkig was, of zomaar tussen de bedrijven door, als ik domweg kalmpjes was, maar dan was het bijkomstig. Geluk rendeerde op lange termijn, ik vree niet met tekstballonnetjes boven het bed; terwijl ik de rozen snoeide, had ik het niet over de rozen, ook niet over de verbeelde rozen van een ander. De passende woorden kwamen achteraf, zodat ik het gebeuren, of de ervaring, vast kon houden en herhalen, en zo mogelijk nog mooier maken dan het al was geweest. Dat is belangrijk, want geluk vergeet je als je niet oppast, terwijl ongeluk je op een hinderlijke wijze bijblijft. Ik had een scheurkalender met teksten in mijn hoofd, mijn leven werd dag na dag afgescheurd en dunner, maar ik gooide geen enkel blad weg, zodat wat ik aan de ene kant verloor, ik aan de andere kant won. Het was alsof ik een dubbelleven leidde. Ontsnapte mij toch, bij gelegenheid, een vers of een verhaal, dan placht ik dat als een toevalligheid of een grapje af te doen. Maar ik had vader en moeder vermoord indien ik het niet op papier had kunnen zetten.

De gêne of een zeker fatsoen gebiedt dat ik mijn kiezen op elkaar zal houden eenmaal op mijn sterfbed aanbeland, maar ik kan geen enkele garantie geven dat, indien ik bij verstand ben, wat ik vurig hoop – als je het begin van het verhaal hebt gemist wil je zeker het einde kennen – dat ik dan geen tekst zal afleveren. En ook als die van mij is, *hundertprozentig*, dan nog zouden al die andere verhalen, van lang voor mij en lang na mij, er een rol in spelen of een aandeel in hebben.

Ik had mij ongemakkelijk gevoeld, zowel in leven als in schrijven, omdat ik het gevoel had het ene met het andere tekort te doen, of te bedriegen. In vroeger tijden had ik een kluizenaar kunnen zijn die dag en nacht prevelde en sakkerde om de verdoemenis te bezweren. Dat werd voor heilig of goed gek gehouden, maar men gunde die kluizenaar zijn zaligheid, men betoonde zelfs respect, en hij hoefde niemand te amuseren. Al in de kleuterklas had ik mij opgelaten gevoeld als zuster Piata onnozele versjes voordroeg, met verdraaide stem en molenwiekend alsof ze seniel was, of haar pupillen daarvoor hield. Ik verging van plaatsvervangende schaamte als de kleuters haar om ter hardst papegaaiden, de blik op oneindig en het verstand op nul, jawel. Daar werd geweld aangedaan. Mijn eerste teksten had ik het liefst in een blikken koekjestrommel in de moestuin begraven, en toen ik ze vrijgaf – dat was noodwendig en ik heb ook nooit een pseudoniem overwogen – had ik niet alleen het gevoel in mijn blootje te staan, ik haalde er Shakespeare en al zijn engelen en heerscharen bij om mezelf te rechtvaardigen. Die krampachtigheid was overgegaan, zoals ik mij niet langer door hartstocht of verdriet verlegen liet maken, maar vrijheid vereist discretie, en ik had er geen behoefte aan wat dan ook te etaleren. Ik bleef teksten verzamelen, zoals ik bleef schrijven, waar mensen – of ikzelf – in gebreke bleven namen de woorden het over.

Het stoorde mij niet dat ik door een banale griep even mijn stem was verloren, het was zelfs een opluchting alles te moeten opschrijven, want tussen zeggen en schrijven zit de reflectie, zodat ik tegenover de verwoestende dadendrang min of meer mijn evenwicht kon bewaren. Ik was een toeschouwer, een bespieder, een herkauwer en een verhaler.

Wat ik verhaalde was zo getrouw mogelijk gelogen om de waarheid te benaderen. In het aanzicht van de dood was dat mijn verzet. In de aanzet van het leven was dat mijn vreugde. Ik prevelde dus van Kongarije tot Sarajevo en weer terug, en waar ik dat geprevel eerst nog zoveel mogelijk en ook noodgedwongen binnensmonds hield, was het gaandeweg en naarmate ik mijn stem hervond, naar buiten getreden. Het had ook mijn reisgezellen aangestoken, zodat wij ons troostend en beroepend op verhalen, citerend en wel, een weg door de wildernis baanden. Het leek soms op zingen in het donker, maar het was ook een protest, op velerlei wijze tegenspreken, een postmoderne hutsekluts waarmee wij ons vermaakten en waardoor wij ons verbonden wisten, en ook nog ezelsbruggetjes bouwden als regenbogen boven het verschil.

Het druppelde in een gestadig ritme dat geregeld werd onderbroken door een langgerekt rrrt. Waarna het weer verderging van drop tot drop; het soort druppelen waarvan je moet plassen. Het was warm in bed. Ik kneep mijn ogen en mijn gevalletje dicht. Ik wilde nog niet aan de dag en ik kon niet terug naar de nacht. Ik bevond mij tussenbeide, zoals ik mij ergens onderweg bevond. Ik kon ook niet terug naar vroeger en de toekomst schrikte mij af. Een impasse, wat leven betrof. Gene Kelly zong in mijn hoofd:

I'm singing in the rain,
I'm singing in the rain!
O what a glorious day!
And I am ready for love!...

Splash. Splash. Ik stopte mijn oren dicht, maar mijn voeten hadden het ritme al overgenomen. Of ik er klaar voor was of niet. De ellende was dat ik nergens vanaf geraakte. Dat alles dubbel was. De vrolijke regendans van *Singing in the Rain* werd door de verkrachting in *Clockwork Orange* voorgoed bedorven. De ene film had de andere niet uitgevlakt, ze liepen door elkaar heen. Ik had gehoopt met oorlog te leren omgaan door mij erin te begeven. Een bonusje. Dat vervolgens ook de oorlog van mijn grootvader, respectievelijk die van mijn vader, achterhaald zou zijn. Nu, dat kon ik wel vergeten. Van knots tot atoombom - het streven was hetzelfde gebleven. Wat de mensen bezielde, god mocht het weten, of de duivel hen halen. Mijn woede begon op haat te lijken. Al dat moorden loste niets op omdat de ene moord de andere genereerde. Een gedreven moordenaar fantaseerde over een omgekeerde *big bang,* een allesvernietigende doodslag. Of hij moest zichzelf van kant maken. Wat mezelf betrof, een beetje dood was mij goed uitgekomen. Een knockout-orgasme, lekker uitslapen, mij niets van de avond daarvoor herinneren. Ik ken die man niet, noch die vrouw in de spiegel. Laat de haan maar driemaal kraaien. Ik weet van geen hiervoormaals, ben van gas tot massagraf de dans ontsprongen. Ik heb – *mea culpa* – niets meegemaakt. Was met mezelf begaan, bezig met overleven. Wilde zo graag gewoon, stomweg, gelukkig zijn. Dat wilde ik nog, alleen was geluk niet langer een toevalstreffer, of een staat van genade, het was plicht geworden. Iets wat ik wilde veroveren of bereid was te verdedigen.

Niemand kon zeggen dat ik het mezelf makkelijk maakte. Onverstoorbaar of sereen was ik nog lang niet. Het beviel me niet dat ik daar lag als een verkrampte foetus, maar als ik mij ontspande zou de plasaandrang mij het bed uitdrijven. Weg uit de warmte, uit de vergetelheid. Ik stopte ook nog mijn oren dicht. Onvrede was een ongemak, als chronische kiespijn, langdurige menstruatie, iets waar je niet vanaf geraakte. Een gestadig druppelen dat de hardste steen uitholt.

Het beeld deed zich niet voor als een droom, maar als een voorstelling, een tableau vivant, van een schilderij dat Georges Hamilton van de Lippizaners heeft gemaakt. In een groen bergland, met rotspartijen en bosschages, bevindt zich op het voorplan een kudde paarden. In de verte kun je een nederzetting ontwaren die een abdij of een stoeterij zou kunnen zijn. Wat onmiddellijk opvalt is dat de Lippizaners nog alle kleuren – van schimmel tot vos – vertonen. Het zijn ook de kleuren die het tafereel levendig maken, zoals de houding van de paarden hun natuur uitdrukt. *Une nature morte.* De paarden lijken in hun beweging bevroren, het statische landschap als betoverd. Daarin verscheen Siglavy als uit het niets verrezen. Hij deed een paar stappen en boog het hoofd. Tranen liepen over zijn wangen. Hij huilde zoals de paarden van Achilles op het slagveld huilden. Zijn donkere ogen leken meren van verdriet. Ik kreeg geen woord over mijn lippen. De andere paarden hadden hun hoofden in profiel gedraaid, een kudde eenogen staarde mij aan. Huilde Sig om het lot van zijn soortgenoten, of huilde hij om zichzelf? De paarden van Achilles hadden de sterfelijkheid van de mensen beweend, maar ik kon me niet voorstellen dat er nog één paard een traan voor de mensheid zou laten. Een briesje wuifde door manen en staarten, verder bewoog er niets.

Ik ontwaakte als ontnuchterd en ontdekte dat ik eveneens huilde. Zonder precies te weten waarom en zonder dat het enige opluchting opleverde. De krop in mijn keel werd almaar dikker. Ik lag te huilen in een dubbelbed, in een slaapkamer met de obligate driedeurskleerkast en kaptafel. Aan de wand hingen drie landschapjes en op een schap stond een Onze-Lieve-Vrouwenbeeld met spaarlampje. Het duurde even voor ik weer wist waar ik was. Zadar. Kroatië. Ik kleedde me aan zonder in de spiegel te kijken. Een woest verlangen naar de warmte van een ander lichaam. Even maar. Voor ik de kamer verliet probeerde ik het spaarlampje. Het was stuk.

Het ontbijt werd verzorgd door het echtpaar dat de kamers verhuurde. De eieren werden warm gehouden onder gehaakte hoesjes. Op het dressoir troonde alweer een Onze-Lieve-Vrouw, die van Lourdes. Het echtpaar had in mijn bed voor één nacht één zoon verwekt. Toen die trouwde hadden zij hun slaapkamer aan het jonge paar overgemaakt. Zeven onvruchtbare jaren waren gevolgd. In een familie die katholiek én Kroatisch was! Onder druk had de schoondochter zelfs haar baan opgegeven, maar het mocht niet baten. Bij het uitbreken van de gevechten voegde de zoon zich bij zijn eenheid, het echtpaar kreeg soldaten ingekwartierd. Zij hadden de jongens onthaald alsof het hun zonen waren. Toen de eigen – enige – zoon met verlof kwam bleek de schoondochter zwanger. Lucas tolkte alsof hij berichten doorseinde.

'Een geschenk van de Madonna!' De vrouw sloeg een kruis.

'Zo kun je het ook verklaren,' mompelde Lucas.

Hij ging op zoek naar een winkel, bij elke stopplaats sloeg hij aan het hamsteren. Van papieren zakdoekjes tot gedroogde ham, – waar hij maar de hand op kon leggen. De auto raakte overladen met dingen waaraan wij geen behoefte hadden, maar Lucas zei met een tevreden grijns: 'We kunnen weer tegen de winter!'

Wij protesteerden niet, het was zijn manier om zich in te dekken en wij waren allen beducht voor datgene waar we niet tegen zouden kunnen.

De man des huizes kwam met een stafkaart waarop de mijnenvelden waren aangegeven, Johan en Marc bogen zich eroverheen, terwijl de vrouw het fotoalbum bovenhaalde en mij de hoogtepunten van haar leven aanwees. Van de huwelijksfoto tot het laatste kiekje van het kleinkind. Een jongetje, de Madonna zij geprezen. Ik keek naar het dressoir waarop de moedergodin in een van haar vermommingen beaat stond te glimlachen. Een engel had Maria het moederschap aangekondigd. De Heilige Geest was in de gedaante van een duif in haar nedergedaald. Hij die uit een Kroatische moeder is geboren, mag zich Kroaat noemen. Wij namen allerhartelijkst afscheid van het echtpaar.

Het regende zachtjes. Met tegenzin keek ik naar de auto. Achter het huis waar wij de nacht hadden doorgebracht lag een grote moestuin. Kolen, augurken, pompoenen. In Slovenië was het mij al opgevallen, de moestuinen strekten zich uit tot midden in de stad. Aardappelen, tomaten, sla, bonen. Een weelde voor het oog. Tussen de groentebedden de uitdijende heupen en de ronde kont van een vrouw die voorovergebogen wiedde of hakte. De ruggengraat van de economie. Ik slenterde door de moestuinen, snoof de lucht van het natte lof op, nam een handvol aarde, verkruimelde ze, proefde ervan. Bedachtzaam, zoals de boeren die de vruchtbaarheid van een akker onderzochten. De aarde had de smaak van aarde. Ik herhaalde gebaren die hun betekenis hadden verloren. Vergeefs probeerde ik mij de soldaten voor te stellen die voor de stormloop een hapje vaderland op de tong hadden gelegd. De grond werd bij zulke gelegenheden steevast heilig genoemd. Toen ik voor het eerst ter communie ging bleef de ouwel aan mijn verhemelte plakken. Het was mij ingeprent het schijfje meteen door te slikken en er vooral niet op te bijten. Ik wilde het niet, maar deed het toch. Jezus had geen krimp gegeven. Mijn mond had zich niet met bloed gevuld. Van die godvruchtige vrees was ik alvast genezen. Ik spuwde de grond uit, maar raakte de smaak niet kwijt. Dit was in de goede oude tijd de smaak van de dood. Zelfs een rijkaard kreeg op de duur zijn mond vol.

Het sterven was ondertussen veel ingewikkelder geworden, de verwerking van het lichaam evenzeer. Er was plaatsgebrek en het vergaan duurde te lang. Een oorlog was ook geen oplossing. Lichamen die lagen te rotten langs de weg, of haastig met ongebluste kalk werden bestrooid en in een massagraf onder de zoden geschoffeld. Waarna gegarandeerd opgraven en identificatie volgden en de nabestaanden gek werden. Ik kende een dorp waar de doden door de straten wandelden, en niet alleen bij nacht. Het dorp was in 1940 uitgemoord; in groepjes van vier tot tien, van tien tot veertig enzovoort, waren de mensen waar ze lagen onder de grond gestopt. Vervolgens werden ze opgegraven, zo mogelijk geïdentificeerd en in een massagraf verzameld. Om na de oorlog weer te worden bovengehaald, opnieuw te worden geïdentificeerd, en tenslotte onder een monument bijgezet. Kortom, de doden kregen geen rust, zij begonnen rond te trekken, op deuren en vensters te kloppen, en voorwerpen te verschikken. De onrust tastte ook de overlevenden aan, zij slikten kalmeringsmiddelen of gingen aan de drank, voorzover ze niet in een gekkenhuis werden opgesloten of zich aan balk of boom opknoopten. In dat laatste geval vervoegden zij zich bij het legertje dat rondspookte. Het dorp was in de handen van de doden gevallen.

Ik stond in die moestuin alsof ik lood in mijn schoenen had. Om de grondsmaak kwijt te geraken sabbelde ik op een rabarberstengel, het zuur brandde in mijn keel. De moestuin van mijn grootmoeder was haar hemelrijk op aarde. Goedverzorgd en welvoorzien. Er ging geen dag voorbij of zij was er aan de slag. Ik had er mijn eigen landje, waarop ik zeeschelpen verbouwde en kippen- en hanenkoppen begroef, in de verwachting dat de schelpen jonkies zouden krijgen en dat er aan de koppen weer kippen en hanen zouden groeien. Na een bezoek aan het graf van mijn grootmoeder had ik ook haar moestuin opgezocht. Een verwilderd, overwoekerd stuk land waarop vuilnis was gestort. Dat was het einde. Ik had ook nooit meer haar graf bezocht. Ik begon het verwoeste landschap waaruit ik was voortgekomen te mijden. De regen viel met bakken uit de hemel, ik boog voorover om de capuchon over mijn hoofd te trekken en werd getroffen door een glinstering tussen de rottende bladeren van een groentebed. Het was een spiegeltje, en tussen twee deksels van jam- of andere potten, was de celluloid romp van een pop geplant. Ik had Johan niet horen roepen en hij was tamelijk opgewonden toen hij mij in de moestuin vond. Of ik mij niet van de groep wilde verwijderen zonder dat te melden?

'*Aye, aye, captain!*' Omdat ik het niet gezegd kreeg, salueerde ik tegen een denkbeeldige pet.

De vrouw die kamers verhuurde was Johan nagelopen, ze bracht appels en noten en zelfgebakken koekjes.

'Ze zouden hun ziel weggeven,' zei Johan alweer vertederd.

De regen hing in druppels aan zijn wimpers en lekte van zijn neus. Ik had het gevoel dat ik hem tekortdeed, maar kon het niet helpen dat zijn neus mij aan de neus van mijn stervende vader deed denken. Die was altijd scherp geweest, maar uitgeteerd als mijn vader was, leek zijn neus in de laatste uren op een vogelbek. Van de wit weggetrokken neuspunt drupte het koude zweet. Terwijl ik ernaar keek, wist ik al dat dit beeld mij zou bijblijven.

Toen Johan de romp van de pop ontdekte – tussen rode biet en pastinaak – slaakte hij een kreet en trok mij opzij. De vrouw lachte en legde het in het Kroatisch uit.

'Kinderen,' fluisterde ik.

Johan was verongelijkt, de pop kon een boobytrap zijn. Aangestoken door de doden, dacht ik. Weer had ik het gevoel dat ik mij wat meer om hem moest bekommeren. Gedwee liet ik mij naar de auto leiden.

We zaten in ons natte goed te dampen, in een mum van tijd waren de ramen beslagen. Weg moestuin. Lucas zat tegen mij aan te praten, ik knikte instemmend, en hij ging maar door. Van de verwikkelingen in de laatste oorlog, tot de kruisridders die ook hierlangs naar Jeruzalem waren getrokken, moordend en plunderend. We volgden klaarblijkelijk een oeroud oorlogspad. Ik veegde het raam schoon en glimlachte krampachtig. Bang dat Lucas zou merken dat ik niet bij de les was. Al jong had ik het verwijt gekregen dat ik mij afschermde.

'Ze doet alsof het haar niet aangaat,' had de verpleegster ergens boven mijn hoofd tegen de dokter gezegd.

Negen jaar was ik en aan mijn derde ruggenmergpunctie toe. De pijn werd elke keer erger, ook al omdat ik mij kon voorstellen wat me te wachten stond. Terwijl ik voorovergebogen het kussen omklemde, concentreerde ik mij op de rododendrons die voor het raam van de behandelkamer in bloei stonden. Ik zou mij de roze en paarse bloemen tussen de donkergroene leerachtige bladeren ook altijd blijven herinneren. Hoe verder de reis vorderde, hoe meer ik mij innerlijk terugtrok. De goedmoedigheid van mijn reisgezellen beschaamde mij. Zij hadden het over 'hun job' zonder zich op de borst te slaan. Ik had hen graag wat meer medeleven, of wat meer vrouwelijkheid, betoond, maar ik raakte die dofheid niet kwijt. Ik had als kind gezien hoe opgewonden mensen konden raken van de dood, een man kon niet wachten en trok zijn vrouw weg van het doodsbed van haar vader, om haar in de bijkeuken 'eens flink vast te pakken', zoals hij het uitdrukte. De vrouw was diepbedroefd maar haar gejammer had vlug een andere toonhoogte gekregen. Ik was met de hond onder de Leuvense kachel gekropen. Ik wilde met het gejammer – hoog of laag – niets te maken hebben. Ik gaf niet thuis. Als iets te erg was of te hard aankwam verzonk ik in een peilloos afwezig zijn.

'Alles waar een *te* voorstaat deugt niet,' placht mijn grootmoeder te zeggen.

Zij had ook dat verkrampte, maar niemand had het haar aangezien omdat ze aan de slag bleef, het was alsof ze vastberadenheid demonstreerde. Gedurende een visite in het ziekenhuis vertelde ze over een vrouw, een ver familielid, die 'in veertig' op de vlucht een miskraam had gekregen en drie dagen op de sofa had gelegen tot ze was leeggebloed. Dan kon je nog beter van uitputting geen vrouw meer zijn, had mijn grootmoeder besloten, en de dokter beaamde dat. Ik begreep niet wat het betekende 'geen vrouw meer te zijn', maar ik paste er wel voor op uitleg te vragen; mijn grootmoeder had terwijl ze gedempt zat te praten een paar keer mijn kant uitgekeken, ik deed alsof ik naar een andere planeet was vertrokken, en ik was daar goed in, maar hoe gruwelijk de geheimen van het leven waren, en hoezeer ik het ergste vreesde, ik wilde het mijns ondanks wel horen.

Op een avond, in het grensgebied tussen Slovenië en Kroatië, was de zoon van een partizanenleider over zijn vader begonnen. Die had verteld dat de meeste mannen in zijn groep tijdelijk impotent werden, en dat de vrouwen ophielden met menstrueren. Ik dacht aan die langvergeten vrouw die een miskraam op de sofa van mijn grootmoeder

had gekregen. Maandenlang had zij met de dood in haar buik rondgelopen, een soort rouwzwangerschap, toen had zij een dokter opgezocht 'om weer een vrouw' te worden. 'Wacht tot na de oorlog,' had
die gezegd.

Marc reed ons de bergen in als Mad Max. We raasden door gehuchten waar midden in het puin één huis overeind stond, of door dorpen die schijnbaar ongeschonden waren, maar waar geen levende ziel meer te bekennen viel. Op een plein lagen stapels inboedels te verkommeren in de regen. We moesten Marc tot de orde roepen of hij was er dwarsdoorheen gebeukt. Op een plateau was de aarde omgewoeld en met mijnen getruffeerd. We reden ons vast tegen een wegversperring en konden de auto niet draaien, er zat niets anders op dan achterwaarts door de modderkuilen te laveren. De weg was weliswaar geruimd, maar je kon over een mijn heenkijken. Alsof we een paard met de kolder in de kop moesten kalmeren, praatten we met ons drieën op Marc in: 'Rustig maar, recht achteruit, een beetje naar links, opgepast...' Tot hij vloekend op de rem trapte en uitstapte. Lucas wilde hem achterna, maar Johan kraste: 'Zitten blijven!'

Marc was na een paar stappen stokstijf blijven staan. Het duurde even. Toen draaide hij langzaam zijn hoofd om en begon – stap voor stap – in het spoor van de auto aan de terugtocht. Ik telde af.

De eik stond ongeschonden midden in de ravage. Recht van stam, met een breed uitwaaierende kruin. Het was een eik die geschikt was voor een vrijheidsboom, of een eik voor een Mariakapelletje. Maar er was geen dorpsplein of wegkruising, alleen een modderige, als met een reuzenploeg omwoelde hoogvlakte. Aan de voet van de eik was in een bed van keitjes het schaakbordmotief van de Kroatische vlag gelegd; de namen van de doden – helden of beulen – waren eromheen geschikt. Ik dacht aan de steentjes op de graven van de joodse kerkhoven van Jeruzalem tot Praag, en aan Branko, de tachtig voorbij, een schlemiel, maar geen domme schlemiel. In de Tweede Wereldoorlog had hij zich bij de partizanen vervoegd om aan de Duitsers te ontsnappen.

Veiligheidshalve veranderde hij zijn naam; de kameraden bleken evengoed antisemieten. Niet te worden vermoord, of tot moorden te worden verplicht, dat was het probleem van Branko, en het had hem eenzaam gemaakt. Hij had een syfilis bedacht, want het was beter een smerige ziekte te hebben dan te zijn besneden. Hij plaste in nood in zijn broek en het gerucht over de syf volstond om de hoeren te vermijden. Hij droeg een bril die hij van een dode had afgenomen, zodat hij niet hoefde te huichelen dat hij een slechte schutter was. Na een tijd hadden zijn ogen zich aan de vervormende brillenglazen aangepast.

Bovendien waren de dingen niet wat ze leken. Branko werd bij de propaganda ingedeeld, een eenheid die uit twee duvels-doet-al bestond. De andere partizaan was een kunstschilder met een voorliefde voor paarden, hij tekende of schilderde niets anders. Toen de politieke commissaris hem beval de strijdvaardigheid of de broederlijkheid wat duidelijker af te beelden, had hij op de rug van een steigerend ros een partizaan geschilderd, die zijn geweer triomfantelijk boven zijn hoofd zwaaide. Een beetje ruiter stond perplex voor dit kunstwerk, of begon plaatsvervangend te blozen. Branko had zich over het doek ontfermd en het boven zijn bed gehangen. Daar had niemand er last van. Toen hij toch een keer zo ziek was dat de dokter er moest worden bijgehaald, had Branko minzaam gezegd: 'Jaja, die ruiter, dat ben ik.' De verblufte dokter kon niet anders dan wat hij zag voor waar aannemen.

Onder het Titobewind was het geraden eerst en vooral Joegoslaaf te zijn, en zo was Branko jood gebleven zonder het te kunnen wezen. Ook zijn niet-joodse landgenoten, van Slovenen tot Serven, die hun eigenheid koesterden als een wrok, konden die alleen in de folklore uitleven. Maar Branko had er moeite mee om behangen met medailles in 1 mei-stoeten op te stappen, en in klederdracht volksdansen uitvoeren was helemaal uitgesloten. Hij zat met zijn neus in de boeken, een geleerde tegen heug en meug. Wat hem bezield had na de laatste oorlog, in de grijze zone tussen dictatuur en democratie, zijn stem te verheffen tegen het wegmoffelen, of het vervalsen, van het verleden – van verzet tot collaboratie en concentratiekampen – diegene wiens naam men niet zal noemen mag het weten, maar Branko deed een uitval naar de historicus die het tot president had geschopt. De volgende dag werd hij door dezelfde op de televisie tot volksvijand verklaard en het was alsof wat iedereen al wist hardop was uitgesproken. Er werd een hulpactie op touw gezet en Branko werd een vrije uittocht aangeboden, maar hij bedankte. Hij kon niet weg vanwege zijn kat, een ongecastreerde kater die de Casanova van de buurt was. Kattenvoer en Belgische chocolade was alles wat Branko beliefde. Of waarmee we hem zoals hij het uitdrukte 'een plezier konden doen'.

'Dat is luxe,' had Marc uitgeroepen.

'Geven is makkelijker dan krijgen,' repliceerde Johan.

Lucas beëindigde de discussie: 'Oude bomen kan men niet verplanten!'

De eik stond nog dik in het blad voor de tijd van het jaar, maar de bladeren waren verkleurd en verdord, ze ritselden alsof er papier over elkaar werd gewreven. Ik legde keitjes van het blazoen op de namen van de gesneuvelden en verstoorde aldus de orde van de vlag. Bij gelegenheid ontstak ik ook kaarsen in vreemde kerken, bedekte mijn hoofd, en maakte linkshandig een kruis. Ik zocht troost in rituelen en offerde aan alle goden, wetende dat ik net zo goed als een wolf naar de maan kon huilen.

In Slovenië had een geleerde met missionarisbaard mij onderhouden over het verschil tussen de eik en de linde. De eik was Germaans en de linde Slavisch. De eik was het symbool van de oorlog, de linde was het symbool van de liefde. Het was verbijsterend wat voor conclusies je daaruit kon trekken, of wat voor gevolgen dat had. Ik, die zowel onder eiken als onder linden was opgegroeid, voelde een zachte weerzin voor de man. Zijn dunne lippen glommen in de vlokkige baard en hij had de hoge stem van een castraat. Hij werd meegesleept door zijn betoog en het was alsof hij van een hoger weten getuigde en een grotere gevoeligheid bezat. Tegenspraak was overbodig.

'Jullie vertrouwen op de ratio, maar wij bezitten de wijsheid van het hart,' sprak hij verheven. In mijn tekstballonnetje verscheen: 'Baarlijke nonsens!'

Het scheelde niet veel of de oorlog tussen de eiken en de linden was uitgebroken. Mijn afkeer voor de geleerde was onredelijk, dat nam ik hem kwalijk, en meer nog, dat hij mythes gebruikte om onderscheid te maken tussen bomen die in dezelfde aarde wortelden.

'Verhalen moeten elkaar niet uitsluiten maar aanvullen,' mokte ik.

Het ontbrak er maar aan dat we de waarde van de eik boven die van de linde zouden betwisten, of omgekeerd: die van de linde boven de eik. Dit is oneigenlijk gebruik van de natuur, dacht ik, en ik wenste dat ik die gedachte ongedaan kon maken. Ik bleef mij verwonderen over de wijze waarop men van Midden-Europa tot de Balkan de geschiedenis naar zich toehaalde en met de verbetenheid van exegeten tot in de finesses bleef verklaren.

'Je kunt net zo goed het debat aangaan met de getuigen van Jehova,' had Lucas zich een keer laten ontvallen.

Ik moest het toegeven, ook de 'identiteit' van katholieken, orthodoxen en moslims ergerde mij in lieden die verder totaal onkerkelijk waren. Daar stond ik met mijn goede wil, mijn medeleven en wat al meer. Bergen te hoog, zeeën te diep, bruggen opgeblazen. Ik voelde me tekortgedaan en afgewezen. We moesten toch een keer afspreken over welk Verenigd Europa we het hadden. Wat mij betreft was een eik een eik, en een linde een linde. De ene boom hoefde niet voor de andere onder te doen. De retoriek van de geleerde ergerde mij en ik had het gevoel te worden bedonderd.

'Laten we een kat een kat noemen,' zei ik.

'Zie je wel, zie je wel,' monkelde de geleerde, die mij minzaam glimlachend had gadegeslagen. Wat hem betreft had hij ook gelijk in zijn ongelijk.

Toen was ik pas goed pissig geworden. De geleerde had met die baard op een kruising tussen een aartsvader en Raspoetin geleken. Een joods trekje kon hem evenmin worden ontzegd. Wat er ook van wezen mocht, een loepzuivere Sloveen was hij niet. Wie zich op bloed beroept mag wel uitkijken, zonder vreemdgaan bestaat de mensheid niet. En dat de man zich met al zijn geleerdheid verkeek op mijn blauwe ogen en blonde haar, had mij dusdanig geprikkeld dat ik terstond een ingewikkelde afkomst bedacht. Over een grootmoeder die als baby naar Vlaanderen werd gebracht in een wasmand door een verenkoopman die Midden–Europa afschuimde voor het zuiverste dons en de zachtste veren. Aan ieder kind legde hij hetzelfde raadsel voor: 'Wat weegt zwaarder: een pond veren of een pond lood?' De moeder van de baby was naar verluidt in het kraambed gestorven, wie de vader was bleef een raadsel. Al wisten kwade tongen dat dit niemand anders dan de verenkoopman kon zijn, wat zou hij anders met een baby in een wasmand komen aanzeulen? Wat er ook van zij, de vrouw van de verenkoopman had de baby met liefde geadopteerd en het tot kinderloosheid gedoemde huwelijk had een nieuwe bloei gekend. Ik dacht bij dit verhaal aan de nootjesbruine ogen van mijn grootmoeder, aan haar temperament, maar vooral aan haar bed, een troon van dons en met veren gevulde kussens die elke ochtend werden geschud en geschikt. Nu was het mijn beurt om de geleerde meewarig aan te kijken. Alleen wie onzeker is over zijn afkomst en de zuiverheid van zijn stamboom, beroept zich met zoveel hardnekkigheid op een verhaal!

Een late eikel viel met een plof uit de boom en ik kwam tot mezelf. Ooit had een bosduif beladen met eikels zich tegen het raam te pletter gevlogen. Het had een enorme klap gegeven, in het raam zat een stervormig gat. Op het Perzisch tapijt lagen twee eikels en wat losse veertjes. Het huis van mijn grootmoeder stond in rep en roer. Het was een klein drama, eentje dat een vrolijke opwinding teweegbracht. De bosduif werd niet gevonden, maar een dag later kwam de kat ermee aanzeulen. De vogel was eigenlijk te groot voor haar bek en het was een van de zeldzame keren dat ik een kat onelegant bezig zag. Toen het ongeluk zich voordeed had de familie nog gelachen om de poes, die zich mekkerend als een geitje op de veertjes had geworpen. Nu werd de duif haar zonder pardon afgenomen. De kat werd – voor even – uit de gratie gestoten en mijn grootmoeder begon ook te klagen over de overlast, de kilte, de kosten van een nieuwe ruit, enzovoort. Als de wind door het gat waaide klonk dat alsof iemand een lied zonder woorden zong, en de glassplinters vielen als kristallen tranen op de vensterbank.

In die wereld was ik mezelf geweest; ginds op die vlakte, in die modder, voor die eik, was ik een vreemde, ook voor mezelf. Ik herinnerde me vaag 'de eiken der gerechtigheid', in Jesaja, waar sprake was van oude verwoeste plaatsen opbouwen, vroegere vernielingen weder oprichten, en verwoeste steden vernieuwen. Een mooi programma voor de hulpverlening, maar je kon wel bezig blijven. Het mocht een dieptepunt heten dat je van verhalen die je zo gretig had opgeslagen afwilde. Omdat je ze wantrouwde, of omdat ze ballast leken. Nou ja, ik was nooit bijbelvast geweest.

Lucas vroeg – niet onvriendelijk – of ik overwoog in dat niemandsland te overnachten. Hij vond het monumentje aan de voet van de eik knullig, ik had ook wel mooiere gezien. Marc had het erover dat je eikels aan varkens kunt voeren. Johan wist haast zeker dat die eik, ook al vanwege dat gedenkteken, bij de eerste gelegenheid door de tegenpartij omver zou worden gelegd. Ik liep maar wat stommetje te spelen. Was ik een keer in een gebied waar verhalen ernstig werden genomen en nooit door de tijd werden achterhaald, en dan leek het einde van de wereld nabij. Ik keek om me heen, zoekend naar iets of iemand waarop ik mijn woede kon richten. De jongens sjokten goedmoedig naar de auto, verder was er alleen die eik, die het ook niet kon helpen.

In de stromende regen waggelden we over houten loopplanken, onder de druk van onze voeten werd de modder er aan weerskanten onderuit geperst. Achter mijn rug hoorde ik Marc sakkeren. We waren op weg naar een container die als materiaalbank was ingericht. Je kon er allerhande werktuigen – van schroevendraaiers tot betonmolens – lenen voor de wederopbouw. Toen het project werd toegelicht had het een goed idee geleken, maar in de verlatenheid van het verwoeste land stond de container erbij als een schamele barak die in de modder dreigde te verzinken. De man die door Johan werd voorgesteld als 'onze coördinator te velde' nam zijn rol van sleutelbewaarder ernstig, hij moest drie sloten ontsluiten voor de deur opening. Wanneer en hoe lang hij de container openstelde, kwamen we niet te weten. Een blik op de werktuigen volstond om vast te stellen dat ze niet, of nauwelijks, waren gebruikt. Toen ik een boormachine van een wandrek nam, pakte de coördinator die meteen af, poetste de handgreep op met zijn mouw en legde het tuig weer op zijn plaats. We kregen een inventarislijst onder de neus geduwd, zodat we konden vaststellen dat er niets ontbrak. In de stilte die daarop volgde, draaide de deur van de container langzaam dicht. Het werd volslagen donker, iemand, Lucas, probeerde een aansteker, het vlammetje flakkerde, doofde uit. Johan maande tot kalmte, maar de deur ging van binnenuit niet open. Na wat morrelen en duwen gooide de coördinator zich er schreeuwend tegenaan. Ik had op een schap zaklampen zien liggen, maar door het geschreeuw en het gestommel kon ik mijn positie tegenover de dingen niet bepalen. 'Wacht nou even,' had ik willen roepen, maar er kwam geen noot muziek uit mijn mond. Later zou ik mij herinneren dat je in de cursus zelfverdediging ook moest leren roepen, of hard schreeuwen, om de aanvallers af te schrikken. En om je angst te controleren door hem te uiten.

Ik liet me met de rug tegen een wand omlaagzakken, sloeg mijn armen om mijn knieën en boog mijn hoofd. Er werd op wanden geklopt en tegen de deur geschopt, het schreeuwen van de coördinator maakte iedereen gek. Dingen vielen om of op de vloer, tussendoor hoorde ik het klikken van de aansteker. We moesten wachten tot onze ogen aan het donker zouden wennen, dat er licht door kieren zou vallen, of dat we op de tast de zaklampen zouden vinden. Maar geen van ons leek nog redelijk te kunnen denken.

Toen iemand over me heen viel, stampte en sloeg ik verbeten van me af. Later zou ik mij ook de verhalen herinneren van de mannen die in 1940 in een kippenloods waren opgesloten, het waren er meer dan zeventig, die in de eerste hitte van de meidagen tegen elkaar stonden aangedrukt, terwijl soldaten met hun geweren op de loods bonsden en geregeld een salvo over de loods heenjoegen om de druk op de ketel te houden. De mannen waren uit de kelders gedreven, of bij toeval opgepakt, maar of ze nu boeren waren, of ambtenaren op de vlucht, niets had hen op die nachtmerrie voorbereid. Er waren er die baden, anderen huilden of deden het staande in hun broek. De sterkste vochten voor een betere plek of meer ruimte. Ze vergingen van de dorst. Achteraf zouden de overlevenden niet meer weten hoe ze die drie dagen waren doorgekomen. Sommigen meden voor de rest van hun leven het dorp waar de doden door de straten liepen, anderen gingen het keer op keer weer opzoeken, maar een van de mannen die in het dorp was blijven wonen, omdat hij de ouderlijke hoeve had overgenomen en dit zijn leven was, verklaarde dat hij het gevoel had nooit uit de kippenloods te zijn bevrijd.

'Je moet jezelf leegmaken.' Dat was het advies van mijn vader toen ik klappertandde voor een punctie. Hij was een expert in pijn, wat dat betreft kon je op hem vertrouwen. Ik had in die container mijn hoofd uitgeschakeld in een poging de tijd stil te zetten, het gestommel, geduw en geroep ging min of meer aan mij voorbij. Opgerold als een egel probeerde ik te voorkomen dat ik ook zou schreeuwen en mezelf tegen de deur aangooien. Ik wist niet hoe lang ik het moest volhouden of hoe lang ik het kon volhouden. De anderen waren te dichtbij en toch ver weg. Krampachtig zocht ik naar iets waarmee ik aan die toestand een einde kon maken, maar ik slaagde er niet in de namen van mijn reisgezellen over mijn lippen te krijgen. Ik prevelde maar wat. Buiten werd er geroepen, het volgende moment viel het licht naar binnen, en stroomde de container vol lucht. Mijn reisgezellen sprongen eruit, maar de coördinator stond met een schroevendraaier in de hand alsof hij een mes had getrokken, met wijdopen ogen naar het deurgat te staren. Onze bevrijders, een jong paar, moesten hem lachend naar buiten lokken.

We werden naar een huis gebracht waarvan de vensters waren dichtgetimmerd. In het voorste gedeelte was het jonge paar bezig een keuken in te richten, achter een voorhang zaten mannen om een potkachel te drinken. Ze groetten ons niet. Twee vrouwen, een oudere en een jongere, maar op elkaar gelijkend, stonden in voor de bediening. Ook zij negeerden ons. De coördinator gooide een borrel achterover en zuchtte alsof hij aan een gewisse dood was ontsnapt. Het was een schonkige man met een spits gezicht en lichte, als door de zon gebleekte ogen. Hij was naar Australië geëmigreerd, maar bij het uitbreken van de oorlog was hij teruggekomen om voor zijn moeder en zuster te zorgen. Hij maakte een veelbetekenend gebaar met zijn hoofd naar de vrouwen. De oudste bracht koffie in minuscule kopjes.

'Voor goede Turkse koffie moet je in Bosnië zijn,' zei Lucas.

Hij was een man van gewoontes en gezegdes, maar wij, zijn reisgezellen, vielen hem bij alsof we kenners van Turkse koffie en van Bosnië waren. Toen de moeder van onze coördinator van het avontuur met de containerdeur hoorde, sloeg ze haar handen jammerend in elkaar. Ze noemde ons vreemdelingen en het was onduidelijk of ze ons als hulp of als last beschouwde. Een van de drinkers, die ook als coördinator bedrijvig was, kwam bij ons zitten en begon gnuivend een verhaal te vertellen dat Lucas maar schoorvoetend wilde vertalen. Van een vrouw wier man was gesneuveld, de vriend en bloedbroeder van de gesneuvelde, die aan de dood was ontsnapt, en de grote container van de Amerikanen die ze samen, de weduwe en de vriend, mochten beheren. Het was het soort vrouw dat op mannen was aangewezen, en het soort man dat niet zonder vrouwen kon. Er waren ook drie kinderen die gevoed moesten worden. En er waren de mensen die roddelden. Zo deden die twee het voorzichtig aan. Op een dag was de verteller om zich te bevoorraden naar de container van de Amerikanen getrokken, maar die zat stevig op slot. Hij vond de moeder van de weduwe, met het jongste kind op de arm; de vrouw wist niet beter of haar dochter was in de container aan het werk. De vriend van de overledene had beloofd haar met het karwei te helpen. Met hun beiden, de moeder en hij, waren ze naar de container gelopen. Ze hadden geroepen en op de deur geklopt, alles zonder gevolg, de container bleef potdicht. Je zou gezworen hebben dat hij verlaten was. De moeder was angstig geworden; nog altijd met het kind op de arm begon ze om de container te lopen en huilend om haar dochter te roepen. Tevergeefs. Pas 's avonds was het koppel tevoorschijn gekomen, ze hielden vol dat ze niets hadden gehoord. Dat de deur toevallig op slot was. De vrouw had het huilende kind aan de borst gelegd, maar de moeder had de hele avond in katzwijm gelegen. Er werd gelachen, uitbundig of besmuikt, vooral toen de verteller als een maanzieke kater het huilen van de moeder nadeed: 'Mariaa! Mariaaa!'

Onze coördinator was gedurende het hele verhaal star voor zich uit blijven kijken, hij lachte ook na afloop niet. In Australië was hij schaapscheerder geweest, hij rekende ons in dollars voor hoeveel dat opbracht. Wat moest hij hier, in deze negorij? Hij had geen zin om zich aan flarden te laten schieten. In Australië was hij een vreemde geweest, maar ook hier was hij niet langer thuis. Hij was een zigeuner geworden, het laagste dat men zich kon voorstellen. Het was alsof hij de Engelse woorden uitspuwde. Toen zijn moeder hem wilde troosten, duwde hij haar van zich af.

De dochter zag mij ondertussen naar de pakken kijken die achteraan in het huis waren opgeslagen, met het label van de hulpverlening er nog aan. Ze trok de voorhang zo woest dicht dat het hele geval naar beneden donderde. Van schrik begon ze te huilen, de mannen sprongen scheldend overeind, de vrouw van het jonge paar was dubbelgevouwen van het lachen in een stoel gevallen. Haar man sloeg met zijn vuist op tafel, de kopjes rinkelden nog na toen hij het gezelschap bestraffend toesprak. Wat moesten wij – vreemdelingen – van die vertoning wel niet denken?

Buiten hing de Australiër kotsend over een heg, zijn maag kon kennelijk de drank niet meer aan. De jongeman bood aan ons verder te begeleiden. Zijn vrouw bracht een mand appels, het waren reinetten uit de boomgaard van haar ouderhuis. Toen het huis werd beschoten, was de familie gevlucht. De vader was na drie maanden teruggegaan; nadat hij had vastgesteld dat het huis onbewoonbaar was, had hij tenminste de fruitoogst willen redden. In de boomgaard was hij op een mijn gestoten, die listig onder de rottende bladeren was verborgen. Zijn onderlijf werd zowat van zijn romp gescheiden, maar hij had gelukkig niet lang meer geleefd.

'Ze rekenen erop dat de mensen teruggaan naar de plaats waar ze hebben gewoond.' De vrouw zei het met droge ogen, maar met een verstikte stem.

Ik nam een appel uit de mand en rook eraan, de zoete, rinse geur bracht het water in mijn mond. Ik herinnerde mij de zolder in de hoeve, waar de appels en de noten wachtten op de lange winteravonden. Er lagen ook hopen graan dat je met handenvol door je vingers kon laten stromen, of waarin je jezelf kon begraven, wat streng verboden was omdat ooit een kind in een graanhoop was gestikt. Aan weerszijden van de grote schoorsteen stond een bed, daar sliepen de ooms. Tegen de schoorsteen stond een rieten mat met ingeweven motieven in rood en blauw. Oom Irené kraste met zijn nagels langs de mat en prompt verschenen de witte muizen die hij graantjes van zijn lippen voerde en die klokslag twaalf in witte schimmels zouden veranderen. Het wonder geschiedde nooit omdat ik voor die tijd insliep, hoezeer ik mij ook tegen de slaap verzette. Op een keer toen ik mijn hoofd door het zolderluik stak, zat er een ordinaire grijze muis die niet wegrende, maar gewoon doorging met haar snorren te poetsen. Stofdeeltjes stegen in het zonlicht op van het graan, de appels en de noten gaven een schimmellucht af, de stem van mijn grootmoeder die opklonk uit de diepten van het huis riep mijn naam als een riedel.

De vrouw greep mijn hand, ik liet het zo terwijl zij nog een keer haar verhaal deed. Over de oorlog en over hoe gelukkig zij daarvoor waren geweest. Tegenover de catastrofe en de ellende van alledag werd vroeger altijd maar mooier.

Haar man leidde ons naar een kerk zonder dak, de heiligen stonden met gezichten van onnozele kinderen onder de blote hemel. Op het kerkhof waren de stukken van de grafstenen her en der gevlogen, de graven waren omgewoeld, de begroeiing in kluiten verspreid. Toch had iemand een kruis gestut en er een rood glaasje voor een kaars bijgezet. Waar ik vandaan kwam, werden er kerkhoven geruimd om parkeerruimte te maken, niet zozeer voor de kerkgangers als wel voor de onbevredigde consumenten. Mijn geboortedorp bestond niet meer, er was iets anders voor in de plaats gekomen. Ik zou er mijn hoofd niet te rusten leggen. Ik werd voortgedreven zonder te weten wat ik zocht, en ik wilde ook niet te veel worden herinnerd aan wat verloren was gegaan. Het desolate kerkhof gaf mij het gevoel dat ik geen kant meer op kon. Maar op een lentedag in Slovenië, op een klif boven de Adriatische Zee, had ik een kerkhof gevonden waar boven op een graf een engel met maar één vleugel de wacht hield. In zijn schoot lag een boeket stenen rozen, hij zat als een amazone op een luchtkussen, een voet stak onder zijn jurk uit, de andere was afgebroken. Het leek wel of een kind van de engel had gesnoept, eerst een vleugel, en dan een voet. Ik wist dat engelen vleugels hadden, maar voeten, nee, dat had ik nog nooit gezien. Zeker was dat de engel niet kon opvliegen of weglopen. De regen viel zwaar over de graven, de zee leek te verdampen. Het was een zee om in geboren te worden, een zee om uit te verrijzen. Toen dacht ik: hier zou ik vrede kunnen vinden. Hier zou ik als engel, vleugel voor vleugel en voetje voor voetje, willen vergaan. Ik had mijn ogen dichtgeknepen om dat beeld vast te houden, Lucas dacht dat ik huilde en stopte mij zijn zakdoek toe, ik was echter de tranen voorbij.

De Australiër was ons gevolgd. Als een hondsdolle vos, met het schuim op de lippen, struinde hij over het kerkhof. Hij begon de namen van de doden te roepen, maar het vreemdsoortig appèl werd door de jongeman woedend afgebroken. Verbeeldde de dronkelap zich dat hij recht op de doden kon doen gelden? Hij die het land had verlaten en er geen druppel van zijn bloed voor overhad! De Australiër beriep zich op het graf van zijn vader. Helaas, die was fout geweest, weliswaar in de Tweede Wereldoorlog, maar genade mocht niet voor recht gelden. De mannen stonden tegenover elkaar alsof zij hun geschil boven de graven zouden uitvechten. Het liep mij koud over de rug.

'Kaïn en Abel,' spotte Marc.

In dit geval was Abel ook geen doetje, de jongeman dreef ons naar de auto op de wijze van: instappen en wegwezen; het is afgelopen met aapjes kijken. Op het kerkhof lag de Australiër snotterend in de modder te graaien. Toen de jongeman mij bij de arm greep, tikte ik hem vinnig op de vingers. Hij zette het gezicht op van de beledigde onschuld, hij wilde mij alleen maar in de auto helpen! We reden een eind weegs, toen doofde Johan de koplampen, draaide en hobbelde terug naar het kerkhof.

'Dan kennen ze ons nog niet,' gromde hij.

Samen met Marc zeulde hij de Australiër van het kerkhof, toen zij hem zeiknat en stinkend op de achterbank kieperden, schoven Lucas en ik geschrokken opzij. We begonnen aan de afdaling. De bochten gingen in een ononderbroken lusbeweging langs de berg omlaag. Het was ondertussen volslagen donker en het ravijn was onzichtbaar, maar wij wisten dat het er was, de ene keer aan onze linkerzijde, de andere keer aan onze rechter. De Australiër zat in zijn kleren te dampen, ik dreigde zeeziek te worden. Zozeer, dat niets mij nog kon schelen, de oorlog, het gevaar, als ik alsjeblieft maar niet moest overgeven. Wat een ellende, ik had ook nog het gevoel dat er ergens uit mijn maag een gierende lach omhoogwelde.

Bij het binnenrijden van de stad sleurde Marc de Australiër uit de auto, Johan stopte hem een fles slivovitsj in zijn armen en gaf hem een duwtje in de rug. Het was alsof hij hem in gang zette: waggelend verdween de man in de nacht. Ik had Lucas vanwege die slivovitsj met opgetrokken wenkbrauwen aangekeken. 's Lands wijs, 's lands eer,' zei hij berustend.

We werden ingekwartierd door een dokter uit ons thuisland, die opgewekt aankondigde dat we een uur hadden om ons op te knappen. De vice-gouverneur gaf een diner, er zouden politici aanzitten, en vanzelfsprekend ook zakenlieden.

'Geen vrouwen, maar dat geldt niet voor jou.' De dokter knikte mij bemoedigend toe.

Ik was niet zeker of ik een compliment kreeg, of onopzettelijk werd beledigd, in ieder geval wilde ik mij ziek melden. Ga maar jongens, vermaak je, laat je vol drank lopen, pas op voor aids-madelieven. 'Geen sprake van dat we jou hier alleen achterlaten,' zei Johan vastberaden.

Ik keek naar het donkere trapgat en vatte de klim aan. De koude had de luchtjes bestorven, maar ergens was een paar in een hoog oplopende ruzie verwikkeld, ergens stond de televisie keihard, ergens huilde een kind. Ik trapte de deur van de kamer dicht, strompelde naar het badhok, ving koud water op in mijn handen en dompelde er mijn gezicht in. Toen ik mezelf in de bespikkelde spiegel aankeek, zei ik trillend van moeheid en machteloze woede: 'Ik wil hier weg!'

Het was alsof ik mijn stem in een duikersklok hoorde, maar ik herhaalde wel twintig keer: 'Ik wil hier weg!'

Alsof ik strafwerk moest schrijven.

Ik kom uit een land waar eten van de moederborst tot het begrafenismaal een hartstocht is. Je eet met geliefden en vijanden, je eet om dingen geregeld te krijgen of om dingen af te houden. Of het om liefde of oorlog gaat, mijn landgenoten schransen. Ze zitten op hun centen als verkrampte hennen, maar met eten zijn ze gul. Bijzonder geliefd is de buik vullen voor het goede doel, dat gaat van kreeft op een bedje van zurkelsla, tot wafels en pannenkoeken. Ik had mij voor de hulpverlening door mosselsoupers, kaasfondues, barbecues en rijstvlaaien heengewerkt. Op een dag was er een uitnodiging van een club Hell's Angels die voor Bosnië om het meeste spaghetti zou verorberen. A la bolognese! Er kon per bord geld worden ingezet.

Voor het café met aangebouwde feesttent verzamelde zich een vervaarlijke cavalerie van Harley Davidsons en Japanse motorhengsten. Kerels met woeste baarden en kettingen in hun borsthaar puilden uit met spijkers bezette lederpakken. Ze waren vergezeld van motorpoezen die hun adem inhielden om hun boezems op te pompen. Over de kermis van rock-'n-roll en motorgeloei dreven benzinedampen. Toen het moment van het spaghettigebeuren was aangebroken, posteerden de Hell's Angels zich voor de lange tafels die in de feesttent waren opgesteld.

'Bind ze maar vast, Sophie!' sprak de leider.

Als één man kruisten de kerels hun handen op de rug, waarna de cafébazin en haar helpsters ze vastbonden. De eerste reeks borden met spaghetti werd aangevoerd en op bevel van de leider vielen de kerels eropaan. Ze bogen hun vervaarlijke koppen en slobberden het voer naar binnen. De tomatensaus spetterde over de tafels en bleef in klodders in de baarden hangen, kluwen spaghetti puilden uit de schrokkende monden. De toeschouwers vuurden de kerels aan door de inzet te verdubbelen, en de motorpoezen overschreeuwden elkaar om hun kerel bij te staan. Het was een tafereel waarbij de schilderijen van Francis Bacon verbleekten. Een paar vluchtelingen uit Bosnië, die voor de gelegenheid waren opgetrommeld, stonden er stilletjes naar te kijken. 'Het is goed bedoeld,' probeerde ik die mensen gerust te stellen. Ik had na een vergadering in Brussel geen tijd gehad om me te verkleden en viel in mijn mantelpakje wat uit de toon. De honger was me intussen ook vergaan en een ritje op een Harley Davidson zat er niet in. Toen we na afloop van het festijn huiswaarts reden zat Marc *On route 66* te neuriën, zijn lijflied. Het was een teken dat hij goedgeluimd was. Ik wilde hem over de vluchtelingen spreken. Het was een gemengde familie die niet terug naar Bosnië kon. De zoon was gedeserteerd uit het Joegoslavische leger omdat hij niet op verwanten wilde schieten, het Bosnische leger had hem willen inlijven, maar daar zat hij met hetzelfde probleem. Hij was naar Duitsland gevlucht, uiteindelijk was de familie in België herenigd, maar ze verkeerden in de onzekerheid of ze konden blijven en vroegen onze bemiddeling. 'Nu even niet,' had Marc gezegd.

Die avond in Zadar, op weg naar het diner van de vice-gouverneur, met Marc aan het stuur, kregen we weer *Route 66* te horen, ditmaal op cassette en keihard. Zo hoefde niemand wat te zeggen. Het schiereiland werd omspoeld door een kalme zee, de lichtjes van de vissersboten leken te knipogen. In andere tijden had ik een wandeling gemaakt over de kaden, of was ik met een kelkje wijn op een terras neergestreken. Het restaurant was ondergebracht in een betonnen flatgebouw, in de enorme eetzalen waren de tafels gedekt, maar er was geen kat te bekennen. Wij werden ontvangen door een gedienstige van de vice-gouverneur, die ons met een batterij aperitieven in de gewenste stemming moest brengen. Grofgebouwde heren in slechtzittende pakken arriveerden in volgorde van belangrijkheid, aan de komst van de vice-gouverneur ging zenuwachtig mobiel telefoneren vooraf. De vice-gouverneur stond klaar om te vertrekken, hij was op weg, hij had wat vertraging, maar hij kwam eraan. Tenslotte verscheen er een onopvallende man, die in vergelijking met de gasten eerder bescheiden van omvang was. De enige toegeving aan de heersende smaak waren een knots van een zegelring en een opzichtig duur polshorloge.

Terwijl hij afwezig luisterde naar de kelner die het menu aanprees, nam hij ons aandachtig op. Hij bedankte voor het aperitief, we konden meteen aan tafel. Met het slap wuivend handje van een Romeinse keizer maakte hij een eind aan alle plichtplegingen, het kiezen van de wijn liet hij aan een van zijn gasten over. De man glunderde: hij was kenner en handelaar. Terwijl de soep, de vis, het gebraad en wat al meer op rolwagens werden aangevoerd en de roodaanlopende gasten heftig transpirerend het voedsel in respectabele hoeveelheden tot zich namen, ging het gesprek over de herkomst en de kwaliteit van het aangebodene. Over de oorlog geen woord. Ik had na de eerste gangen de strijd gestaakt met het excuus dat ik ziek was, Johan zat er ook bleekjes bij, Lucas deed zijn best, maar Marc at alsof hij de eer van het vaderland moest redden. De vice-gouverneur, die zelf met mondjesmaat van elke schotel proefde, moedigde hem met een vals lachje aan. De gasten wisten zich het zweet van hun gezicht en klopten Marc op de schouder; samen eten en drinken, dat was het ware, een man moest een gevulde maag hebben.

'Dadelijk wordt hij misselijk,' bromde Johan.

De eetzaal was spaarzaam verlicht, de tafel waar wij zaten was als een eiland in de verlaten ruimte, gezellig was anders. Voor het dessert en het digestief kwam de vice-gouverneur ter zake. Hij bedankte ons voor de hulp aan zijn verdreven landgenoten, zowel die naar België waren gevlucht, als aan de Kroaten die uit andere delen van het voormalig Joegoslavië waren verdreven, zoals diegenen die in het vakantiedorp waren ondergebracht. Velen van hen konden niet terug naar hun huis omdat het was verwoest of door de vijand was bezet, Kroatië was dankbaar voor alle hulp en beschouwde ons als vrienden, maar voortaan zou de regering de getroffen landgenoten verder helpen. Kroatië was aangevallen en het had zich verdedigd, het hoefde van niemand lessen te krijgen. De etnische kwestie werd verkeerdelijk voorgesteld, het ging om beschaving, zij die eeuwenlang op de grens tussen Oost en West hadden geleefd wisten dat. Het goede van de oorlog was dat hij klaarheid had geschapen. Er waren in het gebied maar twee machten waarmee rekening moest worden gehouden: Kroatië en

Servië, tussen die twee ging het, en het was hoog tijd dat het Westen begreep waar het belang bij had.

Elke keer dat de vice-gouverneur over 'de anderen' of 'de vijand' sprak, wuifde hij met dat slappe handje naar de lege tafels die ons omringden, zodat die nog meer opvielen. Zijn gasten staarden opgelaten naar de resten op hun borden, een die het niet kon laten stak vlug een stukje vlees in zijn mond, een ander peuterde met de nagel van zijn pink tussen zijn kiezen.

Zodra de vice-gouverneur ging staan en de eerste toost uitbracht: op Kroatië en de verstandhouding tussen de volkeren, werd het gezelschap weer levendig. De hoteldirecteur, die ook manager van het vakantiedorp was, prees de grote generator die door onze hulporganisatie over de Alpen was gesleept en de regio van stroom voorzag. Hij wilde ons 's anderendaags het opgeknapte vakantiedorp tonen, de vluchtelingen hadden de vakantiehuisjes als stallen achtergelaten – mensen van het land, die wisten niet beter – maar alles was opgeknapt en klaar om weer vakantiegangers te ontvangen. De generator zou goed van pas komen, het had geen zin om dat zware tuig naar Bosnië te verslepen, waar men toch niet wist wat ermee aan te vangen. Toost op de zon en de Adriatische Zee! Volgde de gast die boten verhuurde, de gast die huizen verhandelde, enzovoort. Van toost tot toost werd het gesprek waziger en de sfeer hartelijker. Ik knabbelde als een muis aan de mierzoete suikerwaren, terwijl de rest van het gezelschap – met uitzondering van de vice-gouverneur – zich aan de likeur tegoed deed.

Toen we op de schoonheid van de vrouwen zouden drinken vroeg de vice-gouverneur – alsof hem iets inviel – of ik ook buiten de hulpverlening bedrijvig was, en hij reageerde als gestoken toen hij vernam dat ik een schrijver was. Waarom had men hem dat niet gezegd? De gasten keken sip, ze hadden mij zoveel mogelijk genegeerd en nu kwam er toch heibel van. De gedienstige van de vice-gouverneur haastte zich om te verklaren dat zijn baas ook boeken had geschreven. De vice-gouverneur had moord in de ogen, maar hij bleef minzaam. Indien hij had geweten dat er een schrijver in het gezelschap was, had hij ook Kroatische schrijvers en intellectuelen uitgenodigd die mij over de taal en de cultuur konden informeren. Daarover bestond veel onwetendheid en uit onwetendheid volgde onbegrip. Uiteraard kon hij nog een bezoek aan een museum organiseren, maar ik kon beter in de lente terugkomen – zonder verplichtingen – om van de gastvrijheid te genieten. De vice-gouverneur was eigenaar van een villa, op een van de eilanden die voor de kust van Zadar 'als edelstenen' in de zee waren gestrooid. Daar kon ik verblijven zolang het mij beliefde, bijvoorbeeld om een boek te schrijven. Hij zou er persoonlijk op toezien dat ik niet werd gestoord en de bevoorrading per boot regelen. De vice-gouverneur beschreef de schoonheid van de eilanden, het zijne in het bijzonder, hij loofde de zee waaruit Aphrodite was verrezen, en waarin je nog het soort vissen kon zien die om haar goddelijke dijen hadden gesparteld. Hij was geen enggeestige nationalist, maar deze kust, dit land, was waarlijk het mooiste van de wereld, en zoals elke Kroaat was hij bereid ervoor te sterven. Dat was boud gesproken, maar de vice-gouverneur, eerst zo zwijgzaam, was niet meer te stuiten. Lucas raakte achterop met tolken, de avond was met Engels begonnen, gaande het diner in het Duits voortgezet, maar werd besloten in 'onvervalst' Kroatisch. Voorzover er al een Servisch woord binnensloop in de conversatie, was dat al in de Middeleeuwen, of het scheelde niet veel, van de Kroaten gestolen. 'Het land is van de mensen die er wonen,' had een oude boer gezegd, en ik had me afgevraagd hoe het dan moest als een land werd bezet, of als je van je land werd verjaagd. En van wie was de taal? Van diegenen die haar spraken en die tot een bepaald taalgebied behoorden? Of was de taal van niemand, vrij als de wind die waaide waar hij wilde? Ik stal van andere talen en smokkelde de mijne in andere talen. Het was de taal van een gebied, maar het was ook die van mij en van niemand anders. Niemand kon mij die taal afpakken had ik gedacht, maar in Zadar was ik daar plotseling niet meer zo zeker van.

De gasten raakten opgewonden, er werden gedichten voorgedragen en liederen gezongen, en met de cultuur was ook de oorlog weer present. Ik kreeg een vieze smaak in mijn mond en dacht aan *La trahison des clercs* van Benda, de Franse schrijver die in de jaren dertig van de verschrikkelijke twintigste eeuw de machtsbelustheid, het slijmen, en de lafheid van de intellectuelen aan de kaak stelde. Ik was plaatsvervangend beschaamd voor de schrijvers en de linguïsten die ook mede deze oorlog op papier hadden voorbereid en hem als ware propagandisten aanprezen. Je schaamt je het meest voor je eigen soort, of voor de soort waarmee men je identificeert. Maar had ook mijn vereerde Thomas Mann in 1914 niet de geest gekregen toen hij met *Über die Deutschen* de miskleun van zijn leven schreef? Ik was ervan overtuigd dat je niet vrijblijvend kunt schrijven, dat je in barre tijden, als het nood doet, je stem moet verheffen, ik bewonderde schrijvers die dat hadden gedaan, van Voltaire tot Günter Grass. Ik vroeg mij af of het verschil van inzicht met kwaliteit, of simpelweg met humaniteit te maken had. In elk geval was talent geen garantie: zie Céline. Voor *Massacre pour une Bagatelle* zou een mens zich doodschamen. Het sentiment en de pathos van de tafelgenoten maakten mij kopschuw, kwam het door mijn herkomst – de fameuze nuchterheid van de Lage Landers – of door de geschiedenis? Franz Kafka had in de vervreemding de eigenheid en de toekomst beschreven, maar had hij zich ergens over uitgesproken? Het was alsof ik tussen twee vuren was geraakt, en ik kwam weer uit bij Albert Camus, maar had die niet gezegd: 'Als ik moet kiezen tussen mijn moeder en Algerije, dan kies ik voor mijn moeder?'

Eensklaps was het feest afgelopen, de mobiele telefoons rinkelden als wekkers, de gasten trokken hun broeken omhoog over hun welgevulde buiken. In zeven haasten werden wij met geschenken overladen – likeur, wijn, een litho met de kust van Zadar met de eilanden 'als gouden zeesterren', en op de valreep ook nog een boek. De vice-gouverneur boog, gaf een handkus net boven de hand, en stapte gezwind met zijn escorte naar de deur, de gasten volgden in verstrooide slagorde. Een van hen pakte mijn hand, draaide ze om, en drukte zijn vochtige lippen als een naaktslak op mijn pols. Er was geen zeep in de wc. Ik liet het water over mijn handen lopen, snuffelde aan mijn pols, en liet er meer water over lopen. Toen ik naar buiten liep was de eetzaal leeg, de tafel waaraan wij hadden gezeten, was afgeladen met borden en glazen en etensresten. Toch leek ze meer verlaten dan de netjes gedekte tafels die ongebruikt waren.

Het was opgehouden met regenen, de sterrenhemel was majestueus, de oude stad leek in de tijd ingeslapen. Het was een avond om heilig te worden, maar de verfrissende zeelucht werkte ontnuchterend. We moesten even zoeken waar we de auto hadden achtergelaten. Marc loosde zijn maaggassen, de boer echode in de smalle straat.

'Hoe voel je je?' vroeg Lucas.

'Als een Hell's Angel,' antwoordde ik.

'Ik volg je niet,' zei hij.

Waarmee hij bedoelde dat hij mij niet begreep.

Het pad slingerde omhoog tussen bosjes en allerhande kruid-
achtige planten. We hadden de zee in de rug en hoe hoger we
klommen, hoe meer de Adriatische op een meer geleek.
Blauw en lauw, het thema van een vakantieliedje. We hielden ons wel
aan het pad, je kon maar nooit weten. Na het bezoek aan een hotel dat
was volgepropt met vluchtelingen die na maanden bivakkeren een hekel aan elkaar hadden gekregen, was de klimpartij een verademing.
Toen ik mijn ogen opsloeg zag ik in tegenlicht de zwart geblakerde ruïne van een huis. Het was alsof er op het klif een gier was neergestreken.
Mijn reisgezellen bleven een voor een staan, Johan draaide zich om alsof hij bij de zee soelaas wilde zoeken. Niemand zei wat. Van de poort
stond nog één kolom overeind, in de tuin woekerde de wildernis. Het
was een goed huis geweest, een waarvan mijn landgenoten – met een
baksteen in de maag geboren – hun leven lang dromen, of voor afbeta-
len. Het uitzicht was om bij te knielen, de eilanden lagen als stapstenen
in een zee van azuur, de bergen reikten tot in de wolken. Uit de holle
vensters van het huis staarde ons echter het absolute niets aan, 'die hor-
ror vacui, die misschien het kenmerk van een eindigende geestesperio-
de mag heten.'* Er hing een vreemd geurtje; verbrande veren en rottig-
heid die van de ene generatie op de andere werd overgedragen, tot het
vuur in de pan slaat en ze zich botvieren in een orgie van bloed.

Ver weg op zee, tussen de eilanden, ontdekte ik een zeil, wit en strak
hoewel er nauwelijks wind stond. Ik tuurde naar die witte vlag tot
mijn ogen ervan traanden en ik mijn blik moest afwenden. Onbeweeglijk, als een koolwitje op het water leek het zeil, maar toen ik er
weer naar keek, moest ik even zoeken, zo ver was het al heen gezeild.
Zo ging de tijd onmerkbaar, ongrijpbaar, de verte in. De herfstzon gaf
nog warmte, maar ik huiverde in mijn vliegeniersjack. Ik betreurde

het haast dat ik weer over mijn stem beschikte. Protest leek nutteloos, commentaar overbodig, voor kroniekschrijver was ik niet in de wieg gelegd. Misschien moest ik mij terugtrekken om alexandrijnen te fabrikeren. Zes jamben, afwisselend mannelijk en vrouwelijk, met een rustpauze in het midden. Misschien kon je alleen in de stilte, de mathematische orde en de negatie rust vinden.

Het was overbodig te vragen waar de bewoners van het huis waren gebleven, of ze nog in leven waren. Je kon aan de structuur van het karkas, aan details van dak en kozijnen zien dat het huis met liefde was gebouwd, en met het vooruitzicht er een leven door te brengen in pais en vree, hoog boven de zee, ver van de stad. Van die droom was alleen een geblakerd geraamte overgebleven. In de tuin vond ik een verdroogde roos in een nest van takken en dorens, waaruit een roodborst vinnig opwipte en mij met een kraaloog onvervaard aankeek: wat voor de drommel had ik in zijn habitat te zoeken? Pootjes als luciferstokjes, gedempt bruin, roest, en oranje pluimen – een kleurencombinatie waarvoor een modekoning zijn hoed zou afnemen; niet meer dan een onsje veren en een dapper hart. Wat zeurde ik, of verbeeldde ik mij dat wij, slimme maar perverse apen, alleen de dienst uitmaakten? Mijn afkeer voor de bedervers van deze schoonheid, van de verkrachters en moordenaars was terecht, maar het loste weinig op en het had in laatste instantie ook met onmacht te maken.

Ik was niet de enige die er last van had, bij de afdaling liepen we met ons vieren stommetje te spelen. Het verbrande, in puin gelegde huis, werd vanzelf een symbool. Ik herpakte mij om mijn reisgezellen te verstrooien en vertelde dat ik als kind symbolen met cimbalen verwarde en ervan overtuigd was dat het klankbekken waren die je tegen elkaar moest slaan.

'Dat brengen ze hier in de praktijk,' zei Lucas.

Meer dan een zuinig lachje brachten zijn toehoorders niet op. De oorlog was overal, maar je kon er niet de vinger opleggen. Zoals de doden alomtegenwoordig waren, maar onzichtbaar bleven. We liepen achter de feiten aan en leken gedoemd te laat te komen. De ruïnes rookten niet meer, maar ze waren te recent om poëtisch te zijn.*

De Vlaamse en Hollandse schilders van de zestiende eeuw waren de eersten om ruïnes te schilderen, hun voorgangers stonden er met hun neus voor, maar ze zagen niets, of vonden er niets poëtisch aan. Of ze geloofden wat Thomas van Aquino schreef: 'Wat onvolmaakt is, of gebroken, is slecht.' Zeker is dat een jonge ruïne pijn doet aan de ogen. De tijd en de vergetelheid moeten eroverheen. En de ruïne moet eenzaam in de ruimte staan, bijvoorbeeld op een klif, om een symbool van de vergankelijkheid te worden.

Deze familieoorlog was een nieteindigend verhaal, de slachtpartijen volgden elkaar op in de geschiedenis, verliezers en overwinnaars wachtten ongeduldig op de volgende gelegenheid om erop los te slaan. De ruïnes konden niet langzaam vervallen, de doden konden niet fatsoenlijk vergaan. Terwijl traagheid de enige troost is, het enig soelaas voor het hart, dat voor alles eeuwigheid wil. Mijn verongelijktheid was woede geworden. Ik zat erop te wachten tot er weer een zijn beklag zou doen over de dubbelzinnigheid, om niet te zeggen de medeplichtigheid, en voorzeker het onvermogen van wat met gemak 'Het Westen' werd genoemd, en waarmee wij zonder meer werden geïdentificeerd. Niets mee te maken, dacht ik, maar wij liepen daar ook in naam van Europa. Het onze dan.

Het gladde nonnengezicht dat achter het tralievenster verscheen was tijdeloos. Wij stonden op een kluitje in de regen voor de kloosterpoort te wachten, tot de gastenzuster ons zou binnennoden. Het museum voor kerkelijke kunst was eigenlijk gesloten, maar voor ons werd – op vraag van bovenaf – een uitzondering gemaakt. De gids, een postcommunistische matrone in zwart en lila keek verveeld de andere kant op. De schat van Zadar: schilderijen, beelden, iconen, maar vooral gouden en zilveren reliekschrijnen, met edelstenen bezette bisschopsstaven, zilveren en gouden monstransen en kelken – al in de Middeleeuwen hadden de edelsmeden van Zadar de faam meesters te zijn – was ondergebracht in een aangebouwde vleugel van het Convent van Maria. De zusters benedictines waren de conservatrices van de schat en verborgen hem als er gevaar dreigde op een geheime schuilplaats die geen agressor of bezetter ooit had kunnen achterhalen. Ook gedurende de laatste oorlog hadden de zusters de schat verborgen en verder stijf hun mond gehouden. De gids kon niet anders dan haar bewondering uitdrukken voor zoveel toewijding en discretie, maar het ging niet van harte. Toen ter sprake kwam dat de zusters, die in een gesloten gemeenschap leefden, in de oorlog hun klooster hadden opengesteld als toevluchtsoord en mensen naar de schuilkelders hadden gebracht, waarbij drie zusters het leven hadden gelaten, kon de marxistisch geschoolde dame niet nalaten op te merken dat het oude nonnen waren, en dat een van de drie van uitputting was bezweken. Waarvan akte!

Voor kerkelijke kunst zou ik geen ommetje maken, maar het verhaal van de geheime schuilplaats had me getroffen, ik wilde die fameuze schat wel eens zien. In de hal van het klooster was een venster waardoor je uitkeek op een binnentuin met een fontein, alleen de tortelduiven ontbraken. De gastenzuster ging ons voor zoals ze de barba-

145

ren zou voorgaan, kalm en waakzaam.

Mijn reisgezellen drentelden geduldig tussen de kerkelijke kunst, Lucas had het allemaal al een keer gezien, en ik liep me af te vragen of er honderd kilometer verder ook een grot van Ali Baba was verborgen, maar dan voor een andere eredienst. God gaf niet thuis, die was bezig zich op te splitsen, zoals het oude Joegoslavië, maar de nonnen waren als muizen uit een holletje uit hun convent tevoorschijn gekomen om ons, mij in het bijzonder, nader op te nemen. Zoals ik hen herkende, met hun minzaamheid zowel bij geboorte als dood, zo herkenden zij mij als een verdwaald schaap dat ver van huis toch de weg naar de moederstal had gevonden. Ik hoefde niet te bekennen dat ik een pupil was van de zusters van het Heilig Graf, die in het kielzog van de kruisridders hierlangs naar Jeruzalem waren getrokken, en al geloofde ik geen moer van wat zij mij hadden ingeprent, door hen was ik gepokt en gemazeld. Ik was de wrok voorbij, maar toch had ik die dames in habijt wel willen vragen of zij hun onderneming een succes vonden. Honderden jaren hadden zij zich aan deze kust ingegraven, met hun zilver en goud, biddend en vastend, was de wereld er beter van geworden? Hadden zij, zowel van Italiaanse, Duitse, als van Kroatische herkomst, het omringende volk verdraagzaamheid bijgebracht? De wereld, dat is bekend, is slecht en het volk onwetend, maar kon het geloof geen bergen verzetten? Het ware geloof dan? Ik had het hart niet de vraag hardop te stellen, ook al omdat ik wist dat waar het de nonnen persoonlijk betrof, ik ongelijk had.

Glimlachend keken ze toe hoe ik voor een icoon bleef staan; Maria met Jezus op de linkerarm, een orthodoxe Madonna, hoe was die in dit katholieke bastion verzeild geraakt? Geroofd of gekregen? Dat wisten de nonnen niet, of ze konden het zich niet meer herinneren, maar was ze niet mooi? Van de weeromstuit glimlachte ik ook. De gids tikte geërgerd met haar hak op de vloer, de hele santenkraam kon haar kennelijk gestolen worden. Komaan, dacht ik, jullie hebben er ook niet zoveel van gebakken, in naam van het socialisme. De nonnen hebben mij op de rechterflank gepakt, met plicht en dienstbaarheid, maar jullie hebben op mijn linkse ziel getrapt, met het ideaal van vrijheid, broederlijkheid, en laat gelijkheid maar zitten. Misschien moet ik jullie, zowel rechts als links, dankbaar zijn omdat jullie mij voorgoed hebben genezen van alle geloof en ideologie, al ben ik verweesd achtergebleven. De serene glimlach van de Madonna was tegengesteld aan het malcontente gezicht van de gids, maar net als bij de nonnen had ik het gevoel dat het onrechtvaardig was de last van de geschiedenis op de schouders van één persoon te leggen. Waar moest ik terecht met mijn machteloze woede? Wat was het klachtenadres? Ik benijdde de nonnen hun stilte, hun binnentuinen. Er was aan mij een goede non verloren gegaan.

Toen viel mijn oog op een schilderij voorstellende Sint-Maarten die zijn mantel met het zwaard in tweeën verdeelt om de naakte bedelaar te bedekken. De mantel heeft de kleur van geronnen bloed. De bedelaar kijkt devoot op naar de heilige, een rijkelijk uitgedoste jongeman met een androgyn gezicht, gezeten op een krachtig wit paard, op het eerste gezicht te barok voor een Lippizaner. Om dat paard gaat het, behangen met versierselen, kwasten op de borst en het voorhoofd, strikken in de manen. Het rechterbeen is geheven, waardoor het opvalt dat het vrij korte benen zijn die al die luxe plus het sacrale, moeten dragen. Het paard moet het van zijn houding hebben, van zijn allure, gedienstig, maar niet dienstig. Nobel als een Arabier, tenminste aan vaderskant, aan moederskant was het van oudsher de Karst, vandaar de taaiheid en het geduld van een boerenpaard. Ziedaar de Lippizaner; geschapen voor de hogeschool van de dressuur, voor het uitvoeren van krijgsfiguren die tot danspassen zijn getransformeerd. Een ritmisch, maar ook militair ballet. Het geschilderde hoofd van de Lippizaner is genegen, niet naar de bedelaar, maar naar de toeschouwers. De geboren performer. Jawel, het was eens temeer Siglavy, zich voordoende als een gezalfd ros, maar aangedaan als een harempaard, of de ruin van de Sultane.

Hij knipoogde.

'Het paard is goed getroffen,' zei ik tegen de gastennon.

'Sint-Maarten is de heilige van het mededogen,' antwoordde ze.

Ik knikte alsof ik bij de les was. Sig grijnsde. Het liefst had ik hem tussen de dijen geklemd en de sporen in zijn flanken gedrukt.

De grijns van Siglavy, met ontblote tanden als van de Franse komiek Fernandel, was ook de grijns van het paard dat in de buurt van Ieper in de bomen was geslingerd. We schrijven anno 1916, of 1917, de ouverture van een gewelddadige eeuw, die nog vele treffende plaatjes zou opleveren. Het doodshoofd van het gesneuvelde ros lachte alsof het een geslaagde grap betrof: men ziet niet alle dagen paarden als apen in de bomen hangen. Het detail had mij getroffen, duizenden doden kan een mensenhoofd nu eenmaal niet bevatten, het houdt het op dat ene onvergetelijke, op dingetjes die als dorens in het vel blijven haken. Maar de foto was ook in de herinnering opgeslagen vanwege datgene wat niet was afgebeeld. De polder als een maanlandschap, de verwoeste steden en dorpen, de onder water gezette IJzervlakte. Een landschap dat van mensen was ontdaan, zoals de bomen waren ontbladerd, alleen de soldaten waren achtergebleven als gegijzeld door de dood. Zij hadden geposeerd voor een recentere versie van *De parabel der blinden* een schilderij van Brueghel, waarop de lammen de blinden begeleiden en de figuren voortstrompelden in korsten van modder bloed, in processies van door gas verblinden en door schrapnels gehandicapten. Dat bracht mij bij het geval Lipik, een stoeterij ten noorden van de autoweg Zagreb-Belgrado, de zogenaamde 'Weg van de broederlijkheid en de eenheid', waarvan de in 1843 gebouwde stallen – 169 meter lang – in februari 1992 in puin werden gelegd. De merries waren met hun veulens op de loopweiden en konden vluchten, de hengsten daarentegen stonden vastgebonden in hun boxen. Zij raakten verstikt door de rook, verbrandden of werden door mitrailleurvuur of granaten getroffen. Op de foto: kapotte daken en beschadigde gewelven, deuren die uit hun hengsels hangen, hoog opgeschoten gras in de loopweiden. Geen paard te bekennen. Zelfs de ooggetuigen hadden het over het aantal paarden dat was gestorven of moest worden afgemaakt, en niet over het huilen van een stervend dier of over de geur van verbrand vlees. De liga voor de bescherming van de paarden had de plek bezocht met het doel de stallen te herstellen en er een gedenkteken op te richten voor alle paarden die in de loop van de geschiedenis op de slagvelden van de mensheid waren gesneuveld. Uiteraard kwam er protest van lieden die vonden dat mensen voor paarden gingen, waarmee ze ook aangaven het recht op misbruik van de natuur te claimen. Van de paarden kwam geen wederwoord. Wie ongewapend de oorlog ingaat, gewild of ongewild, is de klos.

De foto van Lipik leek op een negatief, en het was in Lipik dat Siglavy van kleur zou verschieten, niet langzaam van zwart naar zilvergrijs en zo aldoor lichter, tot hij in zijn volwassen jaren sneeuwwit tot wasdom zou komen, maar eensklaps, en omgekeerd, van wit naar zwart. Hij posteerde zich voor de courbette, de hooggeheven voorbenen als verkrampt, de ogen bloeddoorlopen, de hagelwitte tanden ontbloot in een demonische grijns. Een zwartgeblakerd paard dat zijn halster had afgeworpen en uit de verwoeste stoeterij was ontsnapt. Hij sprak geen woord en ook ik bleef stom. Wij waren onbereikbaar voor elkaar geworden. Het was een verschrikkelijk moment. Maar Sig zou van dan af wel meer van kleur verschieten, van wit naar zwart, als een duivels paard, of een paard voor een doodsprentje, en omgekeerd, van zwart naar wit, als een eenhoorn of een fabeldier. Het was alsof hij een pas de deux uitvoerde met zijn tegenbeeld. Alsof hij de kleur van zijn omgeving aannam, of gepast op de gebeurtenissen reageerde. En alsof alles zwart-wit werd, zonder veelzijdigheid, zonder nuances. Geen spraak zonder tegenspraak, maar als Sig van kleur verschoot, hield hij zijn kiezen op elkaar of werd het een dovemansgesprek.

Het schilderij van Hamilton kwam mij weer voor ogen, met zijn groene heuvelland en zijn kudde Lippizaners van de achttiende eeuw – witte, zwarte, bruine en gevlekte paarden, een bont palet, een lust voor het oog. Was de zuiverheid van de bloedlijnen, het gerichte fokken van zwart naar wit, een veredeling of een versimpeling? Ik herinnerde mij de tranen van Siglavy, die in dat schilderij had gehuild zoals de paarden van Achilles hadden gehuild om de sterfelijkheid van de mensen. En dan was er nog dat andere verhaal dat de partizanenleider aan zijn zoon had verteld. Een verhaal dat zich afspeelde in 1943 of daaromtrent in de bossen, hoog in het Sloveense land.

Het had er slecht uitgezien, de eenheid van de partizanen was door de Duitsers omsingeld. De paarden, die uiteraard met die klote-oorlog niets te maken hadden, waren eens temeer als rij- en lastdieren ingezet. Ze werden aan flarden geschoten of bezweken van uitputting met verlamde benen, of bleven met gebroken ruggen liggen zodat ze met een nekschot moesten worden afgemaakt; wat een verdriet en sentimenten – nou goed dan, een stuiver voor het mededogen. De partizanenleider gaf het bevel de paarden los te laten zodat ze een kans maakten om uit de omsingeling te breken. Er kwam geschreeuw en klappen op de billen aan te pas voor de paarden het kamp wilden verlaten en de nacht in draven, trouw en angstig als de dieren waren. De hoefslag ging van twee in draf naar drie in galop, en stierf dan weg. Zelfs de meest geharde strijders moeten zich toen verlaten hebben gevoeld. Het wachten op de ochtend ving aan, wanneer het gerammel van wapentuig tegen de hellingen zou weerklinken en tussen de bomen grijze schimmen zouden nadersluipen. Wachten tot het vuur zou losbreken, in pijn en smart wachten, als barende vrouwen, maar in dit geval wachten op de dood. Toen, bij ochtendgloren, waren de paarden teruggekomen, traag en aarzelend, snuivend en rillend. Het kraken en ritselen van takken en bladeren, de gedempte schreden en de grote schimmen hadden de partizanen doen verstijven, het was hun voorgekomen dat er een leger geesten naderde. Een partizaan die door het lint dreigde te gaan legde aan, de aanvoerder kon met een scherp bevel nog net voorkomen dat er een wilde schietpartij uitbrak. Het eerste paard dat uit het gebladerte trad lokte dan ook kreten van opluchting en verwondering uit. De mannen liepen getroffen op de dieren toe en wilden hen als het ware omarmen. Toen, naderbijkomend, bemerkten ze dat de paarden huilden. Het was niet in woorden te vatten wat daar in de mannen omging. De voormalige partizanenleider had de huilende paarden nooit kunnen vergeten, dat wil zeggen dat hij de pijn van die geliefde wezens nooit te boven was gekomen.

Ik, profane noorderling, had stilletjes verondersteld dat de paarden stof in de ogen hadden, hoewel de blinde Griekse dichter mij ongelijk gaf. Zelfs nadat Sig mij in het schilderij van Hamilton was verschenen terwijl de tranen over zijn wangen rolden, wilde ik er niet aan, maar nadat ik hem in het zwart had gezien, rouwend om wat hem door mensen was aangedaan, of treurend om het onvermogen van diegenen die zich zijn meesters noemden – hij had het mij nooit willen zeggen – was het mijn beurt om in tranen uit te barsten. Ik huilde om Sig-

lavy, om de paarden in het algemeen, om mijn diepbetreurde Lippizaners, ik huilde om mijn grootvader en zijn verloren oorlogsjaren, ik
huilde om de oudjes die niet in hun bed konden sterven, en om de
kinderen die geen kans kregen om oud te worden, ik huilde om de
meisjes en de vrouwen wier schoot was geschonden, ik huilde om de
mannen die naar het massagraf waren geleid, en tenslotte huilde ik
om mezelf. Het was het soort huilen dat geen opluchting bracht, het
soort huilen dat nooit meer op zou houden. Dat behekste paard had
mij eveneens behekst.

We verlieten het museum in een bedrukte stemming, al dat zilver en
goud, al die religieuze kunstvoorwerpen waarmee je geen vrede kon
kopen, of om het even welke god milder stemmen, het was als een vlag
die de lading niet dekte. De natuur wordt wreed genoemd, zoals alles
wat mensen niet helemaal begrijpen of beheersen, maar met schoonheid worden bedrogen is voor wie zich tot de cultuur bekent pijnlijker
dan een trap van een paard krijgen. Indien ik de beweringen van mijn
grootvader mocht geloven zou een paard nooit moedwillig een kind
trappen. Ongelukken kwamen voort uit angst, of door schrikken. Een
paard dat was geslagen werd onzeker, en sommige paarden hadden
een geheugen als een witte olifant. Ik was op mijn stappen teruggekeerd. Sig had kennelijk niet anders verwacht, maar hij was niet in de
stemming om een pleidooi voor mijn soortgenoten te aanhoren. Hij
zette zijn rug bol en katapulteerde met een heupworp de heilige Maar-
ten het museum in. Die wist niet wat hem overkwam en schreeuwde
moord en brand.

'Voortaan zullen we je "Alexander de Hypocriete" noemen,' grinnikte Siglavy.

Ik had met de jongeman te doen. Hij zag er verfomfaaid uit en zou
er de volgende dag als kreupel bijlopen, maar hoe overtuig je een
paard dat, hoewel voor de gelegenheid weer lelieblank, van de duivel
is bereden, van je goede bedoelingen?

'En na drie dagen maakten wij ons gereed en gingen op naar Jeruzalem.'*

Die ochtend keek ik naar de zee alsof ik afscheid nam. We hielden halt om een laatste blik te werpen op de stad die in de kronieken Zara wordt genoemd. Een naam voor een meisje met donkere ogen, of voor een geroofde bruid. Het pokkennest dat zich op de kust had vastgezet, als een bastion en een uitvalbasis, was keer op keer belegerd en veroverd. Het was een oud verhaal dat in evenzovele versies voortdurend werd herhaald.

De doge van Venetië* had een verbond met de kruisvaarders gesloten. Hij zegde de verdedigers van het ware geloof schepen en leeftocht voor een hele legertros toe, op voorwaarde dat de helft van alle geroofde goederen aan Venetië zou toevallen. De kruisvaarders moesten op hun doortocht naar het Heilige Land ook Zara voor Venetië heroveren. Nadat alles in kannen en kruiken was, vroeg de doge de toestemming van het volk. Er werd een plechtige mis opgedragen en gepreekt over de schanddaden die door de ongelovigen aan het graf van Jezus werden bedreven. Het volk was geroerd en enthousiast: ja, het wilde de Heilige Oorlog! De machthebbers van het laatste uur konden bij de doge in de leer gaan.

De Servische milities die vanuit de bergen de stedelingen hadden overvallen waren goed bewapend. Met oud schiettuig en met de laatste snufjes die door de broeders uit Belgrado waren geleverd. Aanvallend hield men vol zich te verdedigen tegen de Ustase van de Tweede Wereldoorlog, of tegen die van het roomse kruis, terwijl achter de vlag van de orthodoxie de contouren van hamer en sikkel nog zichtbaar waren. Net zoals de doge van Venetië putten politici en geestelijken zich uit in verklaringen over de bedreigde identiteit. Ze gebruikten mythes en overgeleverde verhalen om de mensen de stuipen op het lijf te jagen en tot agressie aan te zetten. Zoals het Servische spreekwoord zegt 'dezelfde pik in een andere verpakking!' En alle partijen hadden hun warlords op wie de leiders konden rekenen om de buit binnen te halen en het ongewapende volk mores te leren. Zij waren – en zijn – de vertegenwoordigers van de oorlog, de naakte oorlog, de oorlog zonder smoes of nobele doelen.

Het was bijzonder gênant omdat het in Europa gebeurde, het Europa van het euro-optimisme, dat liever niet aan het verleden werd herinnerd. Waren het de laatste stuiptrekkingen van het communisme, of waren de brokstukken van de muur van Berlijn in de Balkan ingeslagen? Ging het om de restauratie van de kerken, of sloegen de Saracenen weer hun tenten op voor de poorten van Wenen?

Het liefst was ik die ochtend scheepgegaan en over de blauwe zee naar het oneindige gevaren. Maar onvermijdelijk zouden wij het binnenland ingaan dat zich als woest en onherbergzaam presenteerde. Kinderen schreeuwden, hun stemmen klonken als vogelkreten over het water. Ik wendde mij af van de zee, maar kon het schreeuwen niet lokaliseren. De kust was als een verlaten paradijs, met inhammen en kliffen, met rotspartijen en met groen begroeide heuvels. Zadar kon je van boven af gezien in de kom van je handen vatten, de stad leek op een aangespoeld nest. Waar ik vandaan kwam waren van de steden alleen de oude stadskernen overgebleven en vaak was het neo of nep, de gerestaureerde gevels waren als mummies van oude huizen. Toen een warlord in de zogenaamde Republika Srpska erop werd aangesproken dat zoveel oude en historisch gezien zeer waardevolle gebouwen en moskeeën werden vernield, antwoordde hij: 'Wij zullen alles heropbouwen, met nog grotere huizen en oudere moskeeën!' De man had er geen idee van hoe lachwekkend hij in zijn pathos was, maar eigenlijk verschilde hij niet zoveel van mening met de bouwpromotoren die mijn land van herkomst hadden ingenomen. Daar ging het om geld, hier om macht, of mogelijk om beide. Wat mij een gevoel van vervreemding gaf, was dat je de mensen zowel met liefde als haat kunt bedriegen, of jezelf voor de mal houden. Het ergste was dat het gebeurde met wat mij het liefste was: verhalen, poëtica, de schoonheid van de taal. Ik was in het rijk van de leugenaars terechtgekomen en met bitterheid herinnerde ik mij het wantrouwen van mijn – zeer katholieke – leraressen en opvoeders voor de schrijvers en dichters die ze in hun dialect 'drukkers' noemden, dat wil zeggen leugenaars. Vandaar de uitdrukking: 'Hij liegt alsof het gedrukt staat.' Zonder schaamte echter gebruikten diezelfden de literatuur als het om 'de taal' of 'het volk' ging, of om hun pupillen een beeld van de wereld in te prenten, uiteraard nadat ze de boeken hadden 'gekuist' of gecensureerd, of zodanig in hun eigen verhaal ingepast dat ze 'ongevaarlijk' werden geacht. Toen de televisie al avond na avond in de intimiteit binnendrong bleef men zich in mijn geliefde provincies zorgen maken over het boek. Men gooide het daarbij op de seks want wie vrij vogelt wordt verondersteld vrij te denken, wat ook een opzettelijk misverstand was.

Ik stond me daar op die goddelijke kust af te vragen of de leugenaars ook door hun eigen leugens werden gegrepen, of in de val van hun mythes trapten. Wat mij trof, kijkend naar Zadar, denkend aan Jeruzalem, alles overwegend wat een stad vergt aan planning en aan werkkracht, aan de volharding die moet worden opgebracht om in voor- en tegenspoed, en over de tijd heen, een woonplek te creëren, was dat in alle gemanipuleerde verhalen de dood voorrang krijgt op het leven, zodat vrede een illusie is en het een wonder mag heten dat er nog één steen op de andere staat.

Ik was geen marketentster van de Ridders van het Heilig Graf, ik hield mij niet aan de cultus van de dood. Ik droeg de vrijheid in mijn vaandel, maar het probleem was dat ik – ook al omdat het mij werd ingelepeld – die vrijheid niet kon uitleven door mij aan alles te onttrekken, maar dat het mij – paradoxaal – verplichtte om mezelf te engageren. Het was met tegenzin en tegen mijn natuur in, maar ik kon niet anders, of ik zou het gevoel hebben danig tekort te schieten. Ik zat met de vraag of er leven is na de dood, maar ook wat voor soort leven mij nu was gegeven. Of ik bij geval een voorproefje kon krijgen van de hemel? Hier op aarde? Het hoefde echt niet eeuwig te duren.

Elke godsdienst is gericht op het leven in het hiernamaals en doet aldus een beroep op de verbeelding, maar moet om in het hier-en-nu de macht te behouden de verbeelding controleren of censureren. Wie zich in 'de heilige oorlog' begeeft wordt de eeuwige zaligheid gegarandeerd, wat hij ook zal uitvreten, het wordt hem op voorhand kwijtgescholden, het is een jachtvergunning, en of het eigen of andermans hoofd op een schotel zal worden gepresenteerd is bijzaak, in de dood kan je niet verliezen. Op dus naar de rijstpap met gouden lepeltjes, naar de hoeri's, en het eeuwig langslapen! De stamvader van het menselijk geslacht is Pietje de dood, alias Magere Hein! In een van de vele kerken in Slovenië is dat met een fameuze *danse macabre* afgebeeld; van wieg tot graf, een huppelende parade van jong tot oud: koningen, bisschoppen, monniken, burgers, gezonden en kreupelen, en de dames niet te vergeten, koninginnen, abdissen, burgeressen, in al hun weelde en elegantie, allen hand in hand met de graatmagere mannequins voor de eindeloze rondedans. Ik had mij bij de roestbruine en dofgouden en okertinten het ijle pijpen van houtblazers voorgesteld.

Het gezegde dat daar waar Servische graven worden gevonden, ook Servisch land is, werd met allerlei variaties ook door andere volksstammen toegepast, maar wie heeft het recht in naam van de doden te spreken? Of hadden de doden het land in erfpacht gegeven? Kwam het doordat in Kroatië een onzichtbare breuklijn liep, of omdat Zadar op een onverkwikkelijke wijze met Jeruzalem was verbonden, dat ik aan mijn bezoek aan de kerk van het Heilig Graf terugdacht? Het was er een komen en gaan, stappen en stemmen echoden onder het gewelf. Ook in het graf dat naar een konijnenhol rook, was het een drukte van belang. Pelgrims uit alle 's heren landen, van diverse nationaliteiten en verschillende godsdiensten, verdrongen er elkaar. Ik kreeg het onaangename gevoel met levende doden in het onderaardse rond te wroeten. Diegene wie het graf toebehoorde – voorzover zijn gemartelde lichaam daar ooit werkelijk was neergelegd – had er na drie dagen genoeg van gekregen en was op eigen kracht ten hemel opgestegen. De hemel, die in de Lage Landen het halve landschap was en aan de Adriatische het spiegelbeeld van de zee leek. Ik was uit het Heilig Graf geklommen en de wenteltrappen opgegaan naar het dak van de kerk die nog altijd op een burcht geleek. Zachtjes sakkerend had ik de treden geteld, met voor de geest de icoon van de god die de mensenzoon werd genoemd. Verwijfd of verfijnd, hoe moest je dat oosterse gezicht noemen? Bleek, met een zweem van een snorretje dat in Antwerpen een vrouwentreiterke wordt genoemd, amandelogen, een vrome maar ook smachtende uitdrukking. Het had een decadente sultan of liefdeszieke troubadour kunnen zijn. Geen wonder dat ik de link legde naar Hadewych en haar poëtische drift. Een dichteres uit de dertiende eeuw, mogelijk van nobele afstamming, nooit echt een non geweest, maar wel opgenomen in een van die begijnachtige vrouwengenootschappen die bescherming boden en een zekere mate van vrijheid garandeerden, al was het maar tegen de knoet in je bed, zodat zij zich mystiek kon uitleven in haar niet te stillen verlangen naar 'het lieve heertje'.

Toen ik het dak opstapte werd ik verblind door de zon en stootte ik mijn hoofd op de weke plek, zodat ik als een os die een mokerslag heeft gekregen door de knieën ging. De Ethiopische monniken die op het dak woonden als darren in hun cellen, hieven jammerend hun handen naar de hemel. De hemel die op mijn hoofd was gevallen. Misschien hielden de monniken mijn val voor een religieuze of epileptische crisis, en beide aandoeningen worden als onwerelds gezien, maar of ik nu een mystieke bezoeking had of door de duivel was bezeten, ik was een vrouw en werd aldus door de niet al te fris ruikende monniken onrein gevonden.

De kreten van de kinderen haalden mij uit mijn gemijmer. Zadar trilde als een luchtspiegeling, zolang had ik naar de stad getuurd. Ik keek ook, tot ik er een stijve nek van kreeg, om naar de zee, met een krankzinnig heimwee naar 'de overkant van het water'. Onvermijdelijk kwam de laatste bocht van de kustweg, waarna de vlakte, de ruimte, het vrije sop, eensklaps was verdwenen. We klommen de bergen in, maar het was alsof we de diepte ingingen. De kleuren werden donkerder, de schaduwen langer. Tussen steile hellingen stroomde snelvliedend ijskoud water. Bosnië was doorsneden van kloven en gescheiden door ravijnen. Langs een weg die door een versperring was afgezet stonden twee graftomben, het waren zogenaamde *stećci* van de Bogomils, de voorlopers van de Katharen. Vanwege mijn culturele belangstelling had Johan zijn voet van het gaspedaal gehaald. De graftomben waren voorzien van inscripties en versierd met figuren. Een man met een rokje, als een Griekse erewacht, leek op een danser die in zijn dans was verstard. Hij had een grote druipsnor, kraalogen en een uitdrukking van verschrikte waakzaamheid. Zijn linkerhand hield hij achter zijn rug verborgen, de rechter had hij reuzengroot geheven. Alsof hij de voorbijgangers een halt wilde toeroepen, of wilde waarschuwen voor de dood. De versteende danser was een stille getuige dat er altijd ketters zouden zijn die tegen de overmacht rebelleren, maar zoals haast alle sekten propageerden ook de Bogomils hun versie van het dominante geloof. Armoe en vegetarisme, geen alcohol, en al helemaal geen seks. Ook daar kon je gif op innemen. Alle bemoeienissen van die geheelonthouders – officieel of in de contramine – waren gericht op het hiernamaals, maar voor het zover was maakten ze je het leven zuur en moest je naar hun pijpen dansen. De graftomben van de Bogomils waren strategisch opgesteld langs wegen, op de heuvels en de oevers van de rivieren, zodat de levenden niet voorbij de doden konden zonder hen te gedenken, of de confrontatie met de eigen sterfelijkheid te ontlopen. Op vele van die stećci kwamen paarden voor met geharnaste ruiters die van nergens naar nergens draafden. Zoals de Bogomils in de geschiedenis waren opgedoken en weer verdwenen. Ik verwachtte dat Lucas alle bijzonderheden zou uitleggen, maar hij had maagkrampen en voelde zich te beroerd. Siglavy liet zich pas dagen later weer kennen, en niet bepaald om als paard op een graftombe te fungeren. Hij trad deze keer ook niet op als rijdier van Sint-Maarten, maar als strijdros van Sint-Joris, of de heilige Georges die zich opmaakt om de draak te verslaan, zoals afgebeeld in een bekend gebedenboek, het Hrvojes missaal.

Zowel de ruiter als het paard, harnas en vacht, zijn zilverwit en versierd of opgetuigd met koraalrood. Siglavy chargerend met een uitdrukking van hup-met-de-geit, terwijl Joris, of Georges, onhandig zijn lans in stelling brengend eerder van ho-ho doet. Sig, dat moet worden gezegd, bleef in alle vermommingen zichzelf, maar Joris of Georges, leek op Mehmed-Bey, die geen drakenbedwinger, maar een bouwheer van moskeeën was. Joris, alias Georges, van wie werd verteld dat hij een belaagde maagd van een monster redde, was in het

Oosten populair, vooraleer hij als patroonheilige van de kruisridders ook tot de verbeelding van het Westen sprak, en het uiteindelijk tot hopman van de padvinders schopte. Ik lachte. Baden Powell te paard! Maar Siglavy was '*not amused*'.

'Uit Slovenië stammend moet ik opmerken dat *George* – aan Joris had Sig geen boodschap – de groene ridder is die de winter verjaagt en de lente aankondigt. Bemerk de egaal blauwe achtergrond op het plaatje in dat missaal, en de veelkleurige bloemetjes onder buik en hoeven!' Sig hinnikte en maakte een pirouette, alsof de dans voorging en het krijgshaftige maar pose was. Hij heulde niet met de dood, hij hield het met de lente!

'Je weet toch dat die heilige van jou, of hij nu Joris of George wordt genoemd niet echt heeft bestaan?' vroeg ik.

'Hij niet, maar ik wel,' antwoordde Sig minzaam.

'Hoezo?' Ik was geërgerd.

'Ik sta te boek!' De glimlach van Sig was een brede grijns geworden. Zijn staart stond bij de inplant bol, maar hij kakte geen vijgen, hij liet, terwijl hij deed alsof hij het niet wist zijn zwarte erectie afdalen. 'Hop Marjannetje, stroop in 't kannetje!'

'Ha nee,' zei ik beslist.

Sig verstarde, de voorbenen geheven voor de sprong over een onzichtbaar obstakel, hij had zo op een graftombe gekund, maar hij sprak: 'De doden spoken in de verbeelding van de levenden, die graven van de Bogomils zijn onbezet, dat is algemeen geweten, maar je kunt er niet aan voorbij omdat de stenen getuigen.'

'Waarvan getuigen?' vroeg ik.

'Datgene wat niet overgaat.'

Ik was op Sig gesteld, ik hield echter niet van zijn kuren en nog minder van zijn hoogdravendheid. Een goede amazone heeft haar paard in de hand maar Siglavy met zijn stamboom van hier tot ginder deed alsof hij alles beter wist en zowel een heilige als een boef kon afwerpen. Hij, de soevereine dekhengst van een multicultureel keizerrijk dat uit elkaar was gevallen, waarna halfslachtige pogingen werden ondernomen om zich weer te verbinden, of zich in nationale staten te hergroeperen, een proces dat nog altijd aan de gang leek en waarvan de uitkomst onzeker was. Het is niet mogelijk de tijd terug te draaien, en het is niet iedereen gegeven van kleur te verschieten. Ik had een schietgebedje tot Sint-Joris, of tot de heilige Georges willen richten, voorzover hij geen krijgsheer uitbeeldde maar een prins van de Lente.

'Geloof is het halve werk,' lachte Sig.

'*Fuck you*,' mompelde ik.

D e wegversperring was eigenlijk een grensovergang te midden van niets of nergens; bossen en zo hoog je kon zien rotsen, met daarbovenop een schrale boom, als een plukje haar op een kale schedel. In de modder waren schots en scheef twee kaduke caravans neergezet. Mannen met nepuniformen maar zwaarbewapend bedienden een hefboom die elke keer naast de steunbalk terechtkwam. Een gammele vrachtwagen werd rechtsomkeert gestuurd, maar de chauffeur slaagde er niet in te draaien en reed de auto tot de assen vast in de blubber. De chauffeur en een jongetje, vermoedelijk vader en zoon, probeerden de vrachtwagen met handkracht opzij te duwen, wat uiteraard geen effect sorteerde. De zogenaamde grenswachten gingen zich ermee bemoeien, tegendraads trekkend en duwend, waardoor de vrachtwagen zo mogelijk nog dieper in de modder zonk. De grenswachten keerden zich vervolgens als wrattenzwijnen naar onze auto, een auto met een buitenlandse nummerplaat, met westerse pottenkijkers. Drie mannen en ook nog een vrouw, mogelijk een vette buit. Mijn reisgezellen zetten zich schrap, Johan zat aan het stuur, Marc schatte de toestand van de modderbrij in en berekende de positie van de vrachtauto die als een bijkomende barrière voor de grensovergang was.

'Je kan er niet omheen, blijf kalm,' gebood Lucas.

Ik onderging de taxerende blikken van de grenswachten. Waren dat de lieverdjes die wij moesten helpen?

'Er gebeurt niets,' zei Johan bezwerend.

Ik haalde mijn schouders op, mijn hart een beursje angst en woede, maar blijkbaar hielden de grenswachten mijn gebaar voor minachting. Voor één keer hielp mijn koele uiterlijk. De grenswachten wilden voorlopig alleen onze paspoorten in een van de kaduke caravans controleren. Een caravan die overigens uitgerust bleek met up-to-date computers. Johan en Lucas maakten zich op om met de grenswachten mee te gaan, ik protesteerde vanaf de achterbank, maar Marc siste: 'Laat die klootzakken toch!'

Het jongetje dat met zijn vader bij de vrachtwagen zijn mannetje stond, zo jong als hij was, had grote verwonderde ogen. Ik lachte hem toe, hij lachte verlegen terug terwijl hij zijn schoenpunt in de modder draaide. Die schoenen hadden ook betere tijden gekend. De vader, een graatmagere man, voorovergebogen alsof zijn rug onder zweepslagen was gekromd, legde zijn hand op de schouder van zijn zoon, trots en beschermend. Zodra de grenswachten met de twee anderen in de caravan waren verdwenen, ging Marc tot de actie over. Op luide toon commandeerde hij de doorgang vrij te maken en de daad bij het woord voegend stapte hij uit om de grenswachten en de chauffeur gericht aan het werk te zetten. De overige grenswachten aarzelden, maar Marc herhaalde zijn commando op de blaffende toon van een officier die geen tegenspraak duldt en warempel, er kwam schot in de zaak. De vrachtwagen werd opzijgesleept door een vierwielvoortrekker met een kabel, de slagboom ging de hoogte in en wij schoven er slippend en wel onderdoor. Marc parkeerde de auto aan de andere kant van de slagboom alsof hij niets anders deed dan geïmproviseerde grenzen oversteken. Ik nam me voor zodra het kon mijn stem te oefenen en het volume aan te zwengelen, zodat ik in voorkomend geval niet stom of als een piepende muis voor een agressor zou staan. Terwijl we op het vervolg van de gebeurtenissen wachtten, hadden het jongetje en ik een gesprek aangeknoopt, we verstonden elkanders taal niet, maar je kan een heel eind komen met wat goede wil. Bij het afscheid schudden we elkaar plechtig de hand. De vrachtwagen stond weer met de neus in de goede richting, in dit geval naar af, de vader zette zijn zoon met een zwaai in de stuurcabine, en schuddend en slippend ging het bergaf.

Johan en Lucas kwamen uit de caravan met een uitdrukking van koppige tevredenheid op hun gezichten.

'Zo, dat is geregeld,' zei Johan.

'Voor hoeveel?' viste Lucas.

'Waarom moesten die twee terugkeren?' vroeg ik.

'Vrachtwagen of lading niet in orde, maar de echte reden is dat het

Moslims waren,' verklaarde Lucas. Die overigens het stomme geluk hadden dat er mogelijke getuigen de heren grenswachters op de vingers keken, zodat die niet ongeremd hun gang konden gaan. Mijn reisgezellen stelden met grimmige tevredenheid vast dat we voor één keer op tijd waren gekomen. Ik sprak hen niet tegen, maar ik had het gevoel dat ook wij stom geluk hadden gehad, dat de attitude van mijn reisgezellen en mijn quasi-onverschilligheid een voor ons voordelig misverstand hadden gecreëerd. Het klappen van de zweep waar de dierentemmer op vertrouwt, en de leeuwen aan gehoorzamen, tot het fatale moment dat iets, om het even wat, de betovering verbreekt en de leeuwen de temmer oppeuzelen.

Ik had dat jongetje graag een presentje gegeven, iets voor nu en een herinnering voor later. Het kind leek met die donkere ogen en flaporen op de joodse jongetjes die ik op foto's uit de Tweede Wereldoorlog had gezien. Een kleine Kafka. Ik dacht aan de Servische joodse schrijver wiens zoontje huilend naar huis was gekomen. De kinderen hadden oorlogje gespeeld en dat was slecht afgelopen.

'Wie waren de partizanen en wie de Duitsers?' had de vader gevraagd.

'Er waren alleen četnici en Moslims,' had het jongetje geantwoord.

'En wat was jij?'

'Een Moslim.'

Die joodse Moslim had van alle partijen slaag gekregen, daarom huilde het jongetje.

Bij het vallen van de avond waren we bij een rivier aangekomen, de brug lag als met een gebroken rug in het snelstromende ijskoude water, we moesten wachten op een pont. Twee uur, drie? 'Begin maar te tellen van vier,' zei Lucas wijs. Hij ging op zoek naar iets eetbaars en ik volgde hem. We hadden een gedeelde passie ontdekt voor vies snoepgoed. Gum, drop, marshmallows, in pastelkleuren, mierezoet, of zout; beertjes, nestels, of smoelentrekkers, een kinderjargon dat we gegeneerd lachend hervonden. In de winkel annex café, waar je van slivovitsj tot condooms kon kopen, zochten wij naar snoepgoed dat als een steen op onze maag zou liggen. De twee die in de auto achterbleven hadden grinnikend tegen hun voorhoofd getikt.

De colonne vehikels die aanschoof groeide gedurig aan, vrachtwagens, legervoertuigen, volgestouwde en tot hoog op het dak beladen auto's, van Mercedessen tot Fiats en hier en daar een Yugo. Passanten, vluchtelingen, landverhuizers, militairen, van jong tot oud, van arm tot maffiosi. Een complete volksverhuizing. De sfeer van een gruwelijke kermis. En de modder zoog en kleefde aan onze schoenen.

Lucas had iets van een kameleon, hij paste zich perfect aan bij de omgeving, ik liep erbij als een kat die een hoge rug opzet. Als iemand had gevraagd wat ik daar kwam doen, was ik het antwoord schuldig gebleven of ik had hem een draai om de oren gegeven. Ik schoof mijn onbehagen op de oorlog, maar het was ook alsof dat donkere land mij afstootte, ik die zo graag van alle markten thuis was. Het landschap benauwde mij met zijn engtes, zijn hoogtes en zijn dieptes. De rivieren slingerden zich er als slangen doorheen, en verdeelden meer dan dat zij verbonden, het was een land dat op de onmogelijkste plaatsen nood aan bruggen had, en er was geen brug of ze was met tegenwerking gebouwd of met bloed verdedigd. Verhalen over kinderen, bij voorkeur tweelingen, die van de moederborst waren gehaald en in de pijlers werden ingemetseld om de bouw van de brug te bevorderen of te beveiligen, deden nog altijd de ronde. De bruggen werden als het ware door kinderknekels gestut, maar omdat we voor het gruwelijke in de overtreffende trap waren terechtgekomen, waren er ook nog lieden die volhielden dat je op bepaalde bruggen bij nacht de ingemetselde kinderen kon horen jammeren, of dat het klagen van de moeders in de wind weerklonk. Ik luisterde naar de wind en vertrouwde mijn oren niet. Het liep me koud over de rug en ik stak geen brug meer over zonder op mijn hoede te zijn. Verhalen vertellen wat de mensen willen geloven, daar valt niet mee te spotten.

Een week of wat later stonden we eens te meer voor een onpeilbare rivier met een gesprongen brug. We waren na al dat rondtrekken in de oorlog door het dolle heen en luisterden naar een muziekcassette met opnames van het orkest van Glenn Miller: *American Petrol, In the Mood, The Chattanooga Chou-Chou.* Keihard. Alsof we met de muziek van de ene oorlog die van de andere wilden overstemmen. Naast de brokstukken van de oude brug hadden soldaten een pontonbrug geslagen. Blauw van de kou stonden ze met hun laarzen in het water om een hijskraan in de goede positie te manoeuvreren. Het waren Fransen, uit het noorden, de la Flandre, dat trof, wij ook, zij het van de andere kant van de grens. Wat in het thuisland voor enige afstandelijkheid had gezorgd, al was het maar door de taal, bracht ons in Bosnië – vreemden onder vreemden die wij waren – nader tot elkaar. Op de oever stond een aantal mannen stampvoetend toe te kijken naar de interessante dingen die er langs de weg en bij de rivier te zien waren. Er werd onderling commentaar geleverd, de fles ging van hand tot hand, maar geen van de toeschouwers stak een poot uit. Misschien waren er onder hen die assistentie hadden verleend bij het opblazen van de brug, of die dat al dan niet heimelijk goedkeurden. De blauwhelmen waren het blijkbaar gewoon te worden gadegeslagen, of stelden zich daar geen vragen bij; zij zorgden voor rugdekking, deden hun job en telden de dagen tot hun verlof af. De beslissingen werden hogerop genomen, bij de legerstaf, of door de politici, en ook daar maakten zij zich niet druk over. Het vechten zou ophouden als de mensen het zat waren, of hun portie ellende hadden gekregen. Een van de soldaten kende het gebied waar ik was geboren, hij was nog met zijn meisje gaan spelevaren op de Leie. De Leie, mijn rivier met haar luie bochten, waarin ik had leren zwemmen of genoeglijk had staan plassen toen het altijd, altijd, zomer was. Ik kreeg een acute aanval van heimwee. De idylle werd meteen verstoord; in de Tweede Wereldoorlog had de vader van de Franse soldaat de bruggen over de Leie verdedigd terwijl de stuka's naar zijn hoofd doken, en de vijand burgers als levend schild op de brug posteerde. Ik vroeg de soldaat of hij ook van de noodbrug wist die over het afleidingskanaal van de Leie was geslagen. Nee, al had zijn vader hem verteld over het dorp dat daar vlakbij was gelegen en dat was uitgemoord. De soldaat sprak over de mannen die hun graf hadden moeten delven, over de vrouwen en kinderen die in een kerk werden opgesloten, waarna er granaten in werden geworpen, over de zwakzinnige die was verkracht, over de geroofde trouwringen en ander goud dat na de val van Stalingrad door het Rode Kruis aan de overlevenden was terugbezorgd.

'Ah, la guerre! Toujours la même merde!'

De soldaat vloekte en keek vinnig uit zijn ogen, maar hij bleef goedgemutst. Ik dacht aan de tijd dat de Dodge van mijn grootmoeder – een auto als een oude olifant – verplicht voor de noodbrug halt hield, in mijn herinnering altijd bij avond of nacht. Er werd met een lantaarn naar de overkant van het kanaal geseind en even later kwam er een man over de brug gestommeld. Hij nam mij in zijn armen en droeg me als een Sint-Christoffel over het water, van de ene tak van de familie naar de andere, van de stad naar het land. Hoe gelukkig was ik en hoe veilig voelde ik me met mijn ogen gesloten boven dat zwarte, haast onbeweeglijke water, vergetend voor de duur van de overtocht wat ik op de ene oever had achtergelaten, maar evenmin vooruitlopend op wat mij op de andere oever wachtte. Voor even geen kind van twee werelden.

De Franse soldaten hadden ons over de pontonbrug geholpen en waren doorgegaan met hun Sisyfusarbeid. De toeschouwers, handen in de zakken, hadden ons nagekeken, zoals ze al eeuwenlang de voorbijgangers nakeken. Geen vuiltje aan de lucht, zolang er maar geen vreemdeling het in zijn hoofd haalde daar te blijven. Aan de oevers van deze kille wateren werd het gezegde in de praktijk gebracht: 'Een gast en een vis blijven maar drie dagen fris.' Wie dat niet begreep had de gastvrijheid verkeerd ingeschat en kon vanwege dat misverstand worden beroofd, of het leven laten. Nergens werd de definitie van vreemd en vreemdeling zo scherp gesteld, maar nergens was het vreemde zo diep in het eigene doorgedrongen. Er was nauwelijks een familie, of een paar, en consequent geen kind, of er was gemengd bloed aan te pas gekomen, en een stamboom kon vertakkingen hebben van Servië tot Slovenië. De begrenzing van de identiteit was kunstmatig, of werd cultureel, religieus en politiek bepaald. De ressentimenten werden voor een flink stuk aangepraat en hoe onzeker- der hoe fanatieker. We hadden met angstbijters te maken.

Toen Lucas en ik de winkel annex café verlieten was de avond al gevallen. Met onze magere buit, want op alles was men bedacht, maar niet op kinderachtige volwassenen, liepen we naar de rivier om de stand van zaken op te nemen. De colonne leek eerder aan te groeien dan af te nemen, de vlotten tuften hemeltergend traag over het water. Lucas wees mij op de oever aan de overkant de plaats aan vanwaar scherpschutters de brug en de passanten onder vuur hadden genomen. Kinderen joelden, eerst meende ik dat de kreten ergens uit de colonne kwamen, maar dan zag ik de dansende silhouetten beneden aan de waterkant. Met z'n zessen of zevenen waren ze, overwegend jongetjes, met schelle stemmen die als keitjes over het water scheer- den. Ze dansten en balden hun vuisten, terwijl ze met hun andere hand op hun biceps sloegen, voorzover ze die al hadden. Ze schreeuw- den 'klootzakken' en 'bastaarden' en meer van dat fraais, ze staken hun middenvinger op, of draaiden hups hun rug naar de overkant en lieten hun broek zakken om hun billen te tonen.

Ik stond er als verlamd naar te kijken. De overslaande kinderstem- men, de wilde dans van die frêle silhouetten die de dood tartten, joe- gen mij de daver op het lijf. Ik moest mij vermannen voor ik in bewe- ging kwam om die kleine donders tot de orde te roepen. Want meer nog dan dat ik voor hun welzijn vreesde, maakte hun gedrag mij woe- dend en eens temeer schaamde ik mij.

Lucas hield me tegen, hij ging voorzichtig, op zijn hoede voor stenen of dergelijke, op de kinderen af. Sprak hij hen toe met kameraden of broedertjes? De bende vergat op slag de al dan niet verbeelde vijand aan de overkant van het water en keerde zich en bloc tegen de vreemde indringer. Lucas aarzelde, zette de zak met snoep neer op een steen, deed een paar stappen achterwaarts, traag, draaide zich vervolgens om en kwam aldoor vlugger op mij toegelopen. Weer scheerden de kreten als keitjes over het water.

Ik kon mijn oren niet dichtstoppen, dus begon ik koppig te neuriën, een gewoonte die ik had aangenomen van toen ik een kind was en mijn grootmoeder of de tantes weer eens over de oorlog, en fataal over dat uitgemoorde dorp begonnen. Het dorp waar hun doden door de straten wandelden. Ik neuriede tot ik de kinderstemmen niet meer hoorde, melodieën van vroeger en nu, flarden tekst van halfvergeten liedjes, en tenslotte schoot mij een lied uit de tijd van de kruisvaarders te binnen:

'Ik zing om mijn hart te troosten,
want ik wil niet sterven of gek worden...'

(Chanterai por mon corage
Que je vueil reconforter,
Qu'avecques mon grant domage
Ne quier morir ne foler)*

De avond was al gevallen toen we in Mostar voor de brug stonden, of beter voor het gat boven de rivier dat eeuwenlang door de beroemde brug was overspannen. Het water kolkte en bruiste, de herfstregens hadden de rivieren in woeste stromen veranderd. Ik had die brug over de Neretva tot puin zien schieten, moedwillig en kwaadaardig, maar het was niet echt tot mij doorgedrongen wat dat betekende. Kwam het door de televisie, die avond na avond de oorlog versloeg, zonder genade, en het ene beeld al gruwelijker dan het andere? Wat maakte het uit bij alle menselijke ellende: een brug meer of minder? Een stad of dorp minder, een vliegtuig of een schip minder, een familie, een man of een vrouw, of een kind minder? Kinderen in overvloed tenslotte, en een kind heeft nog geen verleden, het hoort nauwelijks een sekse te hebben, het is van het geslacht van de engeltjes. Een mens kan soms schrikken van zijn eigen gedachten.

De brug heette Stari Most, dat klonk als de melkweg, maar de hemel was zo donker dat het leek of er ook boven ons hoofd niets anders dan een groot gapend gat was. En diep beneden ons was de hel losgebroken; het brullende water joeg schuimbekkend tussen de rotsen van de oevers, het wervelde in draaikolken, het was alsof de gekwelde rivier aan fantoompijn leed.

Maanden daarvoor, nog in het thuisland had ik gedroomd van een brug die weliswaar niet geleek op de ezelsbrug van Mostar, die haar schoonheid ontleende aan de sobere stenen boogconstructie die de rivier overspande, zodat je van de ene oever opklom en naar de andere afdaalde, wat overeenkwam met de dynamiek van het land; nee, het was een brede vlakke brug, met aan beide kanten als wachters op hun consoles levensgrote beelden. Een brug die enige gelijkenis vertoonde met de Karelsbrug in Praag, die als een boulevard over de meanderende Moldau ligt en is afgezoomd met heiligenbeelden. De beelden op de brug in mijn droom waren echter mummies van hoogwaardigheidsbekleders: keizers, sultans, veldheren. Hun rijkelijke kleren waren echt, maar door de tijd haast tot spinrag vervallen, de wapenuitrusting was verroest, borstplaten en zwaarden hingen scheef, waren geroofd of in het water gevallen. De rivier was een brede stroom met eilandjes en bemoste stenen, nauwelijks bevaarbaar, of zelfs doorwaadbaar, zodat de brug rustend op haar vele pijlers hoog boven het water uitstak, en met de beelden een kathedraal geleek die in een vlakte was neergezet en het landschap domineerde. De mummies gaven de dood gestalte, hun verval maakte ze alleen maar indrukwekkender.

Midden op de brug, niet wetende hoe ik daar was terechtgekomen, aarzelde ik om verder te gaan, maar ik durfde ook niet op mijn schreden terug te keren. Van beide kanten keken de mummies op mij neer, onbeweeglijk en onverbiddelijk.

'Wie zijn jullie?' riep ik, vergetend dat de doden mij niet konden horen.

Klappertandend, maar als door een onzichtbare hand gedreven, klom ik op de brugleuning, schuifelde naar een mummie, en beroerde de staatsiemantel die de met bruine windsels ingekapselde figuur omhulde, toen keek ik omhoog en zag dat het gehelmde hoofd op een staak was gespietst. De neus was aangevreten, de wangen ingevallen, de oogleden verzonken in hun kassen, en toch was het alsof een blinde heerser je aanstaarde. Ik deed het zowat in mijn broek maar onderdrukte een zenuwachtig gegiechel. Of het hoofd als bestraffing op de staak was gezet, of om het op zijn plaats te houden, ik wist dat dit niet bovennatuurlijk, maar mensenwerk was. Ik niesde, het hoofd viel voorover en het vizier van de helm klapte dicht. Geschrokken draaide ik mij om en zette het op een lopen, dat wil zeggen: met de dribbelpasjes van een koorddanser. Mijn evenwichtsgevoel was gestoord, te laat spreidde ik mijn armen, in plaats van als een vogel op te stijgen dook ik de brug af. Ik viel en bleef vallen. Zelfs wakker en nuchter als een kalf was ik nog blijven vallen.

Herinneringen leggen verbanden tussen gebeurtenissen die je eigenlijk wilt vergeten, zoals bruggen ook datgene kunnen verbinden wat je gescheiden zou willen houden. Daarom was de brug in Mostar tot pulver geschoten, omdat men het andere niet in het eigene wilde erkennen, of de ander niet in zichzelf. Geen groter vijand dan de broeder, niet om wat hij van je verschilt, maar omwille van de gelijkenis. In de Balkan werd de Europese geschiedenis in de praktijk omgezet.

Vervuld van ontzag voor het water dat zich niet liet temmen was ik tot bij de oever van de Neretva gegaan, maar geschrokken van het geweld had ik weer enkele stappen achteruitgezet. Het was alsof het water niet samenvloeide maar zichzelf bestreed. Het onherstelbare begon tot mij door te dringen: zoals de brug van Mostar, zo had ik de bibliotheek van Sarajevo zien vernielen. De beelden en de verhalen die in het collectieve geheugen waren opgeslagen moesten worden uitgewist. Bloed is als het erop aankomt dunner dan water, wat de mensen verbindt zijn de verhalen en de beelden die in de grijze cellen zijn opgeslagen. De verankering met het verleden moest worden verbroken, dat wil zeggen: het verleden van de andere partij, die van haar cultuur werd beroofd om voorgoed op de dool te worden gejaagd. Een amputatie zonder verdoving uitgevoerd, dat was deze oorlog, zoals men selecties in mensen doorvoerde, zo wilde men selectief herinneren. De eigen versie of het eigen gelijk, daar moest de waarheid – of de werkelijkheid – het keer op keer tegen afleggen. Moordend, plunderend en vernielend was men bezig de geschiedenis te herschrijven.

Twee generaties zouden echt om de brug rouwen, daarna zou de pijn in haat worden omgezet. Maar ook haat moet worden gekoesterd. Het is een soort binnenstebuiten gekeerde liefde. Ik kende Ieper zoals het nu was, een min of meer geslaagde reconstructie van de stad die gedurende de Eerste Wereldoorlog grondig tot puin was geschoten. De foto's uit die tijd hingen in het museum, ik kon mij bij het aanzien daarvan droevig en ongerust voelen, maar voor haat was het te ver weg. Als ik treurde was het om mijn grootvader, maar zeldzaam werden de avonden dat ik mij zijn gezicht voor de geest probeerde te halen, zoals ik jarenlang had gedaan voor het slapengaan, het zijne, dat van mijn grootmoeder, de tantes en zo verder, tot de doden niet meer alleen onder de ouderen vielen, maar ook onder de jongeren. Kinderen zijn voor later, met hun dood verdwijnt het vooruitzicht op de toekomst. Het water spatte alsof het in onze gezichten wilde spu-

wen. Met haat kun je niet leven.* Al hadden mensen blijkbaar net zoveel behoefte aan een vijand als aan een geliefde.

Ik stelde mij de voeten voor die eeuwenlang over de brug waren gegaan, blootsvoets, omwikkeld, in haremslofjes, of in laarzen gestoken.
Op en neer gingen ze, alsof ze dansten, of vrolijk liepen te kletsen, alle
soorten door elkaar, een Babel van voeten, die nu als een regenboog
een brug over het luchtledige zouden kunnen overspannen. Het was
te mooi om waar te zijn. De Neretva stroomde door een afgrond.

De nacht was gevallen, kilte steeg op uit het water. Aarzelend was ik
de wankelende schimmen achternagegaan die halverwege de noodbrug in het donker verdwenen. Ik omklemde de touwen die als brugleuning dienstdeden, terwijl de planken onder mijn voeten door de
opstijgende luchtdruk schudden en op en neer gingen als een cake-
walk. Ik meende achter mij iemand te horen roepen en riep op goed
geluk terug: 'Oké!'

Ik was er haast zeker van dat mijn stem in het razen van de rivier verloren ging. Maar ik riep nog twee of drie keer: 'Oké!' Alsof ik mezelf
moest geruststellen.

Ik waagde het niet om te kijken en voor mij uit was er absoluut niets
te zien. De wankele brug hing als een schommel tussen hemel en aarde. Ik was op het nulpunt aanbeland.

An de overkant van het water meende ik in het puin van een wacht- of tolhuisje een lichtje te zien. Ik had de impuls om dekking te zoeken, maar op hetzelfde moment kwam er een jeep met blauwhelmen aan scheuren. Twee soldaten gingen op onderzoek uit, de andere hingen quasi-verveeld in de jeep. Hun blikken waren over ons gezelschap gegleden, maar we hoefden geen bevel te krijgen om opzij te gaan, dat deden we vanzelf. De soldaten leken zoveel groter, zoveel beter uitgerust en zoveel onverschilliger dan de gemiddelde Bosniër. Je kon het ze allicht niet kwalijk nemen, het was niet echt hun oorlog. Ze waren daar om het geweld te bezweren en de orde te handhaven. Ze deden dat met veel vertoon en toch overtuigden ze niet. Ze maakten deel uit van een geharnast verbond, en ze hadden ook nog eens het gelijk aan hun kant. Toch kwamen zij mij vreemder voor dan het vreemde volk waaronder ik mij had begeven, en veel kwetsbaarder. Ik had in Amerika na de finale van *Super Bowl* gezien hoe de spelers uit hun schouder- en kniestukken werden gepeld, het was alsof ze van pantser en schubben werden ontdaan. Het bleven flinke kerels, maar ze waren toch veel kleiner, of laten we zeggen veel menselijker, dan de sportieve reuzen die ze in hun uitrusting leken. Het uniform vervreemdde net zo goed als dat het herkenbaar maakte. En wie van deze goed uitgeruste, kauwgom malende giganten kon in dat opgejaagde, verbitterde volk van de Balkan zijn gelijke, of eventuele verre voorouders herkennen? Men wilde er niets mee te maken hebben, men wilde handhaven. Maar baas spelen put je uit. Zodra je even niet oplette, waren de poppen aan het dansen. De wereld moest voortdurend onder controle worden gehouden, elektronisch, economisch, en militair. De westerse alliantie, vooral Amerika, had een lange arm, maar er mochten bij het uitoefenen van het toezicht geen slachtoffers in de eigen rangen vallen. Er mochten geen *body bags* naar huis worden gevlogen of geen verminkten worden afgeleverd. Onze mensen, ook onze jongens te velde, hadden recht op geluk en het eeuwige leven. Het moest een oorlog op afstand blijven, of van op grote hoogte, een oorlog waarbij men zelf buiten spel bleef; een videogame. Maar kon men heer en meester zijn zonder zijn eigen hachje te riskeren?

'Officieren gaan voorop,' zei mijn grootvader als het dessert op tafel werd gezet.

Met de vanzelfsprekendheid waarmee hij zich tot een elite rekende, had hij ook de verantwoordelijkheid op zich genomen. Hij was voorop gegaan, met de schrik in zijn broek, uit de loopgraaf het niemandsland in, al hield hij, onverbeterlijke grapjas, vol dat het was omdat de anderen zo stonden te duwen. Alsof ze niet konden wachten voor de stormloop naar de dood! Ik keek naar opnamen uit de Eerste Wereldoorlog, de soldaten bewogen als Charlie Chaplin, met rukkerige pasjes, ze keken schichtig en grijnsden, alsof ze zich voor hun belabberde toestand geneerden. Een piot leunde voorovergebogen op zijn geweer, aan zijn voeten lagen drie, vier, lijken, naast en over elkaar, als zandzakjes, de beruchte 'vaderlanderkes,' die het water moesten tegenhouden. Het verschil tussen de voorstelling en de werkelijkheid begon mij duidelijk te worden.

Weer meende ik in het tolhuisje een lichtje te zien. De patrouillerende soldaten kwamen 'rug aan rug' uit het tolhuisje en sprongen in de jeep, waarna druk radiocontact volgde. Mijn reisgezellen en ik, wij stonden op een kluitje als betrapte kinderen. Als ik me ooit niet op mijn plaats heb gevoeld, dan was het daar. Maar het was niet het moment om te zeuren dat je naar huis wilde. Het lichtje verplaatste zich trillend als een vuurvliegje.

'Vast een vrijend koppeltje,' mompelde Marc.

Was het maar waar, of toch beter van niet, dacht ik besluiteloos naar de wankele loopbrug kijkend. Het liedje van de twee koningskinderen voor wie het water veel te diep was bleek plotseling actueel, en ook het paar dat dagenlang verstrengeld op een brug in Sarajevo had gelegen en elkaar niet meer kon loslaten, wilde mij niet uit de kop. Waar was de sluipschutter gebleven die zorgvuldig richtend eerst de jongen had neergeschoten, en toen wachtte tot het meisje naar haar geliefde kroop, om vervolgens ook haar onder vuur te nemen? Woonde hij met vrouw en kinderen in een anonieme flat in de voorstad, dronk hij als vanouds zijn koffie en slivovitsj in het dorpscafé? Het kwam mij voor dat wij te weinig aandacht aan de moordenaars besteedden.

'Wij staan voor de slachtoffers,' zei Johan zelfverzekerd.

'En zolang er moordenaars zijn is ons broodje gebakken,' antwoordde ik nors.

Hij begreep niets van mijn pessimisme, ik ergerde mij aan zijn bevlogenheid. En had ik mij niet zo down gevoeld, zo machteloos, dan was ik er zelf ingevlogen; ik had bij nacht visioenen van wilde wraakacties waarbij ik er lustig op los knalde en de hele wereld te grazen nam. Met het schaamrood op de kaken stapte ik de dag in, niet zozeer om de angst, maar om de veronderstelde heldhaftigheid.

Van twee kanten kwamen meerdere jeeps aangestoven die zich voor het tolhuisje opstelden en het in hun koplampen vatten. Een bevelvoerder riep dat wie zich daar, in het puin, ook mocht verscholen hebben, terstond tevoorschijn moest komen.

'Wapens aan de voeten en handen omhoog!'

Het klonk, helaas, van dreigen doet geen pijn.

'Het is de manschappen verboden als eerste te schieten, ze mogen alleen vuur beantwoorden,' mompelde Lucas.

Elkaar dekking gevend begonnen vervolgens meerdere soldaten de restanten van het tolhuisje te besluipen, maar voor ze het puin binnendrongen kwamen twee jongens, of twee jongemannen, hen schoorvoetend tegemoet.

'Het grootste crapuul schiet niet zelf,' gromde Marc.

'Ik houd het voor gezien.' Johan wilde ons daar weg hebben.

De jongemannen werden gefouilleerd en ondervraagd, maar ze veinsden niets te begrijpen of te verstaan; schutterig haalden ze hun schouders op.

Of ze hem voor de gek hielden? brulde de bevelvoerder.

Dat ook ja, maar ondertussen gluurden de jongemannen ongerust naar het tolhuisje. Waaruit nog twee van hun kompanen tevoorschijn werden gehaald, met trekken en duwen dit keer, de ondervrager begon te schelden, maar ook die twee wisten niet wat ze daar in het donker, in het puin, hadden uitgespookt. Ze waren met een opzettelijke stomheid geslagen, staarden naar hun voeten of grinnikten schaapachtig. Ik kon me voorstellen dat de vingers van de soldaten jeukten.

'Wat een helden,' spotte Marc.

Ik vroeg me af wie hij bedoelde.

De opgepakte jongemannen werden afgevoerd, een jeep met soldaten bleef op post. Het zou een lange gure nacht worden. In het puin van het tolhuisje was alles donker en stil, het was alsof de soldaten met hun jeep de wacht bij een dodenhuisje optrokken.

'Hier valt niets meer te beleven,' sprak Johan ferm.

Er zat niets anders op dan weer op die brug te klauteren en over het brullende water een heenkomen te zoeken. Aan de overkant waren in de winkeltjes handwerkslieden bezig hun handel in te pakken. Leder- en tinbewerkers, koperslagers, het was Jeruzalem niet maar het leek er wel op.

Op een hete middag was het in de smalle straatjes van de oude stad verdacht stil geweest. De stalletjes waren geruimd en voor de winkeltjes waren de rolluiken neergelaten. In de schaduw van de moskee had een oude man scheldend een steen naar mij geworpen, maar de kracht ontbrak hem om mij te treffen. Ik, moedeloos, gooide geen steen terug, wat ik als kind zeker zou hebben gedaan. Met stille tred ging ik door de smalle straten, langs de hoge muren, hopend op een goed heenkomen. Op een wegkruising stonden soldaten, een vrouw die mij zag aarzelen riep van haar balkon dat ik niet bang hoefde te zijn, dat de soldaten daar – vinger aan de trekker – klaarstonden om mij te beschermen. Ja, als het zo uitkwam, of als toemaatje; ik was aangetrouwd, niet eigen. Als gevolg van een geschiedenis waarin ik geen inbreng had, laat staan enige zeggenschap, bevond ik mij tussen twee vuren. Het was een geschiedenis die de tijd overspande, vanaf de kruisridders die als blikken kevers deze stad hadden overvallen, tot het tot tweederangs verklaarde volk dat in de bezette gebieden om hun olijfbomen treurde. Wat het moeilijk maakte was de collectieve schuld tegenover het volk van het beloofde land, dat door grauwe soldaten was geselecteerd en in de verbrandingsovens tot rook vergaan. De rook die nog nasmeulde en als een gifwolk over de heuvels rond Jeruzalem hing, waar de overlevenden en diegenen die zich op hen beriepen, zich hadden verschanst als in een bastion. Het was ondraaglijk dat de beulen zich comfortabel hadden geïnstalleerd terwijl de slachtoffers elkaar vertwijfeld te lijf gingen. Met mijn machteloos protest bevond ik mij in de penibele positie van een sta-in-de-weg. De bewoners van de oude stad hadden zich teruggetrokken. Ofschoon de siësta voorbij was, bleven de luiken en deuren dicht, geen haan die kraaide. In de geladen stilte was ik verder gestapt, luisterend naar de echo van mijn stappen in de verlaten steeg, wachtend op het inslaan van de kogels. Over de tuinmuur van de patriarch hing een tak met granaatappels, het leek wel de boom der kennis van goed en kwaad. Maar hoe verleidelijk die paradijsappels er ook uitzagen, het was meer schijn dan vrucht; je kon er niet met graagte in bijten, maar de pitten hielpen bij buikloop. Een huis- tuin- en keukenmiddel. Eva had geen schaamschort, maar een keukenschort omgeknoopt. Daaraan had ik dus gedacht toen ik doodsbang was.

Ook in Mostar zocht ik naar een houvast, naar iets waarop ik mij kon concentreren, mijn gedachten gingen alle kanten uit, het was alsof ik in het water van de Neretva lag en wild om me heen graaide, alsof iets – ik hoefde niet zonodig te weten wat – bezig was zich buiten mijn wil om te voltrekken. De oorlog had de mensen in bezit genomen, hij woedde in het land, maar ook in hun hoofd en hun gemoed. Geen soldaat was bij machte deze oorlog te beëindigen. Er ging moedwilligheid verscholen in de vernielingsdrift; van het sjacheren aan de onderhandelingstafels tot het ruwe veldwerk; met vrede of welzijn had het allemaal niets te maken. In het verloop van een paar jaar was de oorlog tot een kwalijke gewoonte geworden, de ellende hoorde daarbij en loste niets op, integendeel: alle pijn en verlies werd in wrok en woede omgezet. Op een muur kwamen de graffiti mij voor als menetekel, toen Lucas ze had ontcijferd bleken het flauwe boodschappen: de wrekers zouden komen, Sead werd naar de kont van zijn moeder verwezen, een onbekende tekende voor Mlada Bosna.

'Jong Bosnië' – de combinatie kwam mij ongerijmd voor in dit stokoude gebied waar iedereen zich op het verleden beriep. Maar 'Jong Bosnië' herinnerde ook aan het clubje bevlogen studenten, waarvan er een trillend van de zenuwen aan de Latijnse brug in Sarajevo het aartshertogelijk paar had vermoord, waarna de twintigste eeuw pas goed was begonnen. In de algemene verwarring had niemand in Sarajevo geweten hoe te reageren, hoewel de aanslag niet onverwacht kwam. Dat was het tragikomische, de oorlog was voorbereid, maar toen hij uitbrak stond men er verslagen bij.

'Het is niets, het is niets,' had de zieltogende aartshertog hoe langer hoe stiller gemompeld. Wilde Zijne Keizerlijke Hoogheid de omstanders geruststellen, of was het een ultieme poging om de opgewonden standjes te kalmeren? Op die brug in Bosnië, waar zich volk van diverse pluimage verdrong, werd ook de toekomst van Europa ingezet, en tot op de dag van vandaag kan niemand voorspellen hoe het zal aflopen. Het begon met een fait divers van de geschiedenis, dat mijn grootvader en zijn generatie voor vier jaar de modder had ingejaagd, zonder goed te weten waarom en waarna er niets was opgelost. Goed twintig jaar later werd het tweede bedrijf opgevoerd, waarna de partijen zich achter betonnen muren en ijzeren gordijnen verschansten, want weer was er niets opgelost. Men kon in dit kleurrijke werelddeel niet met en niet zonder elkaar leven, en dit onvermogen ontwrichtte en tastte alles en iedereen aan. Keer op keer liep het uit op oorlog, ondanks alle pogingen tot verenigen en één maken, het was alsof er een logica van de waanzin bestond. Ook ik ploeterde alweer dagen door de modder, verbijsterd en met de daver op het lijf, wanhopig proberend het verschil in kaart te brengen, alsof met begrip geweld kon worden beperkt. Ik, die mij verbeeldde met mijn vrijheid die van anderen te kunnen garanderen, die grenzen als obstakels ervoer, en mij niet achter dijken wilde verschansen, ik moest toezien hoe soldaten het verkeer regelden tussen mensen die in wezen gelijk waren, maar die tot in de zelfvernietiging toe hun anders-zijn claimden!

Franz Ferdinand en Sophie hadden elkaar liefgehad, zo werd verteld. Hij was tegen de zin van de keizer beneden zijn stand getrouwd; een getolereerde maar niet geliefde troonopvolger met liberale ideeën. Al hield hij zich als troonopvolger wel aan het *Austriae est imperare orbi universo – Alles Erdreich ist Österreich untertan.* Met de romantische liefde wilde het echter niet vlotten. De keizer met zijn Sissi, een hysterische amazone, Rudolf, de zoon van de keizer, een door syfilis geteisterde killer met zijn baronesje – de keizerlijke familie hield zich niet aan de regel dat wie wil regeren zijn stand moet ophouden en zijn gevoelens beheersen! De dictatuur van de bureaucratie die alles in kaart brengt en het verschil in categorieën onderbrengt, veronderstelt een rangorde die even minutieus is als de afstand tussen de knopen van een gala-uniform. De Oostenrijkers die in dit systeem excelleerden pasten het ook op zichzelf toe, maar dat belette hun niet zich *hors rang* op te stellen, of zich de meerdere te voelen. En zoals het was, zo moest het blijven; ze hadden zowat de eeuwigheid in pacht. De verschillen in de veelvolkerenstaat werden met de mantel van de folklore bedekt. Terwijl de Weners walsten als derwisjen, spatte het rijk onder de invloed van de middelpuntvliedende kracht uit elkaar. Het aartshertogelijk paar was verenigd de dood ingegaan, zoals dat eenvoudige paartje dat ruim tachtig jaar later evenmin de overkant van de brug had gehaald. De romantische liefde werd verheerlijkt, maar altijd weer met de dood verbonden. En de oorlog verbond over alle verschillen heen het drijven van de mensen. In Sarajevo leek het begin en het einde van de twintigste eeuw elkaar te raken.

De moordenaar van het aartshertogelijk paar, Gavrilo Princip, zou voor alles als Servisch worden omschreven. Een Serf die deel uitmaakte van een Servisch complot. Wilde men daarmee aangeven dat het moorden hem in het bloed zat? Jong Bosnië werd gesteund en aangemoedigd door de De Zwarte Hand die in Belgrado resideerde. Princip werd niet terechtgesteld omdat hij minderjarig was, hij kreeg levenslang, maar hij stierf al in de Eerste Wereldoorlog. Een uit de kluiten gewassen kind met warrige ideeën, hij wilde de Oostenrijkse overheersers weg, hij was voor broederlijkheid en gelijkheid, te beginnen met de Serven. Wat dat betrof piepte hij zoals de ouden zongen. Bosnië was een twistappel tussen Servië en Kroatië, de moslims werden daarbij ingezet, maar hadden voorlopig weinig in de melk te brokkelen. De naam van Gavrilo Princip werd aan een brug in Sarajevo verbonden, zijn voetafdruk in het wegdek geprint, tenminste als het regime hem goedgezind was, zoniet, dan werd zijn naam geschrapt, zijn voetafdruk uitgewist. Het was alsof de brug, met of zonder merkteken, en naar gelang van de wisselvalligheden van de geschiedenis ook van kleur verschoot. Maar het water van de Miljacka stroomde er onverstoorbaar onderdoor.

Op 28 juni 1914 had Gavrilo Princip, zijns ondanks, het Oostenrijkse imperium de doodsteek gegeven, en op 31 juli schoot Robert Villain in Le Croissant, een café in de rue Montmartre, de socialistische voorman Jean Jaurès dood. Omdat Jaurès tegen de oorlog was! Naar Villain zijn naar mijn weten geen bruggen vernoemd, hij wordt voorgesteld als een dolgedraaide nationalist, maar hij is een voetnoot in de geschiedenis gebleven. Princip en Villain waren met elkaar verbonden als Castor en Pollux, zij behoorden tot de Liga van de Gerechtvaardigde Moordenaars. Zij, die beweren dat ze wisten wat ze deden, die een missie hebben, of voor een hoger doel toeslaan, en zich daarom niet om de gevolgen bekommeren, hoewel het hun om het gevolg te doen is.

Het slachtoffer moet het van de sympathie hebben en kunnen bewijzen dat het een slachtoffer is. Waarom moest Franz Ferdinand in Bosnië de legermanoeuvres schouwen, en waarom moest hij zonodig een rijtoer door Sarajevo maken? Was dat geen provocatie? En waarom moest hij zijn geliefde Sophie erbij betrekken? Zij, die altijd in één adem met haar man wordt vernoemd alsof met hem ook zijn schaduw was vermoord. 'Het is niets, het is niets', maar was zij niet het eerste burgerslachtoffer? Zij had geen macht, haar kinderen kwamen niet voor de erfopvolging in aanmerking, waarom moest Princip ook Sophie vermoorden? En had Villain werkelijk geloofd dat Jaurès de Eerste Wereldoorlog zou verhinderen?

Hoewel de aartshertog en Jaurès het beiden over een multiculturele samenleving hadden, de eerste in de keizerlijke veelvolkerenstaat, de andere onder de Socialistische Internationale, verschilden ze toch van visie: de aartshertog wilde rangen en standen bewaren, Jaurès wilde de dictatuur van het proletariaat vestigen. De aartshertog was de vertegenwoordiger van een oud systeem dat zogenaamd van God was gegeven, Jaurès genoot het voordeel van de twijfel: de nieuwe wereld was nog maakbaar. Eigenlijk waren het twee min of meer verlichte burgers, gezette heren, die geborneerd of eigenwijs hun leven op het spel zetten. En die in het daaropvolgend tumult alras in de geschiedenisboeken werden bijgezet. De massa die hen naamloos en vrij slordig achterna zou gaan, merkte te laat dat zij op aanstoken van bovenaf niet alleen de anderen, maar ook zichzelf de das om had gedaan.

Jean Jaurès was afkomstig uit het zuidwesten, uit Castres, uit het land van de traag stromende rivieren, ritselende platanen en slaperige dorpspleinen. Een landschap dat mij terugvoerde naar de kinderjaren, het was een landschap waar men de tijd voorbij kon laten gaan. Ik hoopte maar dat het niet alleen in mijn verbeelding bestond. Want ik raakte daar in Bosnië behoorlijk verward van het door elkaar halen van slachtoffers en moordenaars, en door het gelijkstellen van mythe en werkelijkheid. De feiten en niets dan de feiten, edelachtbare! Maar wat doe je als de feiten ondraaglijk zijn? Als fabuleren de enige uitkomst is?

Ik herinnerde mij een jongetje dat voor 'reconstructie van het gezicht' in het ziekenhuis was opgenomen. Hij wist niet waar zijn ouders waren, hij had geen ogen meer, en zijn ziel had ook schade opgelopen. Toen een verpleegster hem vroeg wat hij verlangde, een speelgoedbeest, een knuffel, hij kon alles krijgen wat zijn hartje begeerde, toen zei dat jongetje: 'Ik wil een verhaaltje.'

Was dat het dan waaraan mensen behoefte hebben als ze met het ondraaglijke worden geconfronteerd? Een verhaaltje voor het slapengaan? Was dat alles wat er van iemand overbleef, als het meezat: een verhaaltje?

Die donkere novemberdagen in het land van de opgeblazen bruggen zouden mij bijblijven, en ik zou ze verbinden met verhalen die in het onbewuste, als op de harde schijf, waren opgeslagen. Het landschap waar hoog en diep zich als tegen elkaar opstelden, waar rivieren tot woeste stromen waren gezwollen, en het altijd donker was, maakte het reisgezelschap somber. Het was alsof wij in plaats van naar Sarajevo te reizen op weg waren naar oeroude tijden. Lucas had verteld over het verslagen leger van tsaar Samuel (976–1014). Van de veertienduizend soldaten die de ogen werden uitgestoken, werd er een op de honderd gespaard. Niet uit mededogen, maar om de blinde schare huiswaarts te leiden. Door weer en wind, over bergen, door dalen, strompelde de processie van kunstmatige gehandicapten. Toen de tsaar zijn manschappen verminkt en verdwaasd over hun eigen voeten zag struikelen, brak zijn hart; drie dagen later was hij dood. Het uitsteken van ogen wordt als een liefhebberij of een traditie van de Balkan gezien, maar diegene die het bevel tot de massale verminking gaf, was keizer Basiel ii van Byzantium: Grieks en christelijk. Had Lucas dit verhaal verteld om ons de stuipen op het lijf te jagen of om ons op de ernst van de toestand te wijzen?

Ik had bij dit verhaal vogeltjes horen fluiten, vinken, die de ogen waren uitgebrand omdat ze dan meer 'slagen' zouden halen. Een brave borst zette met een krijtje een streepje op een lei, vier of vijf horizontaal en dan een diagonaal eroverheen, alsof het niet om gezang maar om getroffen doelen ging. De sfeer was die van een Vlaamse kermis, met frites en wafels en veel vertier. Iedereen was vrolijk. In de vogelkooitjes zongen de blinde zangertjes zich het hart uit het lijf. Je kon ze niet bevrijden omdat een blinde vogel zich allicht te pletter zou vliegen, maar als je het kon opbrengen ze de nek om te draaien zou er ook een einde aan het spektakel komen. Ik had naar de vinken staan kijken met het zweet in mijn handen.

Het ene verhaal was eigen en het andere vreemd, maar het ene verhaal gaf perspectief aan het andere, ze waren met elkaar verweven en bepaalden mijn beeld van de werkelijkheid. Was dat beschaving, noemde men dat cultuur? Toen de verteller door de pastoor op het matje werd geroepen omdat hij op winteravonden in de hoeves goddeloze verhalen vertelde, keek hij naar zijn kapotte schoenen en mompelde dat er nog geen mens door een verhaal was gebeten. De pastoor wist beter en voor één keer had hij gelijk.

Op winteravonden kwamen er naar de hoeve van mijn grootmoeder aan moeders kant dagloners om zich bij de kachel te warmen, of een bord soep of pap te slobberen. Daar waren goede vertellers bij, mannen die hun stem lieten trillen en dreunen en dramatische gebaren maakten. Hun ogen werden groot of tot spleetjes dichtgeknepen, maar dat vergat je omdat het verhaal van hun lichaam bezit had genomen, zo dat het er deel van uitmaakte. Het verhaal vatte aan met het onverbeterlijke: 'Er was eens,' en van daaraf was alles mogelijk. Het verhaal meanderde, er werden andere verhalen binnengesmokkeld, maar uiteindelijk kwamen alle verwikkelingen samen zoals water dat naar de zee stroomt. Seks was uit den boze, of het had met geld te maken, en over geld, gierigheid en gulzigheid ging het maar al te vaak, maar hoofdzaak waren toch kwelling, moord, en de dood, zo gewelddadig of vilein dat de mannen hun vuisten balden en de vrouwen haast in hun broek plasten. Door de reactie van de pastoor die de vertellers vermaledijde wist ik dat hij meer over de dood dan over het leven ging. Dat maakte hem op een occulte wijze gevaarlijk, maar toch minder interessant, en hij was – al kon hij dat niet helpen – geen goede verteller.

Lang na die donkere novemberdagen in Bosnië, toen het weer lente was maar nog altijd oorlog in de Balkan, zag ik in Parijs op de Pont des Arts een bonte menigte deinen en keuvelen. Het was alsof het volk het ritme van de Seine had overgenomen. Op de brug werd een tentoonstelling gehouden van Ousmane Sow, een beeldhouwer die ook fysiotherapeut is. 'Hij heeft de spieren in zijn vingers, daarom zijn die beelden zo levensecht,' verklaarde de taxichauffeur, die me naar het hotel bracht. Hij legde geen verband tussen het kleurrijke gewemel van het publiek op de Pont des Arts en het volk dat als een cluster pathetische masochisten op het eigenste moment de bruggen in Belgrado bezette, zingend en dansend: 'Kom op, bombardeer ons de geschiedenis in!'

Ik was vroeg wakker geschrokken en hoorde in de bomen op de boulevard Raspail een vogel tierelieren, het was tenslotte mei, maar luisterend vroeg ik me af of de vogel met zijn gorgelende geluiden zijn territorium afbakende, een wijfje probeerde te verleiden, of dat hij improviseerde of fabuleerde?

Lucas ging op zoek naar yoghurt om zijn maag te kalmeren, wij vonden een café waar de waard de stoelen al op de tafels had gezet, maar waar we toch nog een Turkse koffie konden krijgen. Zwijgend roerden we door de droesem. Dat hoorde niet en het was alsof we modder opwoelden, maar we deden het automatisch. Lucas vervoegde zich bij ons en vertelde dat een vrouw bij de blauwhelmen had geklaagd over een drugsbende die in het tolhuisje hun waar verhandelde. De zoon van de vrouw was vermist en de jongens waren in haar flat getrokken. Bij het uitbreken van de gevechten had de zoon van de vrouw meteen de wapens gegrepen onder het motto: 'Ofwel zij, ofwel wij!'

Eerst had hij met de Serven gevochten en toen met de Kroaten. De zoon was een onecht kind. Toen hij aan zijn moeder vroeg wie zijn vader was, had de vrouw met neergeslagen ogen gemompeld: 'Dat kun je maar beter niet weten.' Dat was haar vaste repliek van toen zij nog een meisje was dat ongetrouwd met een dikke buik rondliep.

Het nietszeggende antwoord zorgde voor speculaties, het had commentaar en flauwe grapjes opgeleverd en de vrouw werd algemeen 'de onbevlekte ontvangenis' genoemd. Niet te vergeten; zij was een Kroatische. Het moederrecht mocht echter niet gelden, en de zoon verkeerde in het ongewisse. Hij had zich blijkbaar bij de sterkste groep willen aansluiten, of voor zijn onzichtbare vader de held uithangen. Hij durfde alles en was voor alles in. In geen tijd was hij een volleerde moordenaar en verkrachter geworden. Na een nacht was hij niet van 'een opdracht' teruggekomen. Niemand wist of hij was doodgeschoten of gevlucht. Serven en Kroaten hadden het zich niet al te zeer aangetrokken, de Moslims zwegen als vermoord. Maar de moeder van de vermiste was jammerend over de brug heen en weer gelopen tot er geen brug meer was en de resterende partijen, hoofdzakelijk Kroaten en Moslims, zich op hun respectievelijke oever hadden verschanst. De vrouw bleef als getergd aan haar kant van het water naar de overkant roepen en gebaren maken. Die zoon van haar was een schobbejak, maar niemand had het hart haar dat te zeggen. Toen hadden de jongens de flat van de vrouw gekraakt. Diegene die de deur had opengemaakt, met het wapen in de hand, had een trui van de zoon aangetrokken en de anderen hadden het zich gemakkelijk gemaakt. De vrouw had daar gestaan, met haar sleutel, als verstard in een gil. De jongens hadden haar naar binnen willen halen – 'Daar moet je niet onmiddellijk het ergste bij denken,' had Johan tussengeworpen – en de tegenstribbelende vrouw was van de trappen gevallen. De jongen met het wapen zat onder de dope, hij had de vrouw voor hoer uitgescholden en zijn pik tevoorschijn gehaald, maar zij was erin geslaagd weg te komen. Zij vluchtte echter niet over de hangbrug, maar bleef 'aan haar kant' van het water, zwervend van het ene onderkomen naar het andere, levend van wat ze bij elkaar kon scharrelen. Veel eten of slapen deed ze blijkbaar niet, ze was gedurig op stap en ze had ook bij de blauwhelmen rondgehangen. Verraad en wraak waren aan de orde van de dag. Of het waar was dat de vrouw de blauwhelmen op de jongens had afgestuurd deed er niet toe, de goegemeente zou het hoe dan ook geloven.

De waard grommelde dat de boel verziekt was. Hij gooide emmers water door het café en wij, zijn klanten, moesten onze voeten opheffen zodat hij eronderdoor kon dweilen. Onwillig wees hij mij de wc. Het hokje was een uitbouw boven het water, in het gat van het Franse toilet dat in de vloer was verzonken raasde en tochtte het. Ik stroopte mijn broek af, beet op mijn tanden en hurkte neer. Maar wat ik ook perste alsof ik tegengas moest geven, ik was als verkrampt en kreeg er geen druppel uit. Ik staarde tussen mijn dijen naar dat zwarte gat, alsof ik bang was dat een watergeest mijn intieme delen zou bespieden of mij met een lange arm de diepte in zou sleuren. In plaats van te plassen begon ik te huilen, ik was doodmoe en de griep deed zich weer gevoelen.

In het café bespraken mijn reisgezellen de rol van de blauwhelmen als gewapende hulpverleners of als politieagenten, wat ze helemaal niet waren. Onze jongens! Zoals ze in het thuisland werden genoemd, met een mengeling van vertedering en medeleven, alsof wij er zeker van waren dat zij zich niet zouden misdragen. Maar het waren toch geen koorknapen met soldij! Of vegeterende technici? En waartoe diende het wapenarsenaal? Schieten of niet schieten, dat was de kwestie! Het was tenslotte oorlog.

'Als je je ergens mee bemoeit moet je ook doorzetten,' vond Marc.

'Wij zijn hier om de vrede te verdedigen!' zei Johan.

'Wie zijn wij?' mompelde Lucas.

'Je zal maar gered worden door een clubje broekschijters!' snoof Marc.

'Zullen we gaan, jongens?' Het was de eerste keer dat ik mijn reisgezellen jongens noemde, maar het leek ze niet op te vallen.

Het was alsof Mostar ons vasthield, we verdwaalden finaal, reden door buurten die ongeschonden leken, om vervolgens tussen puin te slalommen, en aldoor reden we vast, het was alsof we er nooit in zouden slagen de rivier over te steken. Geen levende ziel te bekennen en die ene keer dat we een man zagen zette hij het al op een lopen toen de auto vaart minderde. Johan riep vergeefs: 'Most? Brug?'

Marc zong zachtjes *Schipper mag ik overvaren, ja of nee?* Ik wilde wel een poging wagen om mee te zingen, maar ik zakte door mijn stem en de anderen toonden weinig animo. Het werd aldoor later, maar niemand opperde dan maar in Mostar te overnachten. We waren allemaal opgelucht toen we er eindelijk in slaagden dat verstoorde nest achter ons te laten. Al had ik het gevoel dat wij geen vrije baan hadden, maar een soort obstakel-rally reden. De oorlog had zich als een schaduw aan ons gehecht, ons goede fortuin leek meer geluk dan wijsheid; toevallig daar en niet hier geboren, toevallig een geldig paspoort, toevallig geen slachtoffers. Of waren dat te veel toevalligheden? Had het ook met instelling en beheer te maken?

In het donker, op de van god verlaten wegen, waren wij bijna op een legertransport ingereden. Rakelings denderden pantservoertuigen en vrachtwagens voorbij, er werd geschreeuwd, niet door ons, alleen Marc had hartgrondig gevloekt, maar toen stonden we al naast de auto en zagen het konvooi als een ratelslang met blauwe ogen in de nacht verdwijnen. Lucas wilde het stuur overnemen: het was idioot doodmoe door onbekend en gevaarlijk gebied te rijden. Er ontstond een woordenwisseling over wie er hoe lang aan het stuur had gezeten, waar ik mij buiten hield, hoewel ik die auto bekwaam wist te besturen. Ik was mij op een onaangename wijze bewust van mijn vrouwelijkheid.

'Wat gaat er met die vrouw gebeuren?' vroeg ik.

'Met de onbevlekte ontvangenis?' grinnikte Marc.

De blauwhelmen zouden haar beschermen, gezien haar leeftijd had ze ook niet zoveel te vrezen, het was de zoon waar die kerels achteraan zaten. Ik bedacht dat de vrouw niet alleen verkrachting hoefde te vrezen, ze kon op een mistige avond ook in het water sukkelen. Eén duwtje volstond. Maar mijn reisgezellen bleven maar argumenteren dat de vrouw 'safe' was, het zat ze kennelijk niet lekker.

'De zoon, dat is pas lastig,' zei Lucas.

'Die is lang wijlen,' gromde Marc.

'Dat lost het probleem van zijn herkomst niet op,' zeurde Lucas.

'Als hij besneden is, weet je het wel.' Johan deed ook een duit in het zakje.

'Mogelijk heeft hij op zijn achterste een Mongolenvlek,' zei ik bot.

Het bleef lange tijd stil, toen zei Johan plompverloren: 'Soort bij soort, en dan het hok afgesloten.'

'Zal je zien hoe vlug ze zichzelf beginnen af te slachten.' Marc stopte de cassette met Glenn Miller in de gleuf. Voor het geval wij in slaap dreigden te vallen!

'Het zijn mensen zoals gij en een ander,' riep Lucas.

'Geloof je dat zelf?' vroeg Marc.

'In dat geval kunnen we maar beter naar huis gaan,' suste Johan.

Waarna Lucas een lange monoloog hield over de dorpsoorlogen, toen Vlaanderen nog Vlaanderen was, landelijk en kerkelijk en poeparm, en op kermissen haar en pluim werd gevochten, of generaties lang clanvetes werden gekoesterd, wat een drama werd als een meisje van de ene clan zwanger ging van een jongen van de andere clan, en dan had hij het nog niet over de ruzies betreffende de erfdienstbaarheid en de grensscheidingen. Om een weggetje, of een meter meer naar links of naar rechts dreigden er doden te vallen!

'Hoeveel eeuwen is dat geleden?' vroeg Marc en draaide Glenn Miller op volle geluidssterkte.

Lucas wachtte tot de swingende, maar militaire muziek was weggestorven en ging toen onverstoorbaar door met zijn bedenkingen; het ging gewoon om een schaalvergroting, we konden de slogan dat de wereld een dorp was maar beter ernstig nemen. Ik probeerde mij die desperate vrouw 'de onbevlekte ontvangenis' voor te stellen, maar ik herinnerde me eerst en vooral de vrouwen die uit Mostar waren gevlucht en die aan de Adriatische kust in een hotel waren ondergebracht. Zware boezems, solide heupen, haar stijf in de krul, verongelijkte gezichten.

Mevrouw X en mevrouw Z hadden voor het bezoek hun beste kleren aangetrokken en hun nagels gelakt, ze deden er alles aan om zich te distantiëren van de overige vluchtelingen. Ze kookten niet op hun kamer, ze hingen hun wasgoed niet te drogen op de gang – in het hotel hing een doordringende luierlucht – ze zetten de radio of de televisie niet keihard, ze eigenden zich geen spullen van anderen toe en ze vielen geen vrouwen lastig. Of ze zelf lastig werden gevallen? Zij niet meer, maar er waren gevallen bekend... De vrouwen keken beschroomd naar de directeur die hen had uitverkoren om met ons de lunch te gebruiken.

De tafel was gedekt in het souterrain, naast de centrale keuken, de directeur beweerde dat alle vluchtelingen kregen wat de pot schafte, maar er was maar één fornuis dat werkte, het personeel stond met de duimen te draaien. De directeur begon te klagen dat de vluchtelingen hun gang gingen, voor het eten bedankten, alles stukmaakten of afbraken, om van de vervuiling maar niet te spreken. De overheid verwachtte dat hij het hotel kant en klaar voor het volgende vakantieseizoen zou afleveren, maar dat zag hij niet zitten. Waar moesten om te beginnen die mensen heen? Hij had het nu even niet over mevrouw X en mevrouw Z, die waren in een vorig leven boekhoudster en secretaresse geweest, hij had het over mannen zonder opleiding die maar rondhingen, over vrouwen die maar kinderen bleven krijgen en over kinderen die opgroeiden voor galg en rad. Alsof de nasleep van de oorlog niet volstond – overal mijnen en geen toeristen, goederen te duur of niet te krijgen – werden ze ook nog geconfronteerd met dit soort mensen. Wat dat betreft had het vorige regime een zware schuld op zich geladen. De staat had voor zichzelf gezorgd en voor zijn Servische onderdanen, maar zij, enfin hij, de directeur van wat eens een pracht van een hotel was en nu een vluchtelingenbarak, hij zat met de gebakken peren.

Mevrouw X en mevrouw Z depten met nuffige gebaartjes hun betraande ogen. Zij hielden de directeur blijkbaar voor het toppunt van beschaving, maar ik moest de man niet. Ik zat me stilletjes af te vragen waarom hij uitgerekend mevrouw X en mevrouw Z opvoerde. Ondertussen evoceerde de directeur de dagen van weleer met levende muziek in de bar en Duitsers met harde marken op het strand. Mevrouw X en mevrouw Z vielen hem bij en begonnen over hun mooie flat met uitzicht op de bergen, of uitzicht op de rivier – over de vernielde brug werd in deze kringen niet gesproken – waarin Moslims waren getrokken, met een heel nest kinderen, hadden ze van horen zeggen; zelfs als ze terug zouden kunnen, wilden ze niet meer. Ze zouden zich geen moment meer veilig voelen, als je wist wat die de vrouwen aandeden, jong of oud, geen enkele werd gespaard. Mevrouw X en mevrouw Z keken mij veelbetekenend aan.

'De Moslims?' vroeg ik.

'Nee, de Serven, maar die deden het desnoods op straat, als de beesten!'

'Arme beesten.' Marc zat met de in vet drijvende kippenpoot op zijn bord te spelen.

'Bent u zelf…?'

Dit was *not done*, de dames staarden mij verontwaardigd aan. Zij niet, wat dacht ik wel, maar zij wisten van andere vrouwen.

'Zullen we het hier maar bij laten?' mompelde Lucas.

'Sinds wanneer is verkrachting aan rang en stand gebonden?' vroeg ik bits.

'Of aan leeftijd of soort?' voegde Marc eraantoe.

We spraken onze eigen taal, mevrouw X en mevrouw Z overlegden fluisterend in hun eigen idioom. Ze begonnen te klagen alsof ze ons van hun gelijk moesten overtuigen, hoe erg het allemaal was, flat weg, baan weg, alles weg, en tot de staat van vluchteling vervallen. Zij die altijd op hun recht, of hun voorrechten, hadden gestaan, waren nu van alle recht vervallen. Het leed was zo groot dat het onoverkomelijk leek en met geen ander te vergelijken. Ik begon te vermoeden dat men zich – al vielen de dames liever dood dan het toe te geven – toch ook een beetje schuldig voelde.

'Kende u voorheen Moslimvrouwen?' vroeg ik.

Nee, men ging niet met elkaar om, maar er waren geen problemen. Mevrouw X en mevrouw Z stelden hun verhaal bij, althans wat de verkrachtingen betrof. Ze vonden het niet correct wat men de vrouwen had aangedaan, maar het was een andere cultuur, zowel bij de Serven als de Moslims, dat kon je alleen begrijpen als je het van dichtbij had meegemaakt.

De directeur was de dames bijgevallen, Kroatië had een eeuwenoude beschaving, het was de *antemurale christianitatis*, de meest vooruitgeschoven post, of de buitenste wal van het christendom. De muur die de barbarij had tegengehouden, die de opmars van de muzelmannen had gestuit of waartegen de ongelovigen zich te pletter hadden gelopen. Toen wij verbaasd keken – de directeur en de dames leken eerder postcommunistisch – haastte de directeur zich eraan toe te voegen dat hij zich historisch uitdrukte. Mevrouw X en mevrouw Z vonden dat te ver weg, of te hoog gegrepen, zij hielden het bij het verlies van have en goed dat voor hen veel zwaarder woog dan voor mensen die niet uit beschilderde kopjes dronken, bijvoorbeeld; hoe verfijnder, hoe groter last leek het wel. Wij, die daar maar bot zaten te zwijgen en alles voor gegeven namen, wij konden ons niet voorstellen wat het betekende je gezicht te verliezen of de mindere te zijn. Wij wisten niet wat het was, wij hadden het niet aan den lijve ondervonden, wij konden het onmogelijk begrijpen.

De façade van de dames brokkelde af. Vooral mevrouw Z, die het likeurtje bij de koffie niet had afgeslagen, gaf zich bloot. Ze was ooit nog met een Servische man getrouwd geweest, lang geleden weliswaar, en het had niet lang geduurd, zij had het in Belgrado niet uitgehouden, het waren vreselijke mensen, hoe aardig ze ook konden zijn, dat had wat haar betreft niets met onverdraagzaamheid te maken, integendeel.

Mevrouw Z had ook Moslims gekend, een familie met zeven kinderen, het was laden en lossen, in huis een serail en buiten een mesthoop. De Serven bezetten de beste plaatsen in de administratie en het leger, maar de Moslims kregen kinderen alsof ze het land wilden innemen, ze verzetten zich door zich niet aan te passen, zodat het vreemden bleven, ja, als vreemden hadden ze naast elkaar geleefd.

De tranen liepen stilletjes over de wangen van mevrouw Z, ik had met haar te doen, vooral toen zij over haar kat vertelde, een langharige angora die alle dagen werd geborsteld en die zo beeldig op het balkon kon zitten. Toen mevrouw Z ijlings haar flat had moeten verlaten en met haar handtas – dat was alles wat zij had kunnen meenemen – op de stoep stond, niet wetend waarheen te vluchten, was de poes van het balkon voor haar voeten geworpen, nota bene door een jongen van wie mevrouw Z de geboorte nog had meegemaakt. De poes had haar rug gebroken en mevrouw Z had haar stervend op de stoep moeten achterlaten. Nooit zou ze vergeten hoe de jongen van het balkon verwensingen had geschreeuwd, en de poes bloempotten achterna had gegooid alsof hij het zieltogende dier ook nog wilde stenigen. Mevrouw Z hield van kinderen, zij had de jongen ook altijd zijn bal teruggegeven, nu wilde zij wel eens weten waarom die jongen dat haar en haar kat had aangedaan?

Mevrouw X troostte mevrouw Z. Ook zij had vreselijke dingen meegemaakt, zo erg dat ze er niet over kon spreken, zij schaamde zich, en meer nog voor diegenen die het hadden gedaan; het ging haar begrip te boven dat de soldaten, van wat tot voor kort het eigen volksleger was, zich op de vrouwen hadden geworpen, maar wat haar verstand deed stilstaan was het gedrag van de buurman die jarenlang op de koffie kwam en die zich zodra de kansen keerden aan de dochter des huizes had vergrepen, waarna hij het meisje aan de milities had uitgeleverd.

Lucas zuchtte.

'Mohammed was dol op zijn kat,' mompelde ik.

'Zoals Tito op zijn Lux,' zei Marc.

'Dat was een hond,' verbeterde Lucas hem.

Lucas had graag van mevrouw Z vernomen of die kattenkiller een

Serf of een Moslim was, maar de directeur maakte korte metten met zowel de een als de ander. De Serven waren als grenstroepen geïnstalleerd, eeuwen geleden, of na hun zoveelste nederlaag naar veiliger oorden gevlucht, zij hoorden daar niet en gedroegen zich als vijanden binnen de muren, de tijd was gekomen om op te rotten. De Moslims hadden hun geboorterecht verspeeld, het waren *ersatz*-Turken, die het geloof van de overheerser hadden aangenomen, en let op, ook al waren het geen gelovige Moslims, ze gedroegen zich toch als dusdanig en waren voor geen haar te vertrouwen! Zij hadden weliswaar een eigen staat uit de brand gesleept, maar zonder hulp van hun Amerikaanse vrienden hadden ze dat niet klaar gespeeld.

Als treurende zusters, de armen om elkaar heen geslagen, hadden mevrouw X en mevrouw Z naar het betoog van de directeur geluisterd, maar het was alsof ze met hun gedachten elders waren. De gezichten van mijn tantes hadden dezelfde smartelijke trek als zij naar het radionieuws luisterden en ondertussen strijkend en verstellend deden wat er moest worden gedaan. Hoeveel er van de berichtgeving tot hen doordrong, of hoeveel er bleef hangen, kwam je nooit te weten. Ik had ongerust naar de handen van mijn grootmoeder gekeken als zij zat te breien en de radio op de achtergrond verontrustende berichten bracht. Zij leek het nauwelijks te horen, maar haar vingers bewogen sneller en een keer bleef ze onbeweeglijk met de wollen draad om de naald geslagen zo zitten, wel een minuut of langer. De pantomime van haar handen was een gebarentaal die ik angstig probeerde te ontraadselen. Als ik vroeg wat er was, of wat er stond te gebeuren, was het alsof ze wakker schrok, maar ze breide naarstig verder en gaf geen sjoege: 'Een paardentand en een vrouwenhand staan nooit stil!'

Een zeldzame keer werd ze bereid gevonden om te vertellen over de tijd dat ze een jong meisje was en de Eerste Wereldoorlog was uitgebroken. Onder luide toejuichingen en met bloemen in de loop van het geweer waren de soldaten naar het front vertrokken, maar het patriottisch gejubel was vlug verstomd toen de eerste berichten over verliezen, over doden en gewonden, over plunderingen en terreur tegen de burgers begonnen te circuleren. Toen er ook nog over verkrachte en mishandelde vrouwen werd gesproken, had mijn overgrootmoeder in paniek wat linnen gepakt, ze had het geld in haar korset genaaid en was met haar bloedmooie dochter naar Holland gevlucht. Daar had mijn grootmoeder vier jaar zitten breien en borduren, geen sprake van uitgaan of met jongens verkeren, want: 'Twee geloven op één kussen, daar ligt de duivel tussen!'

Het was alsof mijn grootmoeder een algemeen verhaal vertelde dat niet haarzelf betrof. Ja, ze was mooi, maar dat had ze zelf niet geweten, toen, en had vast niet geholpen, integendeel. Schoonheid was geen zegen. Zeker, ze was bang geweest voor de ulanen, maar ze had het gevaar niet echt begrepen, want wat wist zij toen van oorlog, of van mannen? Hoe onnozeler hoe beter, ze had alles zelf moeten uitvinden. Wat had ze gedaan indien ze een ulaan tegen het lijf was gelopen, of als hij haar te pakken had gekregen? Dan had ze zich in het water geworpen of zich anderzijds van kant gemaakt, en het moest maar een keer afgelopen zijn met mijn ongezonde nieuwsgierigheid. Het was alsof mijn grootvader en mijn grootmoeder elk een aparte oorlog hadden overleefd. Het kwam zelfs niet bij me op mijn grootvader te vragen of er ook soldaten, enfin jongens, werden verkracht.

De ramen van het souterrain waren dichtgeplakt, het licht van de neonbuislampen gaf de kale ruimte het aanzien van een operatiekamer. Zelfs als ik de taal van mevrouw X en mevrouw Z had kunnen spreken, had ik niet geweten wat te zeggen. Met neergeslagen ogen drukte ik hun handen; toen mevrouw Z een gekweld geluid ontsnapte, iets tussen een hik en een snik, had ik onhandig een arm om haar heen geslagen.

Het was mij niet opgevallen dat de dames het hadden vermeden mijn reisgezellen ook een hand te geven, maar Marc was op zijn pik getrapt. Waarvoor hielden die trutten hem?

'Dat moet je begrijpen,' zalfde Johan.

'Kut!' zei Marc.

'Let een beetje op je taal,' mopperde Lucas.

'Wie verstaat me hier?' vroeg Marc.

In het overbevolkte hotel waren de gangen dichtgeslibd met huisraad en dozen. Uit alle hoeken en kanten werden wij zwijgend aangestaard. De directeur schoof dingen terzijde of schopte ertegenaan. Bij een dwars over de gang gespannen waslijn met druipend goed bleef hij staan en vroeg luid van wie die troep was? Niemand antwoordde, de directeur schreeuwde dat men zich aan de regels moest houden, wie dat niet deed zou op staande voet aan de deur worden gezet, maar ook dat leek niemand zich aan te trekken. Tenslotte grabbelde de directeur het natte wasgoed van de lijn en keilde het de eerste de beste kamer in. Hij snoof en leek een heel andere man dan diegene die ons die ochtend het opgeknapte vakantiedorp had getoond. Daar was alles ontsmet en gepoetst. De vakantiehuisjes hadden kneuterige keukentjes en bloemetjesspreien op de bedden. Er was een fitnesscenter en je kon bootjes huren. De hoge parasoldennen, de baai met het geruimde strand en de altijd blauwe zee die kabbelend het spel meespeelde. Een idylle. De vluchtelingen waren ergens 'geplaatst', het wachten was op de toeristen. De directeur was er klaar voor. Ik had naar de heuvels gekeken waar wij hadden rondgedwaald tussen puin en mijnen en voelde me niet op mijn gemak. Maar de directeur hield vol dat de oorlog, althans daar, voorbij was. Hij deed me aan de scheidsrechter van een bokswedstrijd denken.

Lucas was over een stapel dichtgeknoopte pakken gestruikeld. Ergens begon een vrouw gillend te lachen. Lucas hield vol dat hij zich niet had bezeerd.

'Je moet er niet aan denken dat hier brand uitbreekt,' zei Johan.

Marc mopperde: 'De kip was niet te vreten!'

'Hoe kan je daarover klagen.' Johan was verontwaardigd.

'Het moest nog maar een keer oorlog worden,' zei ik.

Johan gaf een van zijn tirades weg: 'Zie daar, mensen die zijn verjaagd en alles hebben verloren. Eigen soort, maar evengoed ongewenst.' Wij mochten dankbaar zijn dat het ons niet was overkomen, wij die een huis en van alles te veel hadden, wij die niet beseften hoe gelukkig wij waren!

Marc zette zijn handen om zijn mond als een toeter en schreeuwde: 'Hallo, de kip was niet te vreten!'

'Hallo hallo, de kip was niet te vreten!!!'

Lucas greep Marc bij een arm, ik omklemde de andere en in snelwandeltempo ging het naar de uitgang. Johan liep stotterend achter ons aan, de directeur gebaarde dat er niets aan de hand was. Hij had blijkbaar ergere dingen meegemaakt.

Bij het verlaten van het hotel werden we aangeklampt door een bedelende vrouw op blote voeten, ze had een baby aan de borst en een kind aan de rokken. De directeur aarzelde geen moment en joeg haar weg: 'Zigeuners, slecht volk!'

Eerst kwam het bekende verhaal over zwervers die god noch gebod kennen, van kippendieven en kinderrovers, maar de directeur deed er nog een schepje bovenop: 'Het zijn verraders, folteraars en beulen!'

'Zigeuners zijn gehaat omdat ze eeuwenlang de vuile karweitjes opknapten,' verklaarde Lucas.

'Je bedoelt dat ze veroordeelden als egels op staken konden spiesen?' vroeg Marc.

'Mensen zonder land zijn vogelvrij,' zei Johan.

'Zigeuners waaien met alle winden mee, veel keus hebben ze niet, maar het is waar dat ze de heersers van de dag dienen.' Lucas leek verveeld.

'Zigeuners zijn altijd de gebeten hond.' Johan liet zich niet van de wijs brengen. In een dichtslibbende wereld waar elkeen zijn stek bezette, of opeiste, kon het haast niet anders of de zigeuners liepen iedereen voor de voeten. Johan vond zigeuners ook knap lastig, maar daar ging het nu even niet om. Het ging erom dat zij recht hadden op een plaats onder de zon. De bedelende vrouw had zich verwensingen spuiend onder de bomen teruggetrokken, waar zich een hele groep vrouwen ophield die haar zodra de directeur door de glazen draaideur was verdwenen weer op ons afstuurde. Ik vroeg me af waar de mannen uithingen.

'*Bitte, Hunger,*' smeekte de vrouw.

Johan wilde haar wat toestoppen.

'Pas op je vingers,' waarschuwde Lucas.

We keken hem met ons allen verrast aan.

De vrouw wilde mijn hand lezen. Ik bedankte en stak haar wat geld toe met het gevoel dat ik de toekomst afkocht. Het scheelde niet veel of ik had mijn handen op mijn rug verborgen.

Ik herinnerde me een film over zigeuners die een oude knol opknapten, ze maakten zijn tanden wit met krijt, ze borstelden zijn manen en belegden zijn knokig karkas rijkelijk met kleden, om het af te maken kwamen er nog bellen en kwasten aan te pas. Zo brachten zij het paard naar de markt en verkochten het voor veel meer dan het waard was aan een handelaar die toen hij met zijn aanwinst huiswaarts keerde al vlug ontdekte dat hij zwaar was bedrogen. Het arme paard kon de kar niet trekken, de kleden gleden van zijn schonkige rug en onthulden zijn oude-damesbenen. De handelaar, kwaad op zichzelf, ranselde het paard ongenadig af. Hinnikend, zwetend en bloedend slaagde het dier erin te ontsnappen. Bij avond kwam het afgetakeld en uitgeput aan bij het kamp van de zigeuners, die het met vreugdekreten ontvingen. Het paard werd omhelsd en drooggewreven, het kreeg een emmer water en een greep hooi voorgezet. Er werd gezongen en gedanst alsof de verloren zoon was thuisgekomen. Maar verderop, langs de weg zonder einde, wachtte er weer een markt waar de opgetuigde knol – men mag aannemen tot de dood erop volgde – opnieuw te koop zou worden aangeboden. Ik miste Siglavy, maar was ook opgelucht dat hij er niet bij was. Het was haast zeker dat hij die film niet had gezien, maar hij kende de geschiedenis van zijn soort vanaf het wilde paard tot het gedomicilieerde rijdier. Hij had mij meermaals voor de voeten geworpen dat wij met het vangen en temmen van het paard zijn lot aan het onze hadden verbonden. Dat wij hem aandeden wat wij onszelf aandeden.

Het kind dat aan de rokken van de zigeunerin hing stak een smoezelig handje uit en keek smekend. Langs de weg zou het leven, verjaagd of voortgedreven, zingend van de vrijheid en creperend van de honger. Aan een paard zou het nooit toekomen. Een huis zou het niet bewonen, een land zou het nooit bezitten. Ik begreep plotseling mijn denkfout, wij bezaten het land niet, het land bezat ons. Wij konden er ons alleen maar op beroepen en op ons geboorterecht staan. Het toeval bepaalde voor een flink stuk wie wij waren. De zigeunerin had mij gadegeslagen; verbeeldde ik mij het, of keek zij mij meewarig aan?

In de auto verklaarde Lucas: 'Dat geld gaat naar haar kerel om op te zuipen.'

Marc herhaalde als een dreinend kind: 'De kip was niet te vreten!'

'Neem een Marsreep,' bood Lucas aan.

'Wij hadden in dat hotel meerdere zelfmoorden.' Johan volgde een aparte denkpiste.

'Wij?' vroeg ik.

'Er zijn geen Marsrepen meer,' zei Marc bokkig.

'Meisjes, maar ook een wat oudere vrouw.' Johan zou het ons inpeperen.

Het was stil gebleven, niemand informeerde naar het hoe of waarom. Wanneer zullen vrouwen eens ophouden de agressie tegen zichzelf te richten, dacht ik, de vraag stond me tegen, maar uiteindelijk vroeg ik toch of diegenen die zich van kant hadden gemaakt Kroatische of Moslimvrouwen waren?

'Wat doet het ertoe,' zuchtte Johan.

En vervolgens: 'Ze zullen het niet vlug toegeven, de schande is te groot.'

Lucas zweeg in alle talen. Geen uitleg over oeroude oorlogsrituelen, geen verklaringen over de Serven die de Moslims wilden vernederen, maar die vergaten dat als de kansen keerden hun vrouwen hetzelfde lot was beschoren. Niets over de Kroaten die de vermoorde onschuld speelden, maar die als ze de kans kregen net zo goed de beest uithingen. En helemaal niets over de verkrachte vrouwen die geen kant opkonden. Die werden uitgestoten, voor wie abortus was verboden, of moeilijk werd gemaakt, en die met een vrucht als een *Fremdkörper* in hun lijf verder moesten. Met de bange vraag op wie dat kind zou lijken? Een vuurproef voor de moederliefde. We waren wel afgedwaald van de zigeuners die kinderen stalen.

'De engeltjesmakers zullen hun kostje verdienen,' merkte Marc op.

Ik wilde niet aan breinaalden of zeepsop denken, en zeker niet aan baby's die werden gesmoord, te vondeling werden gelegd, of voor het goede doel werden verkocht. De heilig verklaarde oorlog heiligde blijkbaar ook de middelen. Johan had onverstoorbaar een uiteenzetting gehouden over het naaiatelier dat voor verkrachte vrouwen was opgezet, als therapie, maar ook omdat ze met kleren maken zichzelf konden redden en wat konden bijverdienen. Zelfstandigheid en zelfrespect gingen samen. Johan was een taaie, hij zou het nooit opgeven.

Marc werd er baldadig van: 'Naaien of genaaid worden, *that's the question!*'

Door mijn hoofd ging als een deuntje *Slinger Singer naaimasjien.**

Ik had het beeld voor ogen van vrouwen die achter naaimachines zaten en zonder opkijken gekleurde lappen onder de tikkende naalden schoven, en ik herinnerde me het geval van een rechter die een stopnaald op en neer bewoog zodat hij de draad niet door het oog van de naald kon krijgen, en daarin het bewijs vond dat een vrouw niet kon worden verkracht indien ze dat niet wilde. Hij kon er niet om lachen toen de verdediging voorstelde zijn hand die de naald bewoog klem te zetten of vast te binden, net als die andere rechter jaren later – maar dat soort dingen kent geen tijd – die zeker wist dat een vrouw die een spijkerbroek droeg mee moest werken, of zelf haar broek moest afstropen, indien zij verkracht wilde worden. De edelachtbare vond zichzelf absoluut niet lachwekkend. Het was haast een opluchting dat kerels die *en compagnie* over een vrouw waren heengegaan, of die kinderen hadden verplicht toe te kijken terwijl zij hun moeder met flessen of bajonetten penetreerden, niet konden volhouden dat die vrouwen erom hadden gevraagd, of de belevenis na wat aandringen toch leuk hadden gevonden. Ik dacht aan de vrouw die chirurgisch moest worden opgelapt omdat ze tot en met de bilnaad was gescheurd, en die ook bijzonder zwijgzaam was, maar met het eerste geld van de bijstand de stad was ingetrokken om de mooiste en de duurste zijden nachtjapon te kopen die er maar te krijgen was, wat aanleiding was voor enig ongenoegen – waarvoor werd ons goede geld gebruikt? – tot de vrouw zich in dat mooie négligé had verhangen. De verpleegster die haar had gevonden, zachtjes zwaaiend op de tocht, bleef tegen beter weten in volhouden dat het verwerkingsproces van het slachtoffer volop aan de gang was.

'Het is niet van het schoonste,' zei de dokter die de lijkschouwing uitvoerde.

Ik nam gemakshalve aan dat hij daarmee het gedrag van de verkrachters bedoelde. Het bleef mij een raadsel hoe mannen – vaders, zonen, jongens, enfin soldaten – het voor elkaar kregen op bevel een vrouw te verkrachten. Hadden ze er zin in? Gaf het hun genot, of voldoening? Hoeveel vrouwen konden ze aan? Waren het hoogtijdagen voor de mannelijke potentie, waarmee het volgens westerse bronnen zo slecht ging? Werden er immers geen televisiedebatten uitgezonden met mannen die over hun wankele erectie lamenteerden, alsof de natuur een foutje had ingebouwd en ze oprecht moesten begeren, of nou ja liefhebben, om de geslachtsdaad te volbrengen? Met mannen die hem niet overeind kregen als ze met een zelfstandige vrouw werden geconfronteerd? Hadden ze een slachtoffer nodig om zich de meerdere te kunnen voelen?

'Verkrachting zou onder inbraak met geweld in het wetboek voor strafrecht moeten worden opgenomen.' Lucas had eindelijk de stilte verbroken.

Ik had mijn kiezen zo hard op elkaar geklemd dat ik er pijnlijke kaken aan overhield. Het penibele onderwerp kon noch met grapjes, noch met wetenschappelijke verklaringen worden afgedaan. Het was iets waarover je niet kon spreken zonder aan de intimiteit te raken. Mijn reisgezellen leken nog meer verveeld dan ik, aardige mannen tenslotte. Ik wilde het hen niet lastig maken, maar ik vroeg desondanks: 'Hoe doen mannen dat?'

'Tja,' deed Lucas.

'Die kerels zijn voor elkaar ook niet zo mals, er zijn gevallen van castratie en verminking bekend.' Johan probeerde het ene kwaad met het andere te vergoelijken.

Lucas haalde diep adem en verklaarde dat ogen uitsteken een symbolische verkrachting was, omdat je met je ogen begeerde – land, rijkdom, vrouwen, het deed er niet toe. Blind en onmachtig onderging je dan je gerechte straf.

'Gruwelijk,' zuchtte Johan.

'Het lijkt wel een verhaal uit de bijbel,' merkte Marc op.

'Uit het Oude Testament,' preciseerde Lucas.

'En toch begrijp ik het niet,' mokte ik.

'Houwen zo,' zei Marc.

De eerste sneeuw was gevallen, een fijn poederlaagje dat over de bergen was gestrooid en zich aan de takken van de bomen had vastgezet.

Maar de sneeuw verhelderde het landschap niet, integendeel, ze accentueerde het donkere. Voor één keer was ik niet vervuld van de vreugde en de verwachting die de eerste sneeuw oproept. Er weerklonk een doffe knal, de sneeuw ritselde, een vogel vloog op.

'De Olympische Winterspelen zijn geopend!' riep Marc.

Het was bitter koud, we vluchtten de auto in, hoe dichter we bij Sarajevo kwamen, hoe meer ik de impuls moest onderdrukken rechtsomkeert te maken. Een vrouw liep aan de kant van de weg met een koe aan een leidsel, twee auto's kwamen in een dolle achtervolging van de helling geracet.

'Pas op, die kunnen niet stoppen!' zei Johan.

Lucas, aan het stuur, bleef kalm, we kwamen tot stilstand aan de kant van de weg, maar de koe ging met beierende uier de hort op. Van de weg af, langs de helling omlaag.

'Koe met Balkankolder!' lachte Marc.

De vrouw stond waar zij stond, zij beet op een punt van haar hoofddoek.

Johan ging de koe achterna, holderdebolder de helling af, hij tuimelde, krabbelde overeind en probeerde de koe met wijd uitgespreide armen in te sluiten en weer de helling op te drijven. De koe zette zich schrap, voorpoten uit elkaar, en liet haar kop zakken. Johan aarzelde en sprak het schonkige dier kalmerend toe. De koe schudde haar kop en brieste.

'Beestig!' lachte Marc.

'Onze wereldverbeteraar,' monkelde Lucas.

'Die jongen heeft nog nooit een koe van dichtbij gezien,' zei ik.

'Of hij houdt haar voor een stier!' Lucas lachte fijntjes.

Op onze beurt daalden Marc en ik de helling af, hij gaf de koe een klap op haar vuile achterste, ik riep 'Vort!'

Onhandig, maar gedwee begon de koe zich naar boven te werken, het laatste steile stuk moesten we haar helpen, ik trekkend aan het leidsel, Marc duwend tegen flank en billen. Lacherig liepen we met onze vangst op de vrouw toe, maar die spuwde de punt van haar hoofddoek uit, opende haar mond voor een geluidloze schreeuw, drukte haar handen in haar schoot, plooide dubbel en vluchtte op een sukkeldrafje het bos in. Verbluft keken we haar na.

'Wat nu?' vroeg Lucas.

Ik liet de koe voor wat ze was en ging op zoek naar de vrouw. Zij was nergens te bekennen, het was alsof het bos haar had opgeslokt. Ik bleef staan en luisterde, alles was eensklaps ver weg, mensen en dingen, de bomen stonden roerloos met besneeuwde takken, toch was het alsof het bos ademde. Ik snoof maar rook niets verdachts. Mijn voeten waren in de versteven bladeren weggezonken, de aarde daaronder was nog niet diep bevroren, de zompige bodem was als een graf dat zachtjes aan alles verteerde. Ik was niet bang, eerder verwonderd en vervuld van ontzag. Ik wist van de massagraven, haastig gedolven en dichtgegooid met natte aarde, ik wist van de eenzamen, ergens gevallen of heen gesleept, vaak niet eens bedekt, maar overgelaten aan de elementen. 'De dood is de toestand die begint bij het eindigen van het leven.' Ik wist bij god niet waarom ik dat dacht of waar die zin vandaan kwam.

Toen hoorde ik stappen, behoedzaam, het knisperen van het laagje geglaceerde bladeren, het verzinken in de humus, met een zuigend geluid, als een natte kus. Siglavy bewoog zich alsof hij door wolken stapte, nooit was hij zo blank, van de manen tot de staart, ik kon de spieren in een perfect samenspel zien bewegen onder zijn strakke huid, waarop de aders als levenslijnen meanderden. Hij sprak niet, hij deed het met zijn ogen, nog uitdrukkingsvoller omdat zij tegen al dat blanke zo donker afstaken. Het was een mild kijken, een kijken vol mededogen en melancholie. Ooit, mijn hart en lijf verloren in een bos, liggend op zacht verende bodem, een lichaam dat het mijne bedekte, een ander die in mij drong met zachte, stuwende bewegingen, lippen die zich om de mijne sloten. Het was alsof het zich in een ander leven of op een andere planeet had afgespeeld.

Siglavy neigde het hoofd, wendde zijn blik af en stapte traag verder, vervagend tussen de bomen, alsof wit net als zwart in de eigen kleur kon opgaan. Het ritselde en in een kunstmatige vlaag daalde de sneeuw neer, mijn voeten werden tot de enkels bedolven, of tot zover was ik al weggezakt. De bomen leken mij in te sluiten, ik wist waar ik geboren was, maar waar zou ik sterven? Op goed geluk zette ik mezelf in gang, ik baggerde door de rottende bladeren en liet een zwart spoor na. Sig was op zijn onnavolgbare wijze verdwenen, maar de vrouw stond mij met een stok op te wachten. Zij had een boom als rugdekking uitgekozen en hield de stok schuin omhoog voor haar borst, een en al verdediging, of afweer. Een stap te ver en ik kon die stok op mijn hoofd krijgen. Ik was verbijsterd, maar begon haar toch toe te spreken, in mijn eigen taal, het moest instinctief, hoe kon ik haar anders overtuigen? Goed volk, niets te vrezen, koe netjes teruggeven. Wat ik uitsloeg weet ik niet, maar ik begon langzaam kwaad te worden. Wat dacht dat mens wel? Dat wij daar voor de grap rondtoerden? Dat wij haar koe wilden stelen, of haar aanranden? Wij van de hulpverlening?!

De stok zakte langzaam omlaag, het lichaam ontspande, de verwilderde uitdrukking verdween. De vrouw snakte naar adem en bracht hortend een reeks klanken uit. Je kon niemand meer vertrouwen, hoe kon zij weten wie wij waren, of wij geen kwaad in de zin hadden? Zo ging het heen en weer, zonder dat de een verstond wat de ander zei, maar wel begrijpend waarom het ging. De woede zonk in mijn leden, ik was plotseling doodmoe, mijn stem leek van ver te komen. Het is al goed, ga nu maar mee, de jongens staan daarboven te wachten met een koe die, als je het mij vraagt, dringend gemolken moet worden. Ik draaide mij om – even een ijl gevoel in mijn hoofd, vanwege die knuppel – en zette mij schijnbaar doelbewust aan de klim. Na een tijdje hoorde ik achter mij het knerpen van de sneeuw en de hijgende ademhaling van de vrouw. Toen ik een afsteek wilde maken, versnelde zij haar pas en greep mij bij de arm: niet daarlangs! Ik keek haar vragend aan; nee, nee, niet daarlangs! Zij bleef het haast wanhopig herhalen en trok aan mijn mouw. Het zweet parelde op haar gezicht, dat nog de trekken van een schoonheid had, maar al vervallen, met een vale gekreukelde huid, dofbruine ogen en een deels tandeloze mond. Blijkbaar was de proletarische wijsheid: 'Op je tanden loop je niet!' in het arbeidersparadijs zonder omhaal toegepast. Van de weeromstuit keek ik naar de voeten van de vrouw, die in rubberlaarzen staken, onder haar natte rokken droeg zij een harembroek. Zij zag mij kijken en sloeg onhandig het vuil van haar kleren. Zij leek veel ouder dan ik, maar was dat waarschijnlijk niet, ik wist ondertussen dat het aanzien ook van de omstandigheden afhangt. De vrouw wees naar een plek tussen de bomen waar hét was gebeurd, haar stem stokte en zij hield mij met beide handen in een ijzeren greep. Het pijnlijkste was dat wij elkaar nauwelijks durfden aan te kijken. Ik kon mij niet losmaken, maar boog naar haar toe en legde mijn wang tegen de hare. De lichaamswarmte drong door de kou, de vrouw gaf een droge snik, wij lieten elkaar los, op mijn beurt volgde ik haar naar de weg. Daar stonden drie mannen en een koe.

'Oké!' riep ik.

De vrouw was weer blijven staan, ik moest haar bij de hand verder voeren. Johan kwam molenwiekend op ons af: doodongerust waren zij geweest, niet wetende waar wij uithingen. Of we dat nooit meer wilden doen? Marc leidde de koe voor, Johan wilde de vrouw wat geld toestoppen, Lucas kwam met een zak snoep aanzetten. De vrouw trilde als een blad in de wind. Zij wist niet hoe ze ons kon bedanken, wij wisten niet hoe we hét konden goedmaken. De vrouw herschikte haar hoofddoek, viel kijvend uit tegen de koe en vervolgde haar weg. De koe liep stom, met schommelende heupen en afhangende uier, achter haar aan. Ik had het beest maar even aangekeken, de donkere dromerige blik hinderde mij. Wij stampten de modder van onze laarzen, klopten onze kleren af en kropen in de auto. Ik rilde van de kou, maar het voelde aan alsof ik koorts had.

'Die koe is allicht alles wat die vrouw bezit.' Johan zat weer aan het stuur.

Hij kon er maar niet over uit dat ik het bos was ingegaan, god wist wat zich daar had afgespeeld, of wie zich daar schuilhield!

'Volgende keer mag jij,' zei Marc.

W ij waren over een van de duizend-en-één bruggen het stadje ingereden. Aan de ene kant van de brug was alles uitgestorven, aan de andere kant was in een houten barak een café geopend, stenen en marmer voor de heropbouw van de moskee lagen klaar. Een huis, met het aanzien van een Zwitsers chalet was uit de puinhoop verrezen, voor de dubbele garagedeuren stond een landrover. Mannen die schijnbaar maar wat rondhingen sloegen druk aan het telefoneren toen wij passeerden. Wij waren weer eens op zoek naar 'onze' coördinator ter plaatse', maar we werden van hot naar her gestuurd.

Johan stelde voor alvast een kijkje in het opvangcentrum te gaan nemen. Het gebouw, een grote loods, was buiten het stadje opgetrokken. Voor de oorlog had het dienstgedaan als vergader- en ontspanningsruimte voor de 'jonge-communisten', nadat het eenheidsideaal was opgegeven, had het enige jaren leeggestaan. Het was in ijltempo opgekalefaterd om als opvangcentrum voor kinderen met een oorlogstrauma te worden ingericht, een multicultureel project van diverse hulporganisaties.

Ik voelde me niet lekker, Johan maakte me dol met zijn opgewekte gekwek en het gebouw stond me tegen. Het had geen stijl en het was door betonrot aangetast, je kon je afvragen waarom uitgerekend deze barak overeind was blijven staan. Een gymruimte, een tekenzaaltje, kamertjes met stapelbedden. En niet te vergeten het secretariaat, waar 'onze' computers net in gebruik waren genomen. Twee leraressen en een leraar die haastig waren opgetrommeld trokken deuren open of sloegen ze voor onze neus dicht, we werden aan de koffie gezet en kregen op een video te zien hoe kinderen met een oorlogstrauma werden behandeld.

Een Deense hulpverleenster die in de streek verbleef kwam boos binnenvallen. Het werken werd haar onmogelijk gemaakt, de kinderen kwamen de ene keer niet de andere keer wel, het was de ouders alleen om de bijstand te doen, en de burgemeester van het dorp, ja die van het Zwitsers chalet, eiste maandelijks een ronde som voor de huur van het gebouw! De Deense had een getaande huid, haar lange vlashaar hing in een vlecht op haar rug en haar Engels klonk hard. Het type van de onverbiddelijke verpleegster, maar ik begreep haar woede.

Johan beaamde dat ook 'wij' de burgemeester maandelijks een ronde som betaalden voor de huur van het gebouw dat op 'onze' kosten was opgeknapt. Ik viel de Deense bij toen zij voorstelde die bijdehante burgemeester een bezoek te brengen. Johan was ongelukkig, dat konden wij niet maken, het project zou in gevaar komen en de veiligheid van de medewerkers stond op het spel. Hij gaf het toe: de burgemeester was een boef, een maffioso als ik erop stond hem zo te noemen, maar als wij niet betaalden konden we niet werken!

'Dan niet,' zei ik.

Dat vond ook de Deense overdreven, zij wilde een vermindering van de maandelijkse bijdrage bekomen, betere huisvesting voor de leraren, dat soort dingen.

Onze coördinator, die eindelijk ter plaatse was geraakt, had naweeën van de slivovitsj of zat onder de dope en begon ons trillend en stotterend het monument te tonen dat voor het opvangcentrum stond. Een betonnen plaat met de namen van 'onze helden' of 'onze martelaren', in een cirkel daaromheen geverfde maar alweer afbladderende autobanden. Het geheel paste goed bij het gebouw.

'Het heeft wel wat,' zei Lucas lijzig.

Marc verbeet zijn lach.

Ik vroeg de coördinator of hij bij de pioniers was geweest. Een pront ventje met een rode halsdoek dat door Tito was ontvangen? De man deed alsof hij mij niet verstond. Johan begon godbetert over de jeugd die verenigd moest worden en zinvol beziggehouden. Die moest worden voorbereid op het leven en klaargestoomd voor het grote gebeuren. Ik zette mijn verstand op nul.

Haast ongemerkt waren de kinderen het gebouw binnengeglipt. Het waren er een dertigtal. Op papier waren het er meer dan honderd maar zoveel waren er niet overgebleven in het stadje: de families die niet waren gevlucht hadden vooralsnog elders een onderkomen gezocht. Er was geen stromend water en de elektriciteit viel voortdurend uit. De Deense had haar hoop gesteld op de gegarandeerde terugkeer, maar dan moesten de mensen wel met de wederopbouw worden geholpen en het vredescorps moest worden uitgebreid. Er hadden zich hier onnoembare dingen afgespeeld, gruwelijke taferelen die ook in het onbewuste waren opgeslagen; als er nu niets aan de ellende werd gedaan, zou het zich later wreken. De kinderen moesten zorgvuldig worden begeleid of de geschiedenis dreigde zich te herhalen. De Deense hing de theorie van een multicultureel Bosnië aan maar ze gaf toe dat dit ideaal voorlopig niet haalbaar was. Het wantrouwen was te groot en de volksverhuizing was nog lang niet ten einde. Maar de Deense legde zich niet neer bij een herschikking die een scheiding inhield. De mensen moesten leren vreedzaam met elkaar te leven, zin of geen zin. Ik stelde mij een Deens dorp voor met kleurige huizen en aangeharkte tuinen en ik vroeg hoe het met de integratie van de Groenlanders stond. Dat was flauw, maar zij ging er ernstig op in. Door haar werk trachtte ze ook de thuisblijvers inzicht bij te brengen; verdraagzaamheid begon bij jezelf.

De moeders en de oudere broers die de kinderen naar het opvangcentrum hadden gebracht stonden op de weg te kleumen. Zij wilden niet mee naar binnen en de Deense legde uit dat dat ook beter was voor het project. De kinderen moesten zich vrij en onbelast voelen. Zij moesten zich kunnen uiten, ook als dat de ouders of de begeleiders onwelgevallig was. De Deense drukte mij met mijn neus op de tekeningen van vliegtuigen die duikvluchten uitvoerden, van brandende huizen, van bloedende mensen en van kinderen waar een arm of een been aan ontbrak. Niet meer of minder dan de De Schreeuw van Munch.

'En dit is hun voorstelling van een man en een vrouw,' zei ze grimmig.

Ik zag twee vlakke figuren, het ene uitgerust met een geweer, het andere met een boodschappentas. De gezichten waren blinde vlekken.

In het gymzaaltje hadden de kinderen hun schoenen uitgetrokken, er weerklonk vrolijke muziek en onder de leiding van een van de leraressen – die voorheen taalonderricht had gegeven – begonnen de kinderen te dansen. Ze deden dat met ernstige gezichten en terwijl ze rondhupten sloegen ze onhandig hun armen uit. 'Ze dansen voor de vrede,' verklaarde de lerares. Maar bij de kinderen kon er geen lachje af. Het was als een klasje gehandicapte engelen dat voor een onmogelijke opdracht stond. De fotograaf, die ons ook nog had weten te vinden, vroeg een meisje nog een keer een sprongetje uit te voeren. Wat ze gedwee deed, maar toen hij haar vroeg te lachen bleef ze hem bleek en zonder verpinken aanstaren. Toen de fotograaf met een flitslamp een foto van het klasje wilde maken, brak er tumult uit; de kinderen stoven uiteen en zochten vergeefs dekking. Een jongen kreeg een heftige hoestbui die in een astma-aanval overging. Marc wilde het kind helpen, maar het gegil van de anderen werd oorverdovend. Aanraken was blijkbaar taboe. Ten einde raad zakte ik op mijn knieën en kroop bij de kinderen, zingend van:

'Daar was laatst
een meisje loos,
die wou gaan varen
die wou gaan varen
daar was laatst
een meisje loos,
die wou gaan varen
Als lichtmatroos!'

Ik was hoe langer hoe harder gaan zingen, wat niet meeviel met een pijnlijke keel, maar ik wilde het gekrijs van de kinderen overstemmen. Toen ik de riedel herhaalde bedaarden ze. Eentje wendde verlegen het hoofd af, een ander stopte een duim in haar mond, en eentje toonde een schuw lachje. Mijn stem dreigde het te begeven en ik vocht tegen de opkomende tranen.

De leraar kreeg het aan de stok met de fotograaf maar de lerares drong erop aan dat er meer foto's zouden worden gemaakt: 'Zodat de wereld kan zien wat hier gebeurt!' Zij had kennelijk een overdreven voorstelling van de wereld. De Deense ging zich ermee bemoeien, de fotograaf moest weg, Johan viel haar bij, maar Marc zette uit volle borst *Daar was laatst een meisje loos* in. Lucas viel hem warempel bij.

Liever goed gek en bedonderd dan wanhopig en verlaten! Maar toen onze coördinator begon mee te mimen en daarbij zeer ongecoördineerde bewegingen maakte en zijn gezicht potsierlijk vertrok, verging mij de lust tot zingen. Ik had de jongen graag een trap onder zijn kont verkocht.

Nadat de rust, althans uiterlijk, was teruggekeerd, kregen de kinderen zoetigheden en pakjes voor thuis. Eentje wilde niets, zij klemde haar lippen op elkaar en verstopte haar handen op haar rug. Marc trok de wikkel van een pak en zette gretig de tanden in een koekje. Hij presenteerde mij het pak, ik gaf een koekje aan Lucas en nam er zelf ook een. Het pak koekjes deed de ronde en tenslotte stak Marc nonchalant ook het kleine meisje een koekje toe. Deze keer pakte zij het aan, haar ondanks, en proefde er profijtig van terwijl ze Marc met grote ogen bleef aanstaren.

'Wegwezen,' zei Marc met verstikte stem.

Johan kwam ons ademloos achternagelopen: 'Moet je horen wat die lerares heeft doorgemaakt!'

'Nee,' antwoordde ik beslist. Nee en nog eens nee, wij wisten het niet en wilden het nu even niet weten!

'Die lerares heeft puistjes,' merkte Lucas peinzend op.

'Tekort aan vitaminen maar het kan ook psychisch zijn.' Johan had in de Deense een zusterziel gevonden.

De moeders en de oudere broers van de kinderen stonden nog altijd buiten in de kou. Johan liep op hen toe, Marc volgde hem na enige aarzeling, Lucas en ik gingen in de auto zitten wachten. De ene marshmallow na de andere ging eraan, we zaten gewoon te vreten.

'Hoe is het met de maag?' vroeg ik tenslotte.

'Ik geloof dat de griep mij ook te pakken heeft,' mompelde Lucas.

'Je kan mijn antibiotica krijgen,' bood ik aan.

'Mevrouw is van de hulpverlening?' opperde Lucas.

Met een kind aan de hand waren de moeders en de broers op stap gegaan en in de kortste keren verdwenen. Dat er geen oudere mannen of vaders bij waren had ik als vanzelfsprekend aangenomen maar nu viel me op dat ook de oudere meisjes ontbraken.

'Waar zijn de oudere zussen?' vroeg ik.

'Aan het werk in het huishouden, of in ieder geval zo goed mogelijk uit het zicht gehouden maar dat had je voorheen ook wel.' Lucas leek verveeld.

De coördinator klampte Johan aan, ik wilde vragen hoeveel de jongen ving maar ik vroeg al te veel. Ik hield mezelf voor dat hij er belabberd uitzag, verward en op van de zenuwen, maar het mocht niet helpen. Toen we wilden vertrekken, begon hij te jammeren: 'Ze gaan me vermoorden!' Hij dreigde zich voor de auto te gooien.

'Goeie God!' Johan kreeg het ook te kwaad.

Marc stapte uit, pakte de jongen bij de schouders, schudde hem door elkaar en stopte wat Duitse marken in zijn jaszak. De jongen leek zich te herpakken.

Marc sloeg het portier dicht: 'Poppetje gezien, kastje dicht!'

Johan zat mokkend aan het stuur. We hobbelden door de hoofdstraat van het stadje, toen we bij het Zwitsers chalet kwamen gaf hij gas, de auto dook in een put en wij vlogen zowat met het hoofd tegen het dak. Ik vloekte hardop.

'Sorry,' zei Johan.

'Met goede bedoelingen is de weg naar de hel geplaveid,' antwoordde Lucas lijzig.

Konjic-Sarajevo

Konjic betekent 'klein paard' en ik kon me voorstellen hoe aangenaam het was om met een dapper paardje over de ontelbare weggetjes van de beboste heuvels te rijden. Hoe lommerrijk de begroeiing was in de hete zomer, hoe het koele water in de stroompjes de stenen polijstte. En hoe de bruinrode daken van de huizen met het groen harmonieerden alsof mens en natuur bij elkaar hoorden.

De voorstelling van hoe het kon zijn was al even erg als de voorstelling van hoe het was geweest toen de dagen elkaar vredig opvolgden in een ongeschonden landschap en de heuvels als een beschermende kraag om Sarajevo lagen. Verlangen en heimwee, dat gaf melancholie, de herfst had een troost kunnen zijn maar de winter was ons voor: november had het aanzien van december. De kale loofbomen staken zwart af tegen de sneeuw, de huizen stonden als verlaten tegen de hellingen, en de vallei lag open en bloot als een executieveld binnen het bereik van de heuvels.

Wij waren uitgepraat, uitgezongen. Om verder te gaan moesten we een ander discours aanvangen. Maar geen van ons waagde het de kameraadschap op het spel te zetten, wij hadden elkaar te zeer nodig. Wij konden het ons ook niet veroorloven de oorlog weg te drinken, politieke debatten te houden of sentimenteel te worden. Onze beheerstheid was een vorm van behoedzaamheid. De jongens waren de drie musketiers en ik was de vierde, een dappere meid die de pil slikte om niet te menstrueren. De jongens waren er niet veel beter aan toe: Johan werd met de dag magerder, Lucas had de grauwe kleur van een maaglijder en Marc een stoppelbaard van drie dagen. De vervreemding vrat aan ons.

Wij hadden een kaart en een routebeschrijving, maar van heuvel tot heuvel leken de ontmantelde huizen op elkaar. Sommige wegen waren onbruikbaar of afgesloten voor 'burgervoertuigen'. Tenslotte moesten we de auto achterlaten en te voet verder gaan. De gevluchte Serven hadden de tactiek van de verbrande aarde toegepast. Wat niet kon worden meegenomen was stukgeslagen of in brand gestoken. Van de huizen was alleen het karkas overgebleven, vitrages wapperden uit de ramen, elektrische leidingen waren uit de muren gerukt, op onverdachte plaatsen waren boobytraps verborgen. Het was geraden van de voorraad aardappelen af te blijven en ook de wc was een gevaarlijk oord. De heuvels moesten worden ontmijnd en de huizen schoongeveegd, maar er waren onvoldoende deskundigen. De Bosnische vluchtelingen die geen dak boven het hoofd hadden trotseerden het gevaar en waren om het eerst in de leegstaande woningen getrokken. Ook toen de scherpschutters waren verjaagd, knalde het geregeld in de heuvels. We zagen meer en meer kinderen waar een arm of been aan ontbrak. En hoe dichter we bij Sarajevo kwamen, hoe vermoeider de mensen leken.

'De kinderen van Bosnië waren altijd zo vrolijk,' had Lucas gezegd.

Dat was de groep die de auto omzwermde zeker; joelend liepen ze voor ons uit om de weg te wijzen. Toen wij aarzelend voor een omgehakte boom bleven staan die dwars over de weg lag, sprongen zij eroverheen alsof ze haasje-over deden. Zij wilden ons allemaal naar hun eigen familie loodsen, elkaar wegduwend en ons aan de armen trekkend, want zoveel hadden ze begrepen: dit bezoek kon hulp opleveren. In een huis hing goed zichtbaar door het venstergat een foto van een officier in staatsie-uniform, decoraties op de borst, opgestreken snor, trotse blik. Een knappe man als je van het soort hield. Ik wilde net vragen waarom deze woning niet was ingenomen – plastic in de venstergaten of gaten dichttimmeren, meer leek er niet nodig – toen ik in de tuin tussen het versteven struweel een grafheuvel ontwaarde. Op de aangestampte aarde geen orthodox kruis, geen met tulband gekroonde grafsteen, niets. Een van de kinderen maakte aanstalten een steen door het venstergat te keilen, maar werd door een wat oudere jongen terechtgewezen.

'Gevaarlijk, gevaarlijk!' riepen ook de anderen.

De officier van de foto keek koud op ons neer. Bij de kromming van de weg ontdekten we dat de achterkant van het huis was weggeslagen. Ik sloot me af voor het commentaar van Johan of de uitleg van Lucas en zette er de pas in.

Ondanks de vernielde huizen en de verwaarloosde tuinen had de buurt nog de allure van een welvarende buitenwijk. Ik vroeg me af hoe de vluchtelingen van Servische signatuur in hun zogenaamde moederland waren onthaald. Als verloren zonen? Of als onbekenden met een Bosnisch luchtje? Zouden hun dochters daar veilig zijn? Hadden hun zonen er een toekomst? Een toekomst die niet over moord ging? Hadden de vluchtelingen heimwee naar de beboste heuvels, naar hun huis, hun gecultiveerde tuinen? Of broedden zij op revanche? De Serven waren de gedoodverfde aanstokers en de eerste schuldigen van deze oorlog, zij hadden in het onderbewuste de plaats van de Hunnen ingenomen, of werden daarmee vergeleken, maar het waren ook de mensen die deze huizen hadden gebouwd en die moestuinen hadden aangelegd. Wat hadden ze gemeen met de geslepen diplomaten die ik in Brussel had ontmoet? Geciviliseerde heren waren dat, die heel goed wisten hoe ze de zwartepiet moesten doorspelen. Ze werden pas vals als je te kennen gaf hun leugens niet te slikken. Maar ze leken niet al te zeer gebukt te gaan onder hun slechte reputatie, het enige wat ze niet lekker zat was dat ze er niet in slaagden ook voor slachtoffer door te gaan. Het was alsof ze een spelletje blufpoker speelden en gegrepen door hun eigen retoriek verliezen als overwinningen presenteerden. En hoe groter het verlies, hoe gemener de oorlog werd.

De ontmantelde buitenhuizen waren het zoveelste bewijs dat de oorlog tegen burgers werd gevoerd, en dat men daar tot de zelfvernietiging mee door zou gaan. Er zou op de duur geen haan meer overblijven om victorie te kraaien. Dat was ook het doel van deze oorlog niet. De nazi's hadden alles op alles gezet om de joden uit te roeien, zelfs als ze daardoor de oorlog dreigden te verliezen. Ook in het uit elkaar vallende Joegoslavië waren zowel geregelde troepen als milities erop losgegaan, met het doel de anderen – en alle partijen hadden hun geprefereerde anderen – te verjagen, of preciezer: uit de weg te ruimen. Daartoe werden alle geëigende middelen gebruikt, ook als het de militaire opmars stuitte of slechte propaganda opleverde. Het kon de moordenaars geen reet schelen. Het kennelijke plezier of de schaamteloze lust bij het vernielen was schokkend maar herkenbaar. Niemand had het verwacht, of had het aan zien komen, de slachtoffers hadden het politieke geraas niet ernstig genomen, of ze waren eraan gewoon geraakt. Ook de intellectuelen, de geleerden en de schrijvers, die allen in de geschiedenis excelleerden – met uitzondering van diegenen die meteen hun diensten hadden aangeboden – bleven volhouden dat ze dit niet hadden verwacht. Wat hadden ze dan wel verwacht? Een propere oorlog?

Ik bracht het geduld niet meer op om naar de verongelijkte uiteenzettingen te luisteren, maar de wrokkige toon van die praatjes verontrustten mij. Zou het geweld op ons overslaan? Wat was er in mijn biotoop gaande, waarvoor was ik ziende blind? Ik moest mij maar liever niet de betere voelen of te veel op mijn eigen soort vertrouwen. Zo dadelijk begon ik mij ook nog een vreemde in eigen land te voelen. Ik mocht wel uitkijken voor zelfmedelijden.

Op een zondagochtend stond ik voor de spiegel met één oog waarvan de wimpers met mascara waren aangezet en één oog dat nog niet was 'aangekleed'. Op de radio vertelde een man hoe zijn moeder hem medeleven had bijgebracht. Toen hij zijn zakgeld kreeg had zij hem een bedelaar gewezen: 'Die man heeft geen dak boven zijn hoofd en hij heeft honger.' 'Wat doe je dan als kind?' vroeg de man.

Met de make-up wilde het niet meer vlotten, mijn hand was uitgeschoten, mijn ogen traanden, woest had ik de mascara weggeveegd. Een trieste clown staarde mij aan en ik moest mezelf kalmerend toespreken. 'Het is al goed, het is al goed.'

Verantwoordelijkheid en schuldgevoel gingen samen. Maar moederlief, ik kon het niet helpen! Ik had de indruk dat mij iets werd aangedaan en dat ik daar nooit meer af zou geraken. En ik was nog wel zo opgelucht geweest dat ik na de Tweede Wereldoorlog was geboren! Mijn grootouders lachten als ik balsturig werd en vertelden steevast dat mijn eerste repliek toen ik min of meer behoorlijk kon spreken was: 'Laat mij met rust!' Dat verlangen was nooit overgegaan, ook in Bosnië dacht ik vaak: 'Laat mij in vrede!' Maar dat zat er klaarblijkelijk niet in en ik vreesde dat wat uiterlijk werd verstoord ook innerlijk zijn uitwerking niet zou missen. Ik stond ook in Bosnië naar een moestuin te staren, naar de toegedekte winterbedden en het verstorven lof. *Il faut cultiver son jardin!* Of was het *notre jardin?** Zoveel van wat ik met plezier had opgeslagen leek ballast. De tuin zou uit zijn winterslaap ontwaken, maar wie zou het land bewerken? Wie zou de rozen snoeien? Kon men vrede vinden in het huis van een ander? Kon men rustig in het bed van een ander slapen? Kon men zich het leven van een ander toe-eigenen zonder daaronder te lijden?

De familie die we bezochten waren vluchtelingen die in België hadden verbleven en van de 'terugkeer met premie' gebruik hadden gemaakt. Maar hun dorp was grotendeels vernield, er was geen school, er was geen werk, in het huis dat de familie met vereende krachten had gebouwd woonden andere mensen, er was kortom niets meer om naar terug te keren. De familie was na wat rondzwerven op deze heuvel terechtgekomen, het was een meevaller dat ze nog een verlaten huis hadden gevonden en daar zaten ze nu, hun hand ophoudend en wachtend op het vervolg van de gebeurtenissen. Water werd in containers halverwege de heuvel opgereden, voedsel in pakketten verstrekt, men kapte de bossen kaal, wat vanwege de mijnen een riskante onderneming was, maar de kou was ongenadig. Er waren veel zieken, de ontberingen en het eenzijdige dieet eisten hun tol. De vrouwen hadden hun handen vol, maar de mannen zaten het grootste deel van de dag met hun duimen te draaien en de kinderen wilden terug naar België. Daar gingen ze alle dagen naar school en ze hadden er vrienden. De vaders hadden hun aanzien verloren, de moeders probeerden wanhopig het nest bij elkaar te houden. Het zou nooit meer zijn als voor de oorlog.

Wij hadden onze laarzen uitgetrokken en zaten te puffen in de kleine kamer waar zich niet alleen de familie, maar ook bekenden hadden verzameld. Een fijnbesneden oriëntaals salontafeltje werd gestut door een kapblok, in alle soorten glazen werd kleffe limonade aangeboden en even zoveel kopjes koffie. De moeder bracht een schaal met een cake die in duizend stukjes was gesneden, de kinderen konden nergens anders meer naar kijken, maar ze waagden het niet een stukje cake te nemen. Toen Marc zich achteloos voor de tweede keer bediende, siste Lucas: 'Blijf daar af.' Ik gaf Johan, die druk aan de praat was, een trap. Hij staarde mij verbluft aan, maar zijn hand die al op weg was naar de cake veranderde van koers en hij hief een glaasje limonade als voor een toost. Ik griste de schaal met cake van het tafeltje en hield ze de kinderen voor. De blikken gingen snel van de schaal naar hun moeder, nee, dank u wel, ze hoefden geen cake, dat aten ze alle dagen.

Het zweet liep van mijn rug, maar de mensen leken geen last van het houtvuur te hebben; ze waren warm ingeduffeld met truien en sjaals en hadden hun jassen bij de hand. Het was alsof ze zich klaarhielden om op elk moment te vertrekken.

Een van de meisjes nam mij mee naar haar kamertje, waar ze met al haar zusjes en nichtjes sliep, een groot nest met kussens en donsdekken, maar zoals de rest van de woonruimte kraakhelder, zij het ijskoud. Aan de muren hingen uit magazines geknipte plaatjes van popgroepen, van twee schattige poesjes en een zwart veulen met een witte ster op zijn voorhoofd. Op de ereplaats hingen foto's van de gastfamilie uit Limburg, van het meisje met de dochter des huizes, lachende tieners en dikke vriendinnen, gekiekt bij een uitstapje naar zee, bij een verjaardagspartij. Het meisje bewaarde zorgvuldig een beschilderd doosje met haarklemmetjes dat ze van haar vriendin had gekregen. Ze toonde mij het kleedje met de naam van haar vriendin en de hare door elkaar gevlochten dat ze met hulp van haar moeder borduurde. Ik moest beloven er niets over te zeggen, het was een verrassing. Een ruit die was heel gebleven was beschilderd met ijsbloemen, ik blies erop zoals ik vroeger had gedaan om er een kijkgat in te ademen maar ik was het blijkbaar verleerd en 'brandde' mijn lippen aan het ijskoude glas.

Ik waagde het niet het meisje naar haar toekomstplannen te vragen, maar zij begon er zelf over. Nu moest ze haar moeder helpen, maar zodra de toestand weer normaal was wilde zij terug naar België, naar haar vriendin, en vervolgens voor verpleegster studeren. Dat hadden ze samen afgesproken. Ik dacht aan Ylonka, mijn Hongaarse vriendinnetje, dat een flinke Vlaamse boerin was geworden. Nooit had ze met een vurig paard over de poesta gegaloppeerd. Van haar taal waren maar een paar woorden blijven hangen. Het Bosnische meisje had een melkwitte huid en amandelogen, een ontluikende schoonheid met de zweem van een snorretje. Ik beaamde dat het een goed idee was, studeren en dan een eigen leven opbouwen. Ik was er haast zeker van dat ze nooit door de heuvels zou galopperen, vrij en onbekommerd, dat ze er nooit een huis zou bewonen of een tuin cultiveren. Het was ook onwaarschijnlijk dat ze ooit met een wit kapje op haar zwarte haren in het land van belofte de temperatuur zou opnemen. De jeugd van het meisje was verkwanseld en ik voelde mij oud.

Johan had afspraken gemaakt voor een goederenopslagplaats die door de mannen van de familie zou worden beheerd: 'Zo slaan we twee vliegen in een klap!' Er was niet veel nodig om hem gelukkig te maken. En de mannen waren tot alles bereid om hun familie van het noodzakelijke te voorzien. Ze dankten God dat ze nog in leven waren maar ze zaten met hun duimen te draaien. Toen de moeder ons een pakje met cake wilde meegeven bedankten mijn reisgezellen, alsjeblief, wij hadden zelf appels en snoep om weg te geven. Ik voelde mij een makelaar in spiegeltjes en kralen. Maar de eigengestookte slivovitsj konden we niet afslaan, ofschoon je daar stekeblind van kon worden. Zoals Lucas ons verzekerde.

'Good try,' grinnikte Marc.

'We kunnen het ook als ontsmettingsmiddel gebruiken,' merkte Johan op.

We liepen naar buiten met de hele familie achter ons aan. Het tuinhek en de houten omheining was al tot halverwege de tuin opgestookt, alles wat bruikbaar was ging eraan.

'De dingen zijn vaak moeilijker te vervangen dan de mensen,' zei Lucas. Maken is ons enig protest tegen de dood dacht ik, maar hoe zit het dan met het stukmaken? Hoe zit het dan met moord?

Een man kwam met een zak ongebluste kalk aanzetten. Hij had gedurende zijn verblijf in België samen met bekenden karweitjes opgeknapt. De mensen voor wie hij de keuken had geschilderd hadden een feestje gegeven en bij die gelegenheid was er een schaap geslacht. Hij had ze uitgelegd dat je de kop moet begraven en laten versterven. Na verloop van tijd werd het een delicatesse. Die mensen wisten niet hoe dat moest, de kop van het schaap was in de diepvrieskist gestopt tot ze hem zoals voorgeschreven konden prepareren. Toen de man via de tamtam had gehoord dat wij in de buurt waren, had hij die zak ongebluste kalk de berg opgesjouwd zodat wij zijn vrienden met die ingevroren schapenkop konden helpen. We kregen nog een keer uitgelegd hoe het moest met die kop en ik zag die lui in het thuisland al stiekem een schapenkop tussen de tulpenbollen begraven. Wij stonden met onze mond vol tanden naar die zak te staren. Met ongebluste kalk werden de lichamen in de massagraven bedekt. Zouden vooruitziende lieden daar voorraden van aanleggen? De schonkige man straalde, nu kon hij een keer wat terugdoen.

'Oké,' zei Johan.

'Ben je gek geworden?' vroeg Marc.

'We raken dat goedje wel ergens kwijt,' antwoordde Johan.

'Ik ga er niet mee lopen sjouwen.' Marc lag dwars.

Maar de man gooide het geval als een meelzak over zijn schouders en begon voor ons uit naar de auto te lopen. Bij elke stap ging hij zijdelings door de knieën, het was alsof een dronken danser voor ons de weg naar Sarajevo baande. Čele ĸula, mompelde ik, mij een toren van schedels voorstellend die allemaal op elkaar leken. Die allemaal grijnsden en naar nergens keken. Het was donker, maar de mannen die met ons meeliepen wilden ons absoluut een van de vele geschutstanden tonen. De stank kwam ons tegemoet, het geval was blijkbaar als latrine gebruikt. Zo gelaten de mannen waren geweest, zo gedreven toonden ze zich nu. Ze wilden ons alle plaatsen tonen vanwaar de vallei onder vuur was genomen.

We kwamen langs een groot huis met galerijen, het zag er ongeschonden uit. Wat nog verwonderlijker was, het stond leeg. De mannen legden ons uit dat het huis was voorbehouden, de loco-burgemeester zou er zijn intrek nemen. Er waren plannen voor een grondige opknapbeurt en de tuin zou opnieuw worden aangelegd. De bewakers verbleven in het tuinhuis en het was geraden op afstand te blijven. In een van de kamers op de bovenverdieping brandde licht, dat was dag en nacht zo. Onze begeleiders wisten niet of dat opzet of toeval was.

'Misschien is de laatste die het huis verliet vergeten het licht uit te doen.'

Siglavy was achterop gekomen, hij dampte en blies zijn adem door zijn neusgaten, zijn witte vacht scheen alsof hij een maanpaard was. Hij stapte op het huis af zonder zich iets van de bewakers aan te trekken. Met een kopstoot had hij de deur open, maar voor hij naar binnen ging keek hij om en gedwee volgde ik hem in de hal en door de kamers. Naargelang we vorderden floepten de lusters aan. Het huis moet er van buitenaf feestelijk hebben uitgezien. Sig bleef af en toe staan en keek om zich heen. Het huis was ingericht als een betere burgerwoning, met donkere geboende meubels en kristal op de tafels, een beetje Biedermeier, maar de kleden, de tapijten, en de langs de muren opgestelde divans met kussens gaven het een oriëntaals aanzien. In de salon hing boven de haard een fijngeslepen spiegel, die het lamplicht weerkaatste. Siglavy had blijkbaar gevonden wat hij zocht. Naar het oude gebruik in zijn moederland moet het paard van het buitenhof in het huis worden gebracht om in een spiegel te kijken, zodat het zich gedomesticeerd weet en zijn geest het huis zal beschermen. Met genegen hoofd, in *de piaffe*, de tred op de plaats, stond Sig voor de spiegel, wel een paar minuten, toen hield hij halt, hief het hoofd en keek in de spiegel. Nooit had je een paard harder zien schrikken, hij hinnikte, steigerde en sloeg de spiegel aan gruzelementen. Op slag verschoot hij ook van kleur, gitzwart, sloeg hij vuur uit zijn hoeven. De hele inboedel – vitrines, kandelaars, porselein, waterpijpen, kussens – alles moest eraan geloven! Hij trapte en bokte, het schuim vloog van zijn lippen, en hij vloekte als een ketter.

e reis was tot een kwalijke gewoonte geworden. Ik ontwaakte voor de wekker afliep, zat een ogenblik duizelig op de rand van het bed en ging vervolgens onder de douche. Ik trok schoon ondergoed aan en herschikte mijn bagage. Ik deed dat geconcentreerd maar zonder erbij te denken, het kwam erop aan op alles voorbereid te zijn. Leven op vijf voor twaalf.

Bij mijn grootmoeder was het manisch geworden, schoon op jezelf, de boel aan kant. 'Laat de duivel nu maar komen!' Zij had het reizen opgegeven en zich in haar huis verschanst met als laatste wens: in haar eigen bed te mogen sterven. Ik was met veertien net zover dat ik met welgevallen in de spiegel keek en baadde met een zekere verwachting. Dat je wilde sterven in een bed waarin je vrijde en kinderen had gekregen kon ik niet begrijpen. Ook niet dat je voorgoed op dezelfde plaats wilde blijven. Ik wilde varen, vliegen, rijden, het kon niet ver genoeg zijn. Ik was klaar voor alle mogelijke dwaasheden en het leek alsof er geen prijs op stond. Het leven kon elke dag beginnen. Tussen die dwaze maagd en de beduchte vrouw zat een hele afstand, maar hij was niet, of nog altijd niet, onoverbrugbaar. Ik hoefde niet naar Sarajevo te reizen om te weten dat het leven ook alle dagen kon eindigen; wat me niet beviel was dat die onprettige waarheid zo onverbloemd werd gedemonstreerd.

'Napels zien en dan sterven!'

Gevoel voor droge humor kon Lucas niet worden ontzegd. Het gezelschap stond met opgestoken kragen bij de auto, het was bitterkoud, toch had niemand haast om in te stappen. Aan de overkant van de weg lag een minaret als een reuzensigaar tegen de grond, de rest van de moskee leek ongeschonden. Zo was het overal waar we passeerden. Het ene dorp was verwoest, het andere gespaard. Wat onberoerd leek – de bergen, de bossen, het vluchtende water –, kreeg precies daardoor een onheilspellend aura. Het was als met de mensen die er op het eerste gezicht gewoon bijliepen maar die helemaal verknipt waren. Ik moest steeds voor mezelf herhalen dat een berg een berg was, zoals een boom een boom is, niets was wat het leek, en alles was dubbelzinnig. Je kon niet aan de oorlog wennen. Ik was voorgoed de onschuld kwijtgeraakt.

Het onbehagen tastte ons hele gezelschap aan, de een had buikloop, de andere maagkrampen, eentje waste zich niet meer, terwijl ik voortdurend op zoek was naar water. Het was meer dan de behoefte van een vermoeide reiziger om zich te wassen, ik had een gevoel van smerigheid. En ik begon een soort dubbelleven te leiden. Uiterlijk aanwezig, innerlijk afwezig. Behalve dat een binnenstem ongewenst commentaar leverde. Ik verviel in een gewoonte uit de kinderjaren die comfortabel leek, maar die mij tot vertwijfeling had gedreven omdat ik nooit meer heel was, of nooit meer helemaal bij de zaak. Ik had van de liefde, het werk, de natuur, noem maar op, verlangd dat ik zou worden verlost van dat dubbelen, dat iets mij totaal zou vervullen en één maken. Het was nooit helemaal goed gekomen maar ik had een soort evenwicht gevonden; ik was een getuige, een commentator, iemand die een verhaal doorvertelde en er haar deel aan toevoegde. Ik wist, dacht ik, waarvoor ik stond. Met Sarajevo voor ogen twijfelde ik weer aan alles, of ik moest toegeven dat alles mogelijk was. Vroeger was die gedachte de deur naar de vrijheid; nu was het een hellegat. Ik verwachtte het ergste.

Het was bepaald geen liefde op het eerste gezicht met de Balkan. Noch met het volk dat zichzelf bestreed. Ik vergaf het niet dat schoonheid werd bevuild of vernield. Dat de rust van mijn bestaan van buitenaf werd verstoord. Dat ik verplicht werd mij te bezinnen over onverdraagzaamheid en moord en alles waartoe men mensen kan brengen. Zowel het politieke geklets als de opgeklopte emoties stonden mij tegen. Toch zou ik aan de Balkan verslingerd raken, ik zou die vervloekte bastaards liefhebben. Hun verhaal was in het mijne geïnfiltreerd, het andere was eigen geworden. Ik zou niet op hoge toon beweren dat ik hetzelfde zou doen, de omstandigheden in acht genomen, omdat ik de moordenaars vervloekte, ik ging de weg van het hart, die ook de weg was van de kinderen, van de vrouwen, van de oudjes. Zij doorbraken mijn reserve, mijn wantrouwen tegenover sentiment, zij vatten mij aan en verwarmden mijn hart. Welzeker, dat hart dat zozeer uit de mode was geraakt. Niet langer een tempel van liefde en mededogen, maar een onbetrouwbaar instrument, een pomp, een ding dat als een wekker in de ribbenkast hing en verder geen belang had. Toch was het dit hart dat onze postmoderne hersens van bloed voorzag, dit hart dat onze verlangens voedde en onze hoop levend hield. Het was dit hart dat liefhad en kon vergeven. Daar waar de hersens het opgaven bleef alleen het hart over. En het hart van Bosnië was Sarajevo.

Een stad met een bebloed blazoen, een stad als een kruitvat. Het Parijs van de Balkan werd ze genoemd, maar de lichten waren gedoofd. Sarajevo is een stad waar je naar moet afdalen. Zij is niet naar de heuvels opgeklommen, maar heeft zich in een dal ingegraven. Zij is in een kloof gevat. Een kloof als een geslacht; een kut waarin alle soorten zaad werd gestort en die alle aard kinderen heeft voortgebracht. Sarajevo is een stad van evenzoveel dwazen als wijzen die elkaar de erfenis van de geschiedenis betwisten, maar waarvan de enige erfenis de veelzijdigheid is en die aldus onverdeeld moet blijven. Het is een stad van het Oosten, waar ook het Westen een dependance heeft, een stad die uit onderscheid en verschil is opgetrokken, maar die als een hart is met kamers waardoor het bloed wordt gestuwd en waarin alle tegenstellingen worden verenigd. En aldus werd het ook de stad van mijn hart.

Zij leek met haar torens, koepels en minaretten op Jeruzalem. Zij was als een bazaar van God die in al zijn gestalten liefde en vrede voorstelt, maar die in plaats van te verenigen hopeloos verdeelt. De etnologen van de religie stonden altijd paraat om de heilige oorlog uit te roepen. Ik had als kind een voorliefde voor het aparte of het bizarre, ik was ook dol op allerhande kerken. Toen ik een keer met mijn grootmoeder voorbij de grote synagoge van Antwerpen liep, vroeg ik of we bij een volgende gelegenheid daar de dienst konden bijwonen, de eigen kerk had ik ondertussen wel gezien.

'Die kerk is voor de joden,' zei mijn grootmoeder.

Of het dan om een andere God ging? Nee, het was dezelfde maar anders verpakt. Dat vond ik spannend. Of er nog meer andersoortige kerken waren? Een heleboel, maar met één had je al voldoende last. Dat begreep ik niet, of wilde ik niet horen. Ik nam me voor elke keer een andere kerk op te zoeken. Aan God ben ik nooit helemaal toe geraakt, maar zijn vele verschillende huizen zijn mij blijven bekoren.

Van de weeromstuit hield ik ook van steden waar alle soorten van mensen samenleefden en waar de architectuur een compositie van diverse culturen was. Nooit had ik daarbij het gevoel mijn eigenheid te verliezen.

Ik was een Poeselse en Poesele lag in Kongarije, het land waar mijn grootouders waren bijgezet, waarvan ik de taal verstond, het Atlantis van mijn herinneringen. Vanuit die eigenheid wilde ik het al omvatten. Ik zag hoe mijn grootouders stilletjes begonnen te sterven, hoe ze dag na dag terrein verloren en meer van het verleden dan de toekomst waren. Ik wilde ze niet kwijt maar ik begreep dat zij mij onvermijdelijk zouden verlaten. Ik was ontroostbaar en met hun dood werd ook de mijne aangekondigd. Ik nam me voor me tot de laatste dag te verzetten, ik zou zoveel mogelijk leven, zoveel mogelijk verkennen, zoveel mogelijk genieten. Dat was mijn religie. Nooit zou ik mij afsluiten, of mezelf achter vooroordelen gevangen zetten. Mij was geen stukje land, maar de hele wereld gegeven! Dat was mijn religie. Een strenge leer en zeer exclusief, maar ik was nog een kind. Het was een leer die mij ook in conflict bracht met de profeten van het eigen gelijk, met de regelneven van God en partij, die in wezen zwak zijn en zich daarom genoodzaakt zien om te onderwerpen of te verdelen. Voor zichzelf stellen ze niets voor, ze moeten hun gezicht aan de ander of het andere ontlenen. Ze maken niets en brengen niets voort. Ik kon niet anders dan ze de voet dwarszetten, dan tegen ze in het veld treden. Daardoor liep ik het gevaar hun logica over te nemen; er zat niets anders op dan de hulptroepen te vervoegen. Een reddende engel had ik mij nooit gevoeld, wel iemand die haar vrijheid naar beste vermogen verdedigde. Het ging niet om hen, maar om mij. Mij zouden ze niet te pakken krijgen! Net zomin als diegenen die ik liefhad, of met wie ik mij verbonden wist. Het ergste was hulpeloos te moeten toekijken of machteloos te ondergaan. Ik wilde geen slachtoffer zijn. Mijn hart beefde als ik naar Sarajevo keek, het was alsof de stad op haar rug lag. Alsof het een kaartenhuis was dat je omver kon blazen. Waarom verbeelden mensen zich dat geluk erbij hoorde of vanzelfsprekend was? Dat ze er recht op hadden?

Ik vouwde mijn handen als een verrekijker om mijn ogen en speurde langs de hellingen die met ongebluste kalk bestrooid leken. Ook de sneeuw had haar onschuld verloren. Ik tuurde naar de stad in de diepte en probeerde iets of iemand in het vizier te krijgen. Aarzelde een scherpschutter voor hij de trekker overhaalde of was hij vervuld van een woeste vreugde? En wat ging er om in de rennende, struikelende en vallende mensen? Hoe ging het er aan toe in de huizen en kamers, zonder verwarming, zonder elektriciteit? Wat als je niet wist of je moest blijven of vluchten? Wat als je geen uitweg meer zag, als een rat in de val zat? Wat als je alleen nog maar kon wachten?

Wachten. Zoals mijn grootouders hadden gewacht, met het glas in de hand, tot de pantserwagens het porselein in de pronkkast deden rinkelen. Hun landgenoten sjokten ondertussen over de wegen met handkarren en kinderwagens en zochten in droge sloten bescherming voor de boordmitrailleurs van de duikende vliegtuigen. Het is weer een keer zover. Mijn grootvader wil nog wel proberen te overleven al was het maar om de moffen dwars te zitten, maar mijn grootmoeder wordt er doodmoe van. Als het moet, dan vlug en in één keer. Zij vraagt mijn grootvader met haar naar bed te gaan. Ze zondigt tegen haar principes, het is de man die de vrouw vraagt, daar heeft zij zich altijd aan gehouden. Mijn grootvader schrikt als hij haar ziet huilen, ook dat is de omgekeerde wereld, hij is het die gewoonlijk huilt en om zijn moeder roept. Hij draagt haar de trappen op, zoals hij eens zijn bruid met al haar rokken de trappen op heeft gedragen. In de slaapkamer staat het bed, hoog opgemaakt, met over de zijden bordeauxrode sprei de gehaakte witte. Een troon. Als hij haar neerlegt merkt hij dat ze in haar broek heeft geplast, maar hij zegt er niets van en schikt haar jurk over haar benen. Denkt hij aan de geboortes van zijn kinderen, toen het vruchtwater brak en zij, zoals hij lachend placht te zeggen, 'het bed onder water zette'?

'Chérie,' fluistert hij.

Hij kust haar. Lieveling. Heeft zij hem gehoord terwijl de wereld verging? Is zij daarom toch nog blijven leven? Is dat liefde? Geen dag ging voorbij zonder dat zij elkaar bestreden, geen nacht zonder dat zij elkaar liefhadden. Toen de één doodging, had het leven voor de ander geen zin meer. Maar nooit waren twee mensen meer verschillend. Was het liefhebben omwille of ondanks het verschil? En hoe was het om je wereld tot twee keer toe in puin te zien leggen? Er was voor en na de oorlog. De oorlog was een breuk in de tijd. Het kwam mij voor dat de liefde het van het verschil moet hebben en de haat van het gelijk. En wat de oorlog betreft: ook voor mij zou het voor en na Sarajevo worden. Ik liet mijn handen zakken.

'Heb je wat gezien?' vroeg Marc.

'Ja, troep.' Ik wees naar de vuilnisbelt die tegen de helling lag te smeulen.

Het vuilnis bleef overal liggen, iedereen deed zijn gevoeg waar het hem uitkwam, achter een ziekenhuis hadden we twee honden zien vechten om een long. Tenminste dat veronderstelde ik, tot Marc mij droogjes meedeelde dat het een placenta was. Ik had die bloederige klont niet herkend. Was ik na de geboorte van mijn dochter zo in beslag genomen door de baby dat ik er geen aandacht aan besteedde? Ik wist het niet meer. En bij het zien van die grommende honden vroeg ik me af waar de placenta was gebleven. De nageboorte, zoals dat zo treffend werd genoemd. Aan de farmaceutische industrie geleverd, voor een prijsje aan een fabrikant voor schoonheidsproducten overgemaakt, of gewoon in de vuilnisbak gekieperd? Het kwam mij voor dat ik slordig had geleefd, alles over me heen had laten gaan, of te vanzelfsprekend had gevonden. Mijn placenta was eerst door de baker 'gelezen': gezondheid, toekomst, het was allemaal in die moederkoek opgeslagen. Daarna was hij onder de drempel begraven, het eerste wat van mijn moeder en mij aan de aarde werd toevertrouwd. Het enige waarin wij weer verenigd waren.

In Bosnië bleven de lijken ook liggen, of ze werden naargelang het uitkwam onder de zoden geschoffeld. Het was een rommeltje, het stonk, en hoe moest je in die voddentroep het lichaam van je geliefden terugvinden? Ik was nog maar een uur onder de douche vandaan of ik wilde alweer onder de kraan. 'Vervuiling is pathologisch,' zei Lucas. Met een gezicht van 'een goede verstaander heeft maar een half woord nodig'. Johan zat gedreven in zijn soeptrui te dampen, het doel was in zicht, zijn heilige drift dreigde koudvuur te worden. Ik vond het de hoogste tijd hem over zijn vrouw en kinderen te spreken: voorzichtigheid was geboden en heiligen zijn slechte vaders. Hij knikte, zei op alles ja en amen, maar bleef koortsig in de verte staren. Toen ik aandrong, klopte hij op zijn hart. Daar had hij vrouw en kinderen veilig opgeborgen, daar zaten ze op hem te wachten. Was het dan toch waar dat mannen alles in hokjes verdelen en vrouwen alles proberen te verenigen? Had ik te maken met het kleine, het grote, of het eindeloze verschil?

Ik had het er terloops met Siglavy over gehad, maar die had als dekhengst wel wat anders aan zijn kop. Hij was even naar zijn thuisbasis om over zijn stamboek te overleggen en sprak van op lange afstand, via Eurovisie. Na alle oorlogen, gevolgd door het wisselen van de macht, was er ook over de stamboeken betwisting ontstaan. Wie had de oudste, wat was vernield en hoeveel waren er gestolen? Van keizerlijk paard tot proletarische knol: het paspoort bewees wie en wat je was. En in het consumptieparadijs was het merk van het allerhoogste belang. Met zijn naam wilde Siglavy ook zijn nakomelingen beschermen en het vaderschap opeisen. Je wist maar nooit wat de dame achter je rug uitspookte. Niet dat Sig zo kieskeurig was, een willige merrie was altijd een buitenkansje, maar de erkenning van het nageslacht hing van het stamboek af. De erfelijkheid zit in de genen, in het karakter, maar erkend wordt ze pas door de naam. Dat hadden de paarden aan de mensen te danken, een soort die erop losneukte, maar die niemand erkende die geen geldige papieren kon voorleggen. Je kon als zwart veulen wel beweren dat je over zeven jaar in een mooi wit paard zou veranderen, – zoals het lelijke eendje tot zwaan transformeerde – geen mens die dat beliefde te geloven als je het niet zwart op wit kon bewijzen!

'Alle racisten naar het stamboek!' riep Sig. Hij ging in spermastaking. Jazeker, hij zou de handel saboteren, het was toch al beneden zijn waardigheid dat hij werd afgetapt en zijn zaad in flesjes naar de merrie werd gezonden. Hij liet zich niet langer professioneel masturberen! 'Een paard heeft ook zijn gevoelens.' Sig was niet te spreken over de gang van zaken. Stambomen en bloedlijnen, daar hadden die paardenhandelaars de mond van vol, maar wat was de prijs voor schoonheid? Of van kunst? Wat had de bombast over traditie en eer met uitwisseling en verjonging te maken? 'Dekken en verrekken!' Dat was voortaan de leuze van Siglavy.

Zolang er een zeker evenwicht bestond tussen dekken en verrekken had hij daar vrede mee gehad, maar nu, met alweer oorlog, met een papierslag over de herkomst, met de nationaliteitskwestie als een halster, met vergiftigd voer en allerhande bederf, ging de kwaliteit van het zaad achteruit, je stootte je suf, maar niets, nul komma nul, *nada*! De dames zaten er ook mee, moeder en kind nietwaar, daar kwam je niet zo vlug tussen, dat was per definitie eigen; de dames, hoe heet ze ook mochten staan, duldden de indringer – niet te vergeten, een lady kon met een trap je hersenpan eraf slaan – omwille van het veulen. Ook als ze je mochten, piekerden ze er niet over van een wip op de weide een zaak voor het leven te maken. Je bleef als hengst altijd een beetje op je honger, je wilde het daarom altijd nog een keertje overdoen, om indruk te maken, om je voort te planten, vanwege het sentiment, vooruit, maar als er dan niets van voortkwam stond je voor schut. Het was als een hemel zonder vogels, een rivier vol dooie vis. Het was alsof je moeder natuur tekortdeed. De Karst was de Karst niet meer, net zoals die Alpenweiden meer schijn dan werkelijkheid waren. Het milieu was grensoverschrijdend. Wanneer zouden die vaandrigs van 'Natie & Productie' doorhebben dat je de zuiverheid aan de natuur kon overlaten en dat kwaliteit uit veelzijdigheid werd gedistilleerd? Op uitsterven na dood, dat was de Lippizaner als het zo doorging. Dan konden ze het stamboek in het museum bewaren en de laatste Lippizaners als rariteiten in de Zoo tentoonstellen! En voor hun nobele witte paarden krokodillentranen huilen!

Siglavy draaide een pirouette alsof hij op zijn drielandenpunt zijn eigen stand wilde verdedigen, vervolgens zette hij de passage in om de vijand op de flanken aan te pakken, demonstreerde de vliegende galop, bruikbaar bij aanval en ontsnapping, en alle figuren boven de aarde, van de *courbette* tot de *capriole* waarmee je kunt slaan of trappen en hij deed dat niet als een danser van de *haute école*, maar als het strijdros van Xenophon. Hij zou die fanaten van het stamboek een poepje laten ruiken! Met die ruzie tussen oude en nieuwe naties had hij evenmin wat te maken, een paard hoeft geen nationaliteit, het heeft een afstamming. En die had hij daareven nog een keer ten overvloede gedemonstreerd. Een hengst voor hun kop, dat konden die paardensjacheraars krijgen! Siglavy was behoorlijk opgewonden, maar ook met wapperende manen en zwiepende staart was hij een schoonheid.

'Macho,' zei ik vertederd.

Van de eerste kruisingen met merries van de Karst en de *founding fathers* zoals Maestoso, Favory, en Siglavy niet te vergeten, die hun eigen dynastie hadden opgezet, had men door vermengen en distilleren een aparte soort gecreëerd. Om niet aan inteelt en erfelijke ziektes ten onder te gaan was er altijd de inbreng van vers, dat wil zeggen, vreemd bloed, nodig. Spaans, Arabisch, Deens, en ga maar door, het was een cocktail, een *pot au feu*, een heerlijke mengelmoes, dat een even herkenbaar als prachtig wezen had voortgebracht. Een wezen dat niet voor het nut, niet voor de strijd, en niet voor de dienst kon worden ingezet. Dit paard behoorde aan diegenen die het liefhadden. Om een einde te maken aan het touwtrekken over wie de enige echte Lippizaner mocht vertegenwoordigen en hem zowel in zijn land van oorsprong als over de grenzen heen in zijn recht te laten stelde ik voor van de Lippizaner een Europees paard te maken.

Sig snoof minachtend: 'Dat waren we toch al.'

Hoe gezeglijk hij ook was onder de hand of het zadel, van valse bescheidenheid kon hij niet worden verdacht, maar ik moest hem gelijk geven. Uit de buik van Europa voortgekomen, over Europa uitgezwermd, en weer van op zijn standplaats het beste wat Europa kon voortbrengen vertegenwoordigend. Van de krijg naar de dans, in de eigenheid de veelzijdigheid, kunst en kunde, een symbiose van Oost en West, waarom konden we het daar niet mee doen? Waarom moesten we altijd weer tegen elkaar in het strijdperk treden? Waarom liep het keer op keer uit op oorlog? Je kon het geen succes noemen dat ik tachtig jaar nadat mijn grootvader in het harnas was gedwongen weer op weg was naar de stad waar ook zijn oorlog was begonnen. En ik beschikte niet eens over een geweer, ik kon alleen smeken of vloeken. En emmertjes water aandragen. Ik moest mij op dat beetje hulp beroepen. Op dat ene spreekwoordelijke kind dat Johan in de mond was bestorven. Goedwillend waren we, zeker, maar ook tamelijk hulpeloos.

'Luister…' begon ik.

Siglavy gaf mij niet de kans mijn zaak te bepleiten, hij schakelde het beeld uit. Ik zou alvast niet op een wit paard Sarajevo binnenrijden.

Auto's raasden over de boulevard, aan weerszijden stonden kaduke karkassen van flatgebouwen, daaromheen strekte zich een verveloos niemandsland uit. Johan wees naar de ruïnes, de zwartgeblakerde autowrakken, de naamplaatjes van de gevallenen. Hier hadden de scherpschutters twee mensen gedood, daar was een granaat terechtgekomen. Ik keek, maar ik had het al op de televisie gezien. Het was alsof het beeld de werkelijkheid had verdrongen. Bij een kruispunt stond een vrouw met een kinderwagen. Plotseling liet zij de stang los en de kinderwagen hobbelde stuurloos richting rijbaan. Johan toeterde, Marc schreeuwde, de auto kwam tot stilstand en Lucas rende naar de kinderwagen. Hij kon hem nog net voor het aanstormende verkeer te pakken krijgen. De vrouw stond verdwaasd op de stoep. Toen wij dichterbij kwamen ontdekten we dat in de kinderwagen geen baby lag, maar huisraad en kleren. Lucas bracht de kinderwagen weer naar de vrouw. Zij opende haar mond voor een geluidloze schreeuw en bleef hem blanco aanstaren. Hij moest haar handen om de stang vouwen. Als een zombie sjokte zij verder met haar hele hebben en houwen. Wij keken haar na.

Ik herinnerde mij het getuigenis van de gemeentesecretaris uit het dorp waar de doden door de straten wandelden. Hij had het over zijn vrouw, een moeder van vijf, die met de kinderen aan haar rokken en de baby in de kinderwagen door de Duitsers naar de weide werd gedreven. De mannen waren toen al van de vrouwen gescheiden en stonden met het gezicht naar de kerkhofmuur. De gemeentesecretaris had het gewaagd om te kijken. Een soldaat rukte aan de kinderwagen, maar zijn vrouw had met bovenmenselijke kracht de stang vastgehouden. Met een vloek had de soldaat haar laten gaan. De stem van de gemeentesecretaris brak, hij boog het hoofd en huilde. Ik had de bandopnemer stilgezet. De gemeentesecretaris stak een sigaar op en

mompelde verlegen: 'Zelfs mijn vrouw heeft me nooit zien huilen.'
Ik had daar zwijgend gezeten, niet in staat de volgende vraag te stellen. De moordpartij waarover de gemeentesecretaris sprak was mij bekend, maar dat detail over die kinderwagen, de tranen van de man die voor het eerst over die gruwelijke meidagen sprak, hadden mij verlamd. Ik was ook de enige in die auto in Sarajevo die niet had geschreeuwd of in actie was gekomen. Verstand en gevoel waren uitgeschakeld. Zelfs als er een baby in de stuurloze kinderwagen had gelegen had ik die wezenloze vrouw geen steen kunnen werpen. Ik had het Sarajevo van mijn grootvader geërfd en het Sarajevo van de laatste oorlog tot het mijne gemaakt, maar nu ik waarlijk Sarajevo binnenreed, was de realiteit ervan te overweldigend.

In het voetbalstadion dat tot kerkhof was getransformeerd lagen de grafheuvels onder de sneeuw als pas opgemaakte bedden van een ziekenzaal. Alsof de graven op de doden wachtten. Ik zat te klappertanden toen we de heuvel naar het ziekenhuis van Koševo opreden. Johan trad weer op als oorlogsgids. Van daarboven was het verplegend personeel met de zieke kinderen en de baby's in de couveuses – de prematuren zoals Johan de te vroeg geborenen noemde – onder beschieting naar het lager gelegen hoofdziekenhuis gevlucht. 'Wij' hadden vervolgens die geïmproviseerde kinderafdeling verder geholpen, met spullen, maar ook met een uitwisselingsprogramma. Door stress geplaagde dokters – oorlogsgeneeskunde is uitputtend, vooral als het om kinderen gaat – kregen in het universitair ziekenhuis van Gent een bijscholing en konden een bescheiden *sabbatical* genieten. 'Wij' lieten zien wat we in huis hadden, wij toonden ons van onze beste kant. Illustreerden de charme of het voordeel van het verschil. Onze rijke historie. Over de vunzige kanten van ons fabeltjesland gleden we heen alsof het schoonheidsfoutjes waren. Bijvoorbeeld, de wijze waarop we de ander als vreemde inschatten, of de normen waarmee we iemand of iets in of uit verklaarden. We stelden het voor alsof het bonte vertoon in onze straten onze verdienste was, alsof de gekleurde gezichten erbij hoorden; een bewijs voor onze openheid. Maar we zeiden niet dat het in de praktijk meer met dulden en wegkijken te maken had en niet met aanvaarden en communiceren. We praatten vlot over de onverdraagzaamheid – die van de anderen – en de politieke onmacht om het probleem te klaren. Vol goede wil, wij, intelligente waterdragers. Het was alsof we onszelf moesten overtuigen dat het met de veelgeciteerde onverdraagzaamheid wel niet zo'n vaart zou lopen. 'Zo waren wij ook,' merkte een dokter uit Sarajevo op. De vrijwilligers die van een uitstapje naar de Balkan terugkwamen waren heel wat stiller, die haakten af, of wilden meteen terug. Die hoorden ook in eigen land een tijdbom tikken.

Het hoofdziekenhuis leek met zijn vele afgesloten ingangen op een burcht. Johan had het in zijn hoofd gezet dat ik een dokter nodig had, en voor ik het wist zat ik in het voorgeborchte van de hel, dat wil zeggen de wachtzaal, tussen de ambulante patiënten. Ik keek verdwaasd naar de bleke kuchende schimmen. Dokters kwamen en gingen, maar die ene die mij kon helpen was er net niet. Ik schudde mezelf uit mijn lethargie en blafte schor dat ik naar bed wilde en voor geen geld in het ziekenhuis zou blijven. Ik was als kind jarenlang patiënt geweest. Dat hadden we gehad. De kwaadheid redde mij van het zelfmedelijden. Op een van de verveloze stoelen zat een kind met wiebelende benen dat het snot uit zijn neus afwisselend oplikte of ophaalde. De vader, of wie het mocht wezen, stond ernaast en liet het begaan. Woest rukte ik mijn tas open en overhandigde Marc een pakje papieren zakdoekjes: 'Geef die kleine een zakdoek!' Het alledaagse wint het altijd van de tragiek, of liever gezegd: het maakt er deel van uit.

Johan gaf toe dat het beter was een huisvesting voor de nacht te zoeken en de volgende morgen terug te komen. Terwijl we aan de dwaaltocht begonnen – de ene afspraak na de andere bleek weer niet te kloppen –, verklaarde Lucas dat er zich onder de ambulante patiënten hoogstwaarschijnlijk ook een Serf had bevonden. Waar hij dat aan meende te zien mocht de duivel weten en mij kon het geen moer schelen. Ze zochten het maar uit met hun soortgevoelen.

Het ging van boulevard naar brug, straat in, straat uit. De huizen waren donker, als verlaten. Het kwam me voor dat wij rondjes draaiden, dat de stad ons insloot. Toen Johan met Marc in een achterafsteeg verdween om de contactpersoon te zoeken, greep ik Lucas bij de mouw: ik wilde voor geen goud alleen blijven. De contactpersoon die mij naar een flat zou brengen leek op de boer uit Picardië die mijn familie naar het graf begeleidde. Ik weigerde mee te gaan; of met de jongens of niet. Het was onredelijk, maar ik kon het niet helpen. Van de boulevard kwam een BMW aanscheuren, eigendom van een dokter die in Gent had verbleven en terug in Sarajevo door een hartinfarct was getroffen. Een spoedoperatie in België had hem gered. We konden zijn flat krijgen, hij verbleef met zijn gezin bij zijn ouders omdat er geen verwarming was en het water op ongeregelde tijden werd afgesloten. We sjokten de trappen op naar de vierde verdieping, aan weerszijden van de treden stonden bloempotten met geraniums en cactussen te overwinteren. Een verdieping was afgesloten omdat er een projectiel dwars doorheen was geschoten. Ik moest de neiging onderdrukken om een van de bloempotten een trap te geven. Herinnerde mij een verhaal over een vrijer die een bloempot op zijn hoofd had gekregen toen zijn geliefde zich uit het raam boog. Mijn ooms hadden dat grappig gevonden. Er werd toen om heel andere dingen gelachen.

Kouder kon een flat niet zijn, zelfs de stoelen leken te rillen. Onder de kille kleden was de divan zo hard als een brits. De dokter had zijn vrouw opgetrommeld, een bleke medische studente die de uitputting nabij leek. Ze zette ham en augurken op tafel. De dokter mocht niet drinken maar hij dronk, hij mocht niet roken maar hij rookte, hij mocht niet – hij klopte zijn vrouw op haar achterste – maar hij deed het toch. Hij was een man, hij liet zich door niets of niemand de les lezen. Zijn hart zou nog honderd jaar meegaan! Als je het geluk hebt met een vliegtuig naar de operatietafel te worden gevlogen, dacht ik. Waarom at ik niet? Ziek? Dat beetje koorts? Daar drinken we op. De doktersvrouw toonde mij de kinderkamer, er stond een elektrisch verwarmingstel, dat kon ik gebruiken, als het werkte. Zij verdween net zo stil als ze gekomen was. De dokter verklaarde ondertussen dat de toestand erger was dan gedurende de belegering van de stad, veel mensen vertoonden tekenen van ondervoeding, vooral de kinderen waren er slecht aan toe. Gelukkig waren er de vrouwen van Sarajevo, vrouwen die wonderen konden verrichten. Maaltijden improviseren, kleren uit het niets toveren en zelf altijd even mooi zijn of zelfs nog mooier dan voor de oorlog. De vernielingen van de stad werden door de schoonheid van de vrouwen ruimschoots gecompenseerd. De vrouwen van Sarajevo wisten hoe ze zich moesten geven, dat waren westerse vrouwen verleerd.

Ik liet mij niet op stang jagen. Mijn reisgezellen, eveneens doodmoe en verstijfd van de kou, aten zwijgend. Maar de dokter liet niet af. Nooit zou hij in het Westen willen wonen, de intieme relaties waren er verziekt en alles draaide om geld. Niet te geloven ook hoe stom de kranten waren. Ze stonden bovendien vol leugens die iedereen slikte. Ja, dat was hier wel anders, gaf ik toe, een vrije pers die voor honderd procent te vertrouwen was, voor en na de oorlog, alle mensen even lief met elkaar en geld van geen enkel belang. Ik deelde een snede brood alsof ik een blad papier in tweeën scheurde. De dokter was rood aangelopen, Lucas zag zich genoodzaakt tussenbeide te komen. Ik slikte manhaftig het droge brood door. Klaar voor de volgende ronde. Johan en Marc moesten mij met zachte hand afvoeren. Lucas deed de dokter uitgeleide. 'Discussieer toch niet met die mensen,' zei hij zacht verwijtend. Ik opende mijn mond en klapte hem weer dicht zonder iets te zeggen. De tranen stonden in mijn ogen.

Uit de badkraan kwam gegorgel en giftig gesis. Ik poetste mijn tanden en spoelde na met slivovitsj. Er stond een kan met water, maar het was niet voldoende om de wc door te spoelen. Ik besloot het dan maar zo lang mogelijk op te houden. In de slaapkamer stonden drie bedden die onder bergen dekens en dekbedden waren bedolven, maar die er ondanks die bekleding niet uitnodigend uitzagen. Ik hield mijn sokken aan en trok een muts over mijn oren. De ramen waren bevroren. Ik ademde een kijkgat en zag een kaal perceel voor het flatgebouw, en verder langs de heuvel de contouren van het voetbalveld. De staafjes van een elektrisch kacheltje waren vuurrood, toch gaf het ding nauwelijks warmte. Ik trok het snoer uit het stopcontact vanwege het brandgevaar en meteen viel ook het licht uit. Het dek kraakte toen ik het opensloeg. In het licht van mijn zaklantaarn zag ik op een rijtje een beertje, een giraffe en een zwart speelgoedpaard in bed liggen. De beer miste een oog, de giraffe had geen staart en de vacht van het paard was afgesleten. Ik liet me op het bed zakken. Buiten werd er geschoten, een paar doffe knallen gevolgd door nijdig geratel. 'Er komt leven in de brouwerij,' mompelde ik. De invalide speeltjes doorstonden alles even geduldig.

'Niets aan de hand!' riep Johan.

Ik was te moe om bang te zijn, maar zijn bezorgdheid trof mij. De tranen sprongen alweer in mijn ogen. 'Slaap lekker, schatten,' mompelde ik tegen beer, giraffe en paard.

Het bed werd niet warm maar klam. Ik lag te rillen van de kou maar durfde het elektrische kacheltje niet aan te zetten voor het geval ik in slaap zou vallen. Ik ging in de keuken op zoek naar melk of thee, maar er was geen gas om iets op te warmen. Bovendien maakte mijn gestommel de jongens wakker. Zielig ging ik weer naar bed. Buiten bleef het stil, maar ook dat was niet geruststellend. Half wakend half slapend probeerde ik de nacht door te komen met drie speelgoedbeesten in mijn armen. Sarajevo was te waar om echt te zijn.

Ik dwong mezelf aan mijn eerste beer te denken, een grote bruine teddy met een rode strik om zijn hals. Ik had hem met de fles gevoerd tot zijn lijf ervan sopte en hij naar zure melk rook. Tante Adeline had de beer gewassen en boven op de haag te drogen gelegd. Zijn buik was opengebarsten en de pulp, een soort hooi, puilde uit zijn bruine vacht. Verdriet valt niet te meten. De zomers duurden eindeloos. Het was na de oorlog. Ik zou nooit volwassen worden. In Afrika zag ik mijn eerste giraffe in het vrije, een moeder met een kalf. Een soevereine mannequin die traag haar kopje op de halsstengel draaide en mij van onder haar lange wimpers dromerig aankeek. Het kalf deinde achter haar aan. Het was tussen twee oorlogen. Ik had een stukje paradijs ontdekt maar werd er meteen uit verbannen. Te wit voor Afrika. Ik wist niet goed of ik wilde liefhebben of geliefd worden, het verschil was niet zo duidelijk. Volwassen zijn hielp niet.

Tenslotte was er Siglavy die van zwart speelgoedpaard in wit sprookjespaard veranderde, maar die het de eerste nacht in Sarajevo mooi liet afweten. Het was alsof de oorlog mij omsingelde. Ik kon geen kant meer uit. Al mijn moeders hadden mij in de steek gelaten. Mijn grootouders waren dood. Ik hielp omdat ik zelf geholpen moest worden. Ik trapte naar de beulen, maar ik moest me ook beheersen om niet op de slachtoffers te schelden. Voor dag en dauw stond ik in de keuken. Er was geen water en er was geen vuur. Zo was ik dan eindelijk in Sarajevo aangekomen.

Ik stond tussen de knieën van de dokter als was ik weer een kind. Het enige verschil was dat ik op ooghoogte met hem was – hij zat op een krukje – en niet tegen zijn kruis aankeek. De dokter scheen met een lampje in mijn keel en oren en gluurde in mijn neus. Ik wist allang wat ik mankeerde – griep en balen – maar ik onderwierp me geduldig aan het medische onderzoek. De dokter haalde piepend adem, ik kreeg pillen uit Duitsland en zalf uit België. Johan stond erbij te glunderen. Nu kon ik aan den lijve ondervinden hoe goed de hulpverlening werkte. En hoe competent het medische personeel was. Hij had me het liefst in een ziekenhuisbed gestopt en daar een foto van gemaakt. Johan was door het onbegrip en het afschepen – *voilà*, een aalmoes, en laat ons nu met rust – alleen maar koppiger geworden. De oorlog was hem boven het hoofd gegroeid maar hij bleef redderen. Hij kon het niet aanzien, maar hij moest. Toen Lucas na de zoveelste puinhoop of het zoveelste getuigenis besloot dat hij het voor gezien hield, had Johan hem bij de hand gegrepen en meegesleept alsof hij een ongelovige wilde dwingen de vinger in de wonde te leggen. Ik was dankbaar dat de griep voorkwam dat ik mishandelde of geamputeerde kinderen moest aanzien. Het volstond dat ik achter glas een blik had geworpen op de te vroeg geboren baby's in de couveuses. Plukjes zwarte haren, roodgevlekte wangetjes, sondes, zuurstof, hartbewaking.

'We beschikken over een generator,' zei de verpleegster die mij van de slangen, de pompen en wat al meer naar de aansluiting van de elektriciteit zag kijken. Wat moest je als je in Sarajevo te vroeg werd geboren, in november nog wel, en kunstmatig in leven werd gehouden? Hoe stonden deze kleine soldaatjes ervoor? Twee kraamvrouwen in nylon dusters stonden smachtend naar hun baby te kijken. De moeders mochten vlugger dan voorheen bij hun kind. 'Om de band te versterken,' verklaarde de verpleegster.

Er was ook een baby die door de moeder werd afgewezen. Die ging maar met trage grammetjes vooruit. En op de vraag vooruitlopend besloot de verpleegster met: verkrachting, *rape*, alsof daarmee alles was gezegd. De baby lag op zijn rug, de beentjes zijdelings opgetrokken, de armpjes gevouwen met de vuistjes naast de schouders. De borst zwoegde op en neer. Ik had er geen goed oog in. En toen drong het pas goed tot mij door dat het met verkrachting niet afgelopen was, dat de lichamelijke schade nog kon meevallen, als je het vergeleek met het negen maanden lange dragen van een vreemde, zo niet vijandige last. Je kon je pakje zien kwijt te geraken, maar ook dan zou de goegemeente je eraan herinneren. Van slachtoffer naar dader was maar een kleine stap. Het kwam erop neer dat je als een gebrandmerkte met een buik als een tijdbom rondliep en erop werd aangekeken, bijvoorbeeld door je man, die zijn heilige der heiligen geschonden wist en in zijn nageslacht was getroffen. Had je er toch geen ietsepietsje lol aan beleefd? Had je het echt niet kunnen voorkomen? Was het niet verdacht dat je nog leefde? Tenslotte dat koekoeksjong baren. Het liefhebben en het afwijzen. Het niet als eigen kunnen of willen erkennen. De pervertering van het oerverbond. Ik keek nog een keer naar dat aapje. De oorlogsvrucht. Ik had het mij dit niet willen voorstellen, maar nu kon ik er niet meer onderuit.

'Jij had er beter niet kunnen zijn!'

Veronderstel dat het de stem van je moeder was. Hoe kon iemand met zo'n verdoemenis door het leven gaan?

'We zoeken een voedster, maar die zijn niet makkelijk te vinden,' zei de verpleegster en met een verontschuldigende glimlach voegde zij eraan toe: 'We kunnen ook niet veel betalen.' De baby was het lievelingetje van het verplegend personeel. Ze hadden het ook een voorlopige naam gegeven. Ik schudde onwillekeurig het hoofd. Vanwege mijn eigen voedster die toen ik negen was nota bene aan borstkanker was overleden – je kunt je wel schuldig blijven voelen –, vanwege het overschot aan melk waarmee ik zelf was gezegend en omdat ik, kijkend naar mijn dochter in de couveuse, smolt van tederheid en ja zei toen de non mij vroeg of ik wat melk wilde 'afstaan' voor een baby die alles uitspuugde en 'met de dag achteruitging'. De non vroeg me discreet te

237

zijn; de moeder van de baby wilde niet dat haar kind met de melk van een vreemde vrouw zou worden gevoed. 'Melk en bloed, dat ligt gevoelig,' zuchtte de non.

Voortaan hield ik ook de gewichtscurve van een tweede baby in het oog. Triomf toen het kind zich herpakte en begon aan te komen. Op een dag stond een mij onbekende vrouw tegen het glas van de afdeling vroeggeborenen te tikken. Zwart jasje, rode rok, tot in de puntjes verzorgd. Ze was opgelucht, haar kindje had een tijdlang gesukkeld maar nu hadden de dokters het middel gevonden om het maagje aan het werk te zetten.

'Wat voor middel?' vroeg ik poeslief.

Dat wist de vrouw niet precies, maar het werkte, zoveel was zeker. Of ik ook een baby in een couveuse had? Ik opende mijn mond maar de gealarmeerde non kwam toegesneld en voerde de vrouw met een ijzeren greep naar de deur. Zij sputterde tegen. Waarom mocht ik wel blijven?

'Zij voedt haar kind zelf,' antwoordde de non.

Mijn reisgezellen en de verpleegster hadden het over adoptie. Over het verlies dat een land lijdt als het zijn kinderen moet afstaan. Ben jij een kind van het land? seinde ik door het glas. Een kind van de snel vliedende rivieren en de donkere heuvels? Ben jij een kleine Bey, of het kerstkind van Sarajevo? Of ben jij het joodje van de compagnie? Ukkepuk, vechtend om lucht in je glazen kistje? Ben jij alleen jezelf, of van ons allemaal? En zoals wij van gemengde bloede? Moed kameraad! Volhouden maatje! Ik seinde SOS. Alsof niet alleen het leven van die baby ervan afhing, maar ook het onze, of liever: alsof het onze ook van het zijne afhing.

Onverwacht stopte de dokter een astmapompje in zijn wijdopen mond. Hij haalde een paar keer adem, naar lucht happend als een vis op het droge. 'Vroeger nooit last van gehad,' piepte hij. Het kwam door de oorlog. Gedurende het beleg hadden de mensen zich sterk gehouden, maar nu kwam de weerslag. Zenuwen, of het hart dat het begaf. Geen mens die zich lekker voelde of goed in zijn vel zat. Moord zuiverde niet, het bevuilde. De oorlog was niet weg, hij was ondergronds gegaan. Het onbehagen, de wrok, het woelen, gaven aan dat men op de volgende uitbarsting wachtte. Acuut levensgevaar bleek beter te doorstaan dan wachten op het onbestemde. Beter te verdragen dan de *post war*-slijtageslag. Drank & drugs vonden grote aftrek, maar hielpen niet. Seks, van oudsher een geliefd tijdverdrijf, was een hopeloze drift geworden. Mannen bleken impotent of raakten verslaafd aan hoeren. Vrouwen weigerden of lieten alles gebeuren. En wat moest je hier met kinderen? Het was één groot bordeel. De dokter herhaalde het moedeloos: één groot bordeel. Hij bleef omdat men nergens anders kon begrijpen wat er in hem omging. Hij zat aan Sarajevo vast als aan een ongelukkige liefde. Hij keek mij aan met treurige hondenogen en stopte het astmapompje in zijn mond.

Onwillekeurig deed ik een stap achteruit. De ene dokter was de andere niet. Maar de oorlog als excuus voor allerlei onvermogen was te makkelijk. Marc was nog een keer over de dokter van de avond daarvoor begonnen, de man meende niet de helft van wat hij uitkraamde. Hij was de kluts kwijt, dat hartinfarct was daar een aanwijzing voor. Was het ook geen aanwijzing voor een bepaalde levenswandel? Mij kwam het voor dat de oorlog een uitbrekend abces was. Dat achter de leuzen van 'broederlijkheid en eenheid' van het voormalig Joegoslavië haat en vervreemding schuilging. Dat de oorlogsstokers jarenlang met insinuaties en beschuldigingen het wantrouwen hadden aangewakkerd. Dat ze vertelden wat hun publiek graag wilde horen. Ik had nog wel gelachen vroeger, toen ik op de televisie die heren elkaar vol op de mond zag zoenen, maar *the kiss of death* was ernst gebleken. Hele volksstammen waren in een dodelijke omhelzing verwikkeld. Ik keek naar de mond van de dokter, zijn droge lippen waren gebarsten. Als je een kikker zoende bestond de kans dat hij in een prins veranderde. Ylonka, mijn Hongaarse vriendinnetje, was het eerste vrouwelijke wezen dat mij bekende in dat sprookje te geloven. 'En als je een prins zoent? Bestaat dan de kans dat hij een kikker wordt?' had ik gevraagd.

Dat waren te veel vragen in een keer. Ylonka wilde niet nadenken als ze verliefd was.

Er weerklonk een langgerekt gejammer, een riedel die zowel van een muezzin als van een flamencozanger kon komen. 'Aiaiaiai!' Ik scande in mijn geheugen de jaren die ik in het ziekenhuis had doorgebracht. Gedempte kreten, een huilbui, gefluister op de gang, dat zou ik herkend hebben. Maar niet dit oergeluid. Niet deze schreeuw.

'Wat gebeurt hier?' Marc dreigde zijn kalmte te verliezen.

De dokter hield zijn hoofd schuin: '*Birth!*'

Weer klonk de schreeuw, ijzingwekkend.

De dokter glimlachte amechtig: '*Boy!*'

Met stille trom verlieten we het ziekenhuis. Lucas vond het onzin dat een geboorte van een jongen pijnlijker zou zijn dan die van een meisje.

'Misschien was het wel een vreugdekreet,' opperde ik.

'In sommige culturen wordt er harder geschreeuwd,' relativeerde Johan.

'Het stond al in de bijbel; in pijn zult gij baren,' zei Marc grimmig.

Ik moest me bedwingen om mijn oren niet dicht te stoppen.

We reden door Sarajevo, maar wat mij betrof had het evengoed de maan kunnen zijn. We stapten door een poort, staken een binnenplaats over, moesten zoeken voor we het juiste huizenblok vonden. Later zou ik mij vooral de trappen herinneren, trappen waar geen einde aan kwam. Stemmen achter gesloten deuren, gestommel in de duisternis. Ik viel tegen een muur aan maar zette door. Helemaal bovenaan stonden mijn grootouders mij op te wachten. Ze stonden in een open deur, in tegenlicht, maar ik vergiste me niet. De dappere oudjes hadden mij verwacht. Ze trokken mij het vliegeniersjack uit, schoven pantoffels aan mijn voeten en voerden mij naar een luxe slaapkamer. Getuft wit tapijt, witgelakte meubels, nachtblauwe gordijnen, wit *kingsize* bed met blauwe sprei. Ik viel erin en sloot de ogen. Droomde droomloze dromen.

Het was al donker toen ik ontwaakte door gefluister en voetengeschuifel. Bij het bed stond een kleine vrouw met witte haren, ze hield me een kopje voor. Ik maakte een gebaar van dankjewel, zet maar neer, maar van bij de deur kwam een stem die geen tegenspraak duldde. 'Geen gezeur, opdrinken!' Ik verstond de taal niet maar het was duidelijk. Voorzichtig nam ik een slokje. Melk en honing en iets kruidachtigs. Ik gluurde over de rand van het kopje naar de man die kaarsrecht in het deurgat stond en erop toezag dat ik het kopje leegdronk. Een leraar? Het begon tot mij door te dringen waar ik was, onwillekeurig trok ik het dek op tot mijn kin. De man draaide zich om en sloot de deur zorgvuldig achter zich. Ik was kletsnat van het zweet en stelde verlegen vast dat ik met kleren en al tussen de lakens was gesukkeld. De vrouw had een wasbakje klaargezet, een handdoek en een schone pyjama lagen ernaast. Ik bedankte, maar zij wachtte tot ik me begon te wassen, verschoonde het bed, griste mijn kleren van de stoel en verdween. In de slobberende pyjama strompelde ik naar het venster. Flats, daken, koepels, bergen als donkere armen om de stad geslagen. Aan de overkant van een binnenplaats die ik niet kon zien – ik bevond mij minstens vijfhoog – keek ik aan tegen de achterkant van een gelijkaardig huizenblok. De gaanderijen en balkons waren volgestouwd, een vrouw kookte op een houtfornuis, een man knutselde aan een televisie. Van een hoekhuis hing het dak scheef, het leek een baret die schuin op één oor stond, bij nader inzien bleek het dak door een projectiel getroffen. De ramen waren ook met plastic van de UNHCR bespannen. De duiven waren alomtegenwoordig en scheten de boel onder. Ze hadden half lamme vleugels, vervormde bekken, of huppelden op één stomp; het leken wel oorlogsinvaliden.

Sarajevo – het was als een zucht over mijn lippen gekomen. Weer in bed trachtte ik de dingen op een rijtje te zetten, maar ik zakte haast meteen weg in een bodemloze slaap. Er hamerde een specht tegen een boom, een roodkopspecht, dat wist ik heel zeker. Ik vroeg me af of de boom dat gehamer lekker zou vinden. Er stak wind op, de kruin van de boom wuifde heen en weer, de bladeren ritselden. Johan zat ook in de boom en vroeg of ik honger had. Mijn reisgezellen stonden om het bed, ik begreep dat het gehamer in mijn hoofd zat en kneep mijn ogen weer dicht. Lucas sprak met de stijve man. Een vreemde taal is leuk om te horen als je ze niet hoeft te verstaan. Toen het weer stil was, sloeg ik voorzichtig mijn ogen op. Op het nachtkastje lagen drie sinaasappels. In november, in Sarajevo!

Toen ik roodvonk had was oom Irené helemaal naar Gent gefietst omdat er in het dorp geen sinaasappels te krijgen waren. Hij had de vruchten voor mij op het laken gelegd. *Appelsienen* – een smaak die mij zou bijblijven. Ik had roodvonk opgelopen door met weeskinderen te spelen die in een opvanghuis hadden gezeten. Ik moest eigenlijk in quarantaine maar ik kon niet worden vervoerd. De tantes en ooms zeiden dat de roodvonk door de oorlog kwam. Maar de oorlog was voorbij. Ik was wel bang dat het weer oorlog zou worden. De tantes en de ooms zeiden van niet. Nee hoor, slaap lekker. Ik herkende een leugentje om bestwil. Omdat het over oorlog ging was ik er dankbaar voor geweest.

Toen ik hersteld was van de roodvonk, moest het huis worden ontsmet, de ramen werden dichtgeplakt, mannen in witte pakken rookten de ziekte uit. Tante Adeline zette bij het kelderraam een bakje melk klaar voor de poes. Er was haast geen ziekte of ik zag kans ze te krijgen. Een groot deel van de kindertijd ging heen met ziek zijn. Het leek mijn manier van groeien. Later zou ik nooit meer ziek zijn. Later ging je wel dood. Ik zat tussen vroeger en later gekneld. Hoe heerlijk was het om voluit ziek te zijn. Uitstel van volwassen worden, uitstel van tijd. Toen ik na een lange tijd een ziekenhuis verliet zei de verpleegster: 'Ja, nu wordt het ernst.' Ik deed het zowat in mijn broek, maar ik moest het leven aanvatten, het verbruiken, mij laten verbruiken, sterven. Ik leerde het verschil tussen alleen zijn en eenzaamheid kennen. De speeltijd was over, ik moest beslissingen nemen, kiezen. En kiezen was verliezen. Mij maakte je niets wijs. Zingend of huilend waren we op weg naar af. Ik was op zoek naar troost, naar vervoering, naar een vervulling die het verlies zou compenseren. Alles moest over, ik wilde van de onvrede af. In Sarajevo *of all places.*

Ik dreef zowat het bed uit. De vrouw met de witte haren stond alweer klaar met een nachtjapon en een kompres. 'Niet nodig,' mompelde ik. Het kompres bleef even boven mijn borst zweven, toen werd ze ferm aangedrukt. De stijve man droeg op een blad het kopje melk met kruiden en een potje honing aan. Het kruidenmengsel was een familierecept. Er was een uur stromend water 's ochtends en een uur stromend water 's avonds. Potten, kannen en emmers werden gevuld. Dat de elektriciteit om de haverklap uitviel was lastiger. Met een bijzetfornuis op de gaanderij of het balkon en een pak kaarsen kon je jezelf tijdelijk redden. 'Organiseren' was het sleutelwoord. Mijn grootouders waren daar meesters in geweest. Avondvullende verhalen hoe ze meel hadden gesmokkeld en hun eigen brood hadden gebakken. Hoe ze tabak voor honing hadden geruild. En de kamer vol buren zat die zich bij de kachel kwamen warmen. Zo was het toch nog gezellig geworden.

Toen na enig tikken en gorgelen in de leidingen de centrale verwarming uitviel, vroeg de stijve man kortaf toestemming om de slaapkamer te betreden. Hij deed dat tot mijn verwondering in het Duits. Een elektrisch kacheltje werd aangerold en de man begon draden te verbinden. De vrouw ging op haar beurt in het deurgat staan. De slaapkamer leek een ouderwets weerhuisje, bij regen het vrouwtje binnen en het mannetje buiten, bij zonneschijn net omgekeerd. Ik voelde mij beter. Maar de man beval mij in bed te blijven, de kruidenmelk te drinken en de griep uit te zweten. Geen leraar, besloot ik stilletjes. Zijn stugge, kortgeknipte haren waren spierwit, maar zijn dikke wenkbrauwen pikzwart. De ogen waren zo donker dat je haast geen pupil kon zien, hij had de blik van een roofvogel.

Lucas, die voor het slapengaan kwam vragen of ik nog wat nodig had, vertelde mij dat de man een hoge officier was geweest in het Joegoslavische leger. Gedurende het beleg van Sarajevo had hij de Bosnische kant gekozen. Zijn oude kameraden, die in zijn flat menig genoeglijk uur hadden gesleten, richtten nu hun vuur op die bekende plek. Door de veldtelefoon had de man zijn belagers gesard: 'Je was altijd een luizige schutter, Mile, verbeeld je maar niet dat je mijn bed zal raken!' Vlak daarna waren de granaten op het huizenblok aan de overkant van de binnenplaats terechtgekomen. Dat het bed – waarin ik plotseling niet meer zo knus lag – een *target* was, kwam doordat de man met een Servische vrouw was getrouwd. Hijzelf was Bosnisch, en van herkomst Moslim. Toen zijn familie door de Duitsers was vermoord, had een groep partizanen de wees meegenomen. Hij werd hun mascotte, een kindsoldaat en was na de oorlog door het leger geadopteerd. Hij had om zo te zeggen nooit wat anders dan het leger gekend en was vlug opgeklommen in de hiërarchie. Een Bosnische broeder, slachtoffer van de nazi's, een Moslim met een Servische bruid – een voorbeeld voor de veelvolkerenstaat. Het echtpaar had enige jaren in Duitsland gewoond, waar de man militair attaché was. Nu deed hij de boodschappen omdat zij beducht was om de straat op te gaan. Hun dochter verbleef in Amerika, ze had er een baan maar studeerde nog. Over de zoon had de vader niet willen spreken en de moeder was zachtjes begonnen te wenen. De vrouw had spierwitte haren en een opgeblazen wit gezicht. Ook haar gezwollen handen waren krijtwit. Zij hield haar ogen zoveel mogelijk neergeslagen, het was alsof ze hun kleur wilde verbergen. Het echtpaar Bever. De hele dag in touw. Kraakhelder; als de flat aan kant was begonnen ze weer van voren af aan. Zodra er iets was gebruikt, werd het afgewassen. De badkamer glom. Ik durfde haast niet naar de wc. Hij bakte flinterdunne flensjes voor mij, zij bereidde een groentebouillon. Terwijl ik at, keek het echtpaar toe. Op de duur ging ik aan de slivovitsj zodat we tenminste samen het glas konden heffen. Of ik tevreden was met hun slaapkamer, had het echtpaar gevraagd. De meubels waren uit Duitsland geïmporteerd. De flat was verder ook heel goed ingericht en van alle gemakken voorzien. De televisie was ingebouwd in een grote boekenkast. De centrale plaats was voorbehouden aan de divan, eigenlijk waren het er twee, een met trijp bekleed en een met leder, samen vormden ze een L. De vrouw was gedurig in de weer met het opschudden van de kussens, een weelde van kleurige kussens, maar ik heb op de divan alleen mannen zien zitten. Zodra er iemand de flat betrad, trok de vrouw zich terug in de keuken. Zij kon zich heel goed onzichtbaar maken. Het flatgebouw was voorbehouden geweest aan officieren en hun gezinnen. Nu stonden er veel flats leeg. De man had de sleutels, hij paste ook op de spullen die waren achtergelaten. 's Nachts ging zijn vrouw wel eens mee om een kijkje in de verlaten flats te nemen. Daarna moest ze weer pilletjes slikken voor haar hart. Het echtpaar vreesde dat de flats zouden worden vrijgegeven, wat zou er dan met het huisraad van hun vrienden en bekenden gebeuren? En vooral: wie zouden er intrekken? Mensen van het land? Nieuwbakken ambtenaren? De bruiloft van het echtpaar was door het hele regiment gevierd, nu was hun verbintenis verdacht of verwerpelijk. De man probeerde zijn vrouw te kalmeren: 'Het ergste is voorbij.'

'Nee, het ergste moet nog komen.' Het was de enige keer dat de vrouw haar man tegensprak. Zij leek geen wrok te koesteren of het haar man kwalijk te nemen dat hij voor het Bosnische leger had gekozen, maar bang was ze wel. Zij had de fotoalbums met foto's van familieleden uit Belgrado verstopt, haar broer had door de telefoon geschreeuwd dat haar man een verrader was. Of ik niet bang was om ziek en wel bij vreemde mensen te verblijven, had de vrouw aan Lucas gevraagd. En hij, om mij gerust te stellen: 'Ik ben in de kamer hiernaast.'

Het was onmogelijk Lucas uit te leggen dat grootouders ouders in de overtreffende trap zijn. Dat ik me al aardig begon thuis te voelen. Dat ik waarschijnlijk vreemder was voor mijn gastheer en gastvrouw dan zij voor mij. Dat zij daarom ook angstiger waren. Ik zweette niet alleen de griep uit, maar ook de angst. Ik kon het ruiken. Het was niet de normale angst die door gevaar wordt opgewekt, niet de existentiële angst voor het leven, het was de angst voor het onbekende, als voor een plek waar je niet je vinger op kunt leggen. Het was een oude angst, een overgeërfde angst, een angst die door het onzichtbare in die oorlog werd aangewakkerd. De angst om herkend te worden als de andere, de angst te worden uitgestoten, de angst voorgoed alleen te worden gelaten. Ik werd ziek en ging als een hond op mijn rug liggen. Ik toonde mijn zwakheid om medeleven of gratie te krijgen. Door naar Sarajevo te reizen had ik mij in die vervreemdende angst begeven, als ik hem de baas kon zou ik niet langer de ander vrezen. Zou ik ook mezelf niet langer voor de voeten lopen.

Al vlug was ik zo ingeburgerd dat ik mijn reisgezellen aanmaande hun schoenen uit te trekken als zij de flat betraden. In de gang stonden netjes op een rij de gastpantoffels klaar. De jongens waren het niet gewoon hun schoenen uit te trekken, hun hoofd te bedekken en op divans koffie te drinken. Het waren ook geen palaver-boys. Ik paste feilloos in het grootouders-kleinkindverhaal, al hoefde ik maar naar die divan te kijken om te weten dat ik ook in een zeer gecompliceerd verhaal was terechtgekomen. Op een nacht had ik de tussendeur naar het woonvertrek voorzichtig op een kier geopend. Het scheelde niet veel of ik was weer een kind dat op de tenen naar de slaapkamer van zijn grootouders sloop. Verontrust en jaloers. Het echtpaar sliep op de divan. Hoofden aan de uiteinden, voeten bij elkaar. Voeten omstrengeld, mocht je wel zeggen. Ik trok de deur dicht en sloop naar mijn bed, wat heet: het hunne. Het echtpaar werd door hun verschil op zichzelf teruggeworpen, maar verdedigde zich ook vanuit dat verschil. Zij hadden er hun fort van gemaakt. Het verschil *an sich* leek net als hun sekse eerder aanvullend dan tegengesteld te zijn. Zolang zij daarvan genoten, of zolang het liefde was, zou het een onneembaar fort blijken. Mijn grootouders hadden daarvoor het bewijs geleverd. De binnenkant van Sarajevo beviel mij meer dan de buitenkant.

De stijve man had Lucas en mij bij het zondagse debat tussen schrijvers op de televisie gezien, hij stond ons met koffie en likeur op te wachten. Ik had een rode roos gekregen. Die gaf ik aan de vrouw en zij stond ermee in haar hand te dralen terwijl zij naar haar man keek. Hij negeerde haar straal. Zij verdween in de keuken. Later stond de roos in een kelkvormig vaasje op de kaptafel in 'mijn' slaapkamer.

'Dat zijn goede mensen,' zei onze gastheer over de schrijvers en intellectuelen die min of meer per toeval een omroep in handen hadden gekregen en zich in een open debat tegen het opdelen in etnische clubs verzetten. Het was vreemd een ijzervreter zoveel respect voor het woord te zien betonen. In de boekenkast stond de poëzie naast de geschiedenisboeken. Dat was verwarrend maar ook aantrekkelijk.

Tenslotte nam de man ons in vertrouwen. Onder het flatgebouw bevond zich een grote schuilkelder, ook voorzien op een atoomaanval. Die stond nu leeg en hij had de sleutels en de codes. De hulpverlening kon die ruimte, droog en goed af te sluiten, tussentijds als opslagplaats gebruiken, de man was bereid er toezicht op te houden. Het hoefde niet veel te kosten.

'Begrijp goed dat dit soort schuilkelder voor de elite bestemd was,' mompelde Lucas. Hij liep al een dag of twee stilletjes te mokken. De glimlach zat op zijn gezicht gebakken. 'No comment,' zei hij toen ik hem vroeg het relaas van de man te vertalen. Tenslotte hield hij het niet meer: die stijve man was van het soort dat altijd aan de goede kant van het geweer stond. Feilloos in de plooi. *The eternal soldier.* Bevel is bevel, maar hij gaf de bevelen, hij hoefde ze niet zelf uit te voeren. Hij paste feilloos in een systeem en wist daar zijn voordeel mee te doen. Ik vroeg Lucas of hij niet overdreef, de man kon het toch niet helpen dat zijn familie was uitgemoord, dat hij een soldatenkind was.

'Hij had er uit kunnen stappen.' Lucas bleef op zijn standpunt.

'Makkelijk gezegd, maar wat als je niet anders kende?'

Lucas snoof.

'En die vrouw dan?' vroeg ik.

'Eens kijken hoe dat afloopt,' zei Lucas.

Ik was boos en verward. Had het gevoel dat ik mezelf moest rechtvaardigen. Dat ik geconditioneerd was als het gansje van Konrad Lorenz, klaar om achter het eerste het beste grootouderlijk paar aan te lopen. Maar er was meer. De oorlog speelde zich niet af op een slagveld, het was geen titanenslacht, de helden waren kleine miezerige mannen die dorpen uitrookten, die burgers vermoordden en zich aan vrouwen hadden vergrepen. Daarbij viel weinig te winnen, zij waren op uitroeien ingesteld. Het was een oorlog als een kanker in het bloed. Witte tegen rode bloedcellen, of omgekeerd. Je herkomst als dubieus ervaren, je eigen naam wantrouwen, je geliefde als vijand vrezen, je schaduw bevechten; niet meer wijs raken uit liefde en haat en daarom het nageslacht de grond onder de voeten weghalen, dat mocht met recht en reden de totale oorlog worden genoemd. Ik had last van verstopping maar buikkrampen en onweergerommel in de darmen kondigden diarree aan. Er was een uitbarsting op til.

Toen de atoomschuilkelder nog een keer ter sprake kwam, vroeg ik of er gedurende de beschieting van de stad ook gebruik van was gemaakt.

'Hij was wel opengesteld voor de bewoners van het huizenblok,' zei de man.

'En voor wie verder ook een schuilplaats zocht?' had Lucas gevraagd.

'Zeker, voor wie in het gezelschap paste, maar de anderen waren al vanzelf weggebleven.' De man leek verveeld.

Lucas had een tikje triomfantelijk mijn kant uitgekeken.

'Wat had de man zelf gedaan?' vroeg ik. *'What did you do in the war, daddy?'* zeurde het in mijn hoofd. Waar haalde ik het recht vandaan? Ik gedroeg mij als een journalist die zich als rechter opwerpt. Of als een onbeschofte dochter. De man haalde de schouders op, hij was niet bang uitgevallen en kon zijn vrouw niet alleen bovengronds laten. Zij was veel banger geweest voor de mensen dan voor de granaten. Vreesde dat zij door de verkeerde zou worden herkend. Het was een soort van wreedheid om dit paar naar de toekomst te vragen, maar toch vroeg ik – via Lucas – of het vechten nu ongeveer was afgelopen. Goed nieuws, daar was ik aan toe. De man ging met zijn rug naar ons gekeerd bij het raam staan en tokkelde met zijn vingers tegen de ruit. De vrouw wachtte tot hij naar de keuken verdween om de vitrages weer in de plooi te schikken.

Toen Johan vanwege de onpartijdigheid voor de atoomschuilkelder bedankte, was het toch een beetje alsof wij ons te goed voelden, of ons verbeeldden onbevlekt te zijn ontvangen. Ik vroeg me vergeefs af wat mijn grootvader in zo'n geval had gedaan. Toen herinnerde ik mij de aanbiedingen voor het bouwen van atoomschuilkelders in de kelder of de tuin, aanbiedingen die door mijn grootvader in de papiermand werden gekeild: rommel was het, je reinste boerenbedrog. Omdat ik er niet gerust op was en mijn grootouders een bouwfirma hadden vroeg ik mijn grootvader of hij dan zelf een schuilkelder wilde bouwen.

'Dat heeft toch geen zin,' zei hij.

Ik wendde mij tot mijn grootmoeder. 'Lieve kind, een atoomaanval wil je toch niet overleven!' Het antwoord was er kortaf uitgekomen.

Mijn grootvader merkte mijn verwarring. 'Het gebeurt niet.' Hij kneep in mijn neus.

Ik voelde mij voor het eerst door mijn grootouders in de steek gelaten.

In het asfalt waren de gaten van de granaatinslagen rood geverfd, de vlekken werden Sarajevo-rozen genoemd. Dat deed zowel de slachtoffers als de rozen tekort. Wat mij betreft leken die rode vlekken ook meer op papavers. De inwoners van Sarajevo liepen er met neergeslagen ogen omheen; wie bleef staan en commentaar leverde kwam van elders. Na de Eerste Wereldoorlog had men in de Ypres Salient, de frontstreek om Ieper, een mooie cent verdiend aan het toerisme. Souvenirjagers, rampentoeristen en nabestaanden van de gesneuvelden. Die laatste waren blijven komen, nu al meer dan tachtig jaar, van grootouders tot achterkleinkinderen. Bij een van de kerkhofwandelingen met de tantes werden we voor de voeten gelopen door groepen schoolkinderen die het kerkhof op stelten zetten. De meisjes wilden de bloemen plukken, de jongens speelden soldaatje tussen de zerken. De leraren die de kinderen begeleidden waren de wanhoop nabij. Onder de boog van de ingangspoort, in het duister, riep een jongetje: 'Kijk, ik zie een onzichtbaar geraamte!' Joelend stoven zijn vriendjes het kerkhof op. Duizenden onzichtbare geraamtes bleven onberoerd onder het jonge geweld.

Jaren later liep ik tegen de avond weer over een oorlogskerkhof, alleen. Ik miste mijn grootouders zeer, ik probeerde mij de tantes voor te stellen. Hun zachte boezems, hun geur. Verstrooid las ik de namen op de grafstenen tot ik bleef staan bij het zoveelste *Soldier known unto God*. Een onzichtbaar geraamte. Ik kreeg kippenvel en mijn haren rezen te berge. Schichtig keek ik om me heen, geen levende ziel te bekennen. Ik begon hoe langer hoe vlugger te stappen, tenslotte rende ik haast naar de uitgang. Maar hoe harder ik liep, hoe meer ik in het niets oploste. Mijn stappen vervlogen, mijn schaduw verbleekte. Bij de poort hield ik halt en dwong mezelf om te kijken. De kruinen van de bomen vervaagden, maar de bloemen leken tegen de avondhemel op te lichten. Niets bewoog. Ik concentreerde me op mijn ademhaling, in en uit, in en uit, rustig maar. Tot ik zover gekalmeerd was dat ik het gedenkboek uit de nis in de poort haalde en er mijn naam in schreef. Bezoekers uit de hele wereld hadden er zinnetjes in geschreven als: 'Nooit meer oorlog,' en 'Mogen onze helden in vrede rusten'. Eentje had een heel gedicht neergepend. Ik wilde eigenlijk schrijven: 'Heb mij lief, vergeet mij niet,' maar ik schreef mijn naam. Ik moest mezelf zichtbaar maken. Toen ik het register teruglegde en het bronzen deurtje op slot deed, had ik het gevoel dat ik het grote hemelboek van Sint-Pieter opborg. Het oorlogskerkhof lag vlak bij de hoeve die als veldhospitaal was ingericht, de doden waren in de velden eromheen begraven, Engelsen, Canadezen, Fransen, tot Chinezen en de eigen soort van beide talen aan toe. Zelfs Duitsers lagen er. In de dood allen één en onzichtbaar geworden. Het voormalige voetbalveld in Sarajevo waar de doden onder de sneeuw als in witte ziekenhuisbedden lagen begraven was mij bekend voorgekomen.

'Daar liggen ze nu,' had Johan gezegd.

Ik vroeg niet: Wie? En of er alleen maar Moslims begraven waren? Maar ik stelde me voor dat daar als de sneeuw was gesmolten jongetjes, misschien twee of meer, met een bal tussen de graven zouden spelen. Ik wist niet of er papavers groeiden maar er zouden vast wel bloemen zijn die de meisjes zouden bekoren. Sarajevo had een honds klimaat, maar men had mij verzekerd dat ook daar de lente het mooiste seizoen was.

Bij het marktplein waar een granaat een groot aantal doden en gewonden had gemaakt was net een parfumeriewinkel geopend. Hij oogde westers. Bekende schoonheidsproducten werden aangeprezen met foto's van laatdunkend kijkende topmodellen. In de etalage stond in een gouden schrijn een minuscuul potje crème dat de prijs van een flinke pot kaviaar haalde. Bij een van de toonbanken maakte een vrouw met gitzwarte haren en een luipaardbontjas haar keuze. Ze nam een potje op en bestudeerde het, haar bleke handen hadden dieprood gelakte kunstnagels. Een knots van een edelsteen aan een pink, meer niet. Alsof ze mijn blik voelde draaide ze zich om en keek naar buiten. Een volmaakte getekende wenkbrauw schoof naar boven, zij glimlachte, een luie glimlach, te hautain om wulps te noemen, maar wel spottend. Ik was mij pijnlijk bewust van mijn veldoutfit, mijn rode neus en vastgepinde haren.

'Ook dat is Sarajevo,' zei Lucas.

Ik besloot in de parfumeriewinkel een cadeautje te kopen voor de vrouw die mij had verzorgd.

'Wat dan?' vroeg Lucas.

'Badolie.' Het was het eerste wat mij te binnen schoot.

'Er is geen water.'

'Voor als er water is,' hield ik vol.

'Dat gaat je een fortuin kosten.' Goedmoedig stapte hij mee de winkel in.

De vrouw met het luipaardbont leek geamuseerd, maar de verkoopster wist zich geen houding te geven. Wij waren kennelijk het verkeerd soort buitenlanders.

'Trek je creditkaart,' adviseerde Lucas.

Wij hadden geen geld, maar wij hadden wel krediet. Wij bestonden bij de gratie van uitstel. Leefden op geleende tijd. Daar zou het luipaardvelletje nog wel achterkomen. Zij bewonderde zichzelf in de etalages terwijl ze voor ons uit op straat liep. Ik speurde een beetje angstig naar de reacties van de voorbijgangers. Maar ze leken haar niet op te merken. Het was alsof de dame lucht was.

In de Maarschalk Titostraat raasden de Mercedessen en BMW's tussen de legertrucs en de voertuigen van de hulpverlening. Je mocht wel uitkijken voor je de straat overstak. Terwijl de jongens en ik op het goede moment wachten kwam er ook een paard met kar voorbij. Op een sukkeldrafje. Het afgejakkerde paard leek absoluut niet op een Lippizaner, het was meer wat men zich bij de oude knol van een schillenboer voorstelt. Toen een vrouw beladen met de onvermijdelijke boodschappentassen de oversteek waagde, begon de man die sullig op de kar had gezeten te schreeuwen en het paard de zweep te geven. Het paard gooide zijn hoofd achterover en ontblootte zijn tanden, de kar slingerde en er knalde haast een auto tegenaan. Ik had ook staan schreeuwen zonder dat ik het me bewust was, maar zoals Marc later opmerkte: 'Het was niet van het mooiste!'

Toen ik volhield dat de impuls van die man met de zweep niet verschilde van die van een scherpschutter, zei Marc dat ik niet moest
overdrijven en Lucas vond dat ik hét al aardig te pakken had. Het was
waar dat ik me liep te verbijten en ook 's nachts geen rust vond. Ik
droomde van ulanen die op schuimbekkende paarden en met gevelde
lansen over het vlakke land joegen, over de ruiters van de Apocalyps
waarvan de silhouetten dreigend boven een donkere heuvelrug verschenen. Vlaanderen en Bosnië waren in tijd en ruimte met elkaar
versmolten.

In een koortsdroom had ik de Maarschalk Titostraat gezien bij
nacht en helemaal verlaten, geen soldaten, geen hulpverleners, geen
maffiosi. Spaarzaam lantaarnlicht wierp lange en diepe schaduwen.
De huizen stonden aaneengesloten en ontoegankelijk aan weerszijden
van de straat. Voorzover het in een droom stil kan zijn was het doodstil. Toen hoorde ik stappen, *klipklap*: de trage hoefslag van een paard.
Het kwam als een plechtige verschijning, pekzwart, met een zwart
rugdek dat met brokaat was afgezet. Het was gezadeld, maar werd niet
bereden. In de stijgbeugels hingen omgekeerd een paar glimmende
laarzen. *Black Jack!** Het paard dat achter de kist van de overleden pre-
sidenten van Amerika stapte. Dat samen met Lippizaners deel uitmaakte van *The Old Caisson Platoon.* In mijn droombeeld stapte
Black Jack van me weg, de straat uit. Toen hij zowat halverwege was,
kwam van de andere kant een wit paard ontspannen aandraven. *Klip-
pedeklap.* Siglavy; zo wit dat het blanke hem als een aureool omhulde.
Ook hij was opgetuigd en eveneens zonder ruiter. Zijn rugdek was
rood en zilver, de stijgbeugels waren hoog bij het zadel opgetrokken.
De verlaten, *unheimliche* straat leek hem niet te deren, maar toen hij
zijn tegenhanger ontwaarde hield hij abrupt halt. Hij hinnikte alsof
hij zich lam schrok en ging diagonaal in de passage als wilde hij het
zwarte paard ontwijken. Black Jack stapte onverstoorbaar verder en
Sig herpakte zich. Hij plaatste zich midden op de Maarschalk Titostraat en wachtte af. Toen ze ongeveer neus aan neus stonden, hield
ook Black Jack halt. Er werd geproest en met het hoofd geschud, maar
veel gesproken werd er niet. Toen hief Siglavy de voorbenen in de leva-

de, vervolgens posteerde ook Black Jack zich. Het was geen dreigen, eerder groeten. Of afscheid nemen. Want na een paar tellen liet Black Jack de voorbenen neer en stapte met gebogen hoofd om Siglavy heen. Zwart verdween in zwart, het was alsof de nacht Black Jack opslokte. Sig keek niet om maar bleef nog een tijdlang als verstijfd de pose van de levade volhouden. Toen leek hij tot zichzelf te komen en stapte al even plechtig als Black Jack door de Maarschalk Titostraat, zij het in de tegenovergestelde richting. Aan het einde van de straat gekomen hield hij weer halt en zette de piaffe in. De mooiste *sur place* die men zich maar kan voorstellen. Het ritmische bewegen nam de spanning weg, tot ik op het plaveisel van de Maarschalk Titostraat een donkere vlek zag, als had iemand daar een grote inktpot tegen de grond gekwakt. Bij nader toezien bleken het er meer te zijn, inktmoppen, bloedplassen, Sarajevo-rozen. Dat was voor ik ze echt had gezien, maar mij zou je niet meer horen lachen als iemand beweerde dat dromen een aankondiging waren. Sig danste en het was alsof hij daar onhoorbaar een lied bij zong. Van alle kanten werd er naar hem gespuwd, zo leek het wel, door onzichtbare monsters. Ik begreep dat het inslagen van projectielen waren. Maar Siglavy trok er zich niets van aan, het was alsof hij zich onkwetsbaar waande. Hij danste, op de lichtvoetige melancholie van Mozart. Wat een droeve droom was werd door zijn optreden een onvergetelijk beeld. De troost van de schoonheid. Het niet stuk te krijgen verlangen. Poëzie. De hele Maarschalk Titostraat voor dat paard!

Op het marktplein liepen de mensen om de rode vlek heen die tussen de stalletjes was uiteengespat. Een student uit eigen land maakte foto's voor zijn eindwerk. Zijn mentor had hem Sarajevo aangeraden. Maar de pakkende beelden waren al gemeengoed. De student fotografie zocht naar contrasten, naar een pakkend detail. Het liefste had hij koppen gedaan, maar de meeste inwoners van de stad wilden niet poseren. Hij had haast een pak slaag gekregen van een man die dacht dat hij een oogje op zijn vrouw had, een ander vermoedde dat hij een geheim agent was, op zoek naar oorlogsmisdadigers.

'Dan doe je toch naakten,' sarde Marc.

Dat deed iedereen al, de aankomende fotograaf zocht het hogerop. Indien naakt, dan oud of mismaakt, hij speurde naar het schokkende element. Wilde het verval en de dood een gezicht geven. Dan kwam hij hier toch aan zijn trekken? Ja, maar hij wilde meer, de sfeer of de aura van de stad tonen, het onzichtbare vastleggen.

'Onbeschaamde vlerk,' mompelde Lucas.

Marc klopte de jongen op de schouder. 'Ik weet een paar adresjes voor je.'

'Wel voorzichtig zijn,' maande ik.

De jongen keek hoe langer hoe schichtiger.

'Je bent in Sarajevo, weet je wel.' Johan maakte het af.

De aankomende fotograaf nam de benen.

Wij liepen om de rode vlek heen zonder ernaar te kijken, al was het dan voor velen in het thuisland net één vlek te veel geweest. Misschien was het wel door de markt gekomen, door het alledaagse waarin iedereen zich kon herkennen. Stalletjes met aardappelen, appels, wortelen. Kleppende dames. Jolige marktkramers. En dan de dood, verraderlijk en wreed. Van gewenning aan de gruwel was eensklaps geen sprake meer, de telefoon rinkelde als was hij op een alarmcentrale aangesloten.

Ook de Grote Markt in Brussel was volgelopen, op de plaats waar gewoonlijk de bloemenstalletjes stonden was een podium opgetrokken. De betogers hadden hun verontwaardiging gelucht, hun eisen gescandeerd, en hadden die staat van euforie bereikt waarin er iets moet gebeuren. Bij zo'n gelegenheid was mijn grootmoeder in tranen uitgebarsten en ik voelde me evenmin op mijn gemak. Een viertal was op het podium gehesen en had een papier in de hand gedrukt gekregen. Op het mijne stond een gedicht. Ik liet de anderen voorgaan, luisterde naar hun stemmen die vastberaden klonken. De een riep op tot vrede, de ander eiste bombardementen. De betogers wilden meer. Mijn blik dwaalde over de historische gevels van de Grote Markt, het was alsof ik ze voor de eerste keer zag, alsof ik mij in een decor bevond, net niet echt. Gewoonlijk had ik een vanzelfsprekend en direct contact met het publiek, maar toen was het alsof er een afgrond gaapte tussen het podium en de betogers. Ik riep mijn grootvader te hulp en allen aan wie ik mij verplicht voelde. Maar ik wilde de kluit niet bedonderen. Met krullende tenen las ik het gedicht en dankte de hemel dat het goed was geschreven. De betogers joelden en applaudisseerden alsof het verlossende woord was gesproken. Ik hield mezelf voor dat het niet om eigenlijk of oneigenlijk gebruik van de poëzie ging, maar dat het een kwestie van leven en dood was. Toch wilde ik zo vlug mogelijk van dat podium af. Bij het laatavondnieuws kreeg ik het allemaal nog een keer te zien, de granaatinslag, de doden, de gewonden. Ik zapte zelfs naar een andere zender alsof ik het mezelf wilde inpeperen, maar bij het verslag van de betoging schakelde ik de televisie uit. Ik huilde niet, maar besloot grimmig zo vlug mogelijk naar Sarajevo te vertrekken. Misschien moesten we daar met z'n allen heen, misschien had ik dat wel van dat podium moeten roepen. Geen verhaaltje voor het slapengaan, geen troost van de poëzie, geen vermomming van de onmacht, maar woede. Of het nu gvd eens een keertje kon ophouden? Of ik nu svp eens gelukkig mocht zijn? Je kon wel doen of het niet om jezelf ging, maar dat ging het natuurlijk ook. Of toch?

De stalletjes op de novembermarkt in Sarajevo hadden niet zoveel te bieden, wat aardappelen, bieten, appels, gedroogde vruchten. Een oude man, graatmager met een gegroefd gezicht, bood in een schoenendoos een bosje Franse peterselie aan. De armzalige slappe blaadjes hadden niets gemeen met de weelderige bossen peterselie die op de markten in de Provence voor een habbekrats werden verkocht, maar voor de oude was het bosje peterselie kennelijk goud waard. Liefkozend herschikte hij de blaadjes. Er waren echter niet veel gegadigden. Vrouwen wierpen een blik in de schoenendoos en liepen verder. Een man vroeg de prijs en haalde zijn schouders op. De oude hield vol met de koppigheid van de wanhopige. Ik aarzelde met de badolie in de hand. Marc was me voor, hij legde wat geld in de schoenendoos en schudde de oude man de hand. Nee, die peterselie hoefde niet. De man staarde ons aan alsof we marsmannetjes waren. Moesten we echt zijn peterselie niet? Lucas hakte de knoop door, hij deponeerde ook wat geld in de schoenendoos en stopte mij de peterselie in de handen. 'Hier, pak aan!'

De oude man keek om zich heen en dan omhoog. Wij keken onwillekeurig mee. De oude wees, vandaar was het gekomen, pssst, boem, en dan de catastrofe. Overal dode mensen! En zijn vrouw. De traangootjes onder zijn ogen waren volgelopen. Maar nog altijd won de verbijstering het van de tragiek. Wij wisten niet wat te doen. De oude drukte de schoenendoos tegen zijn borst, schudde het hoofd en schuifelde weg tussen de stalletjes.

'Mijn naam is haas, ik wist van niets,' zei Lucas.

'Hoezo?' vroeg ik.

'Ergens heeft een selecte groep moordenaars deze oorlog beraamd, niemand had er een vermoeden van. Niemand heeft eraan meegeholpen. En wij hebben het laten gebeuren.' Lucas had de pest in.

Het was waar dat de ontmoeting met de slachtoffers moeilijk te verdragen was. Ook al omdat je ze van medeplichtigheid verdacht. Je wilde niet doorvragen omdat je dan niet alleen met de pijn, maar ook met de afkeer en de haat zou worden geconfronteerd. Een volbloed moordenaar was geruststellender geweest, die had je zonder meer kunnen veroordelen. Je hoefde er niets gemeenschappelijks mee te hebben, het was een *alien*, een vreemde boosdoener. De zondebok. Je kon je de betere voelen. Toch klopte het niet dat de moordenaars hun leventje ongestoord voortzetten en de slachtoffers met de ellende bleven zitten. In die zin sprak ik Lucas tegen, maar hij haalde zijn schouders op. Verveeld omdat hij het achterste van zijn tong had laten zien.

'Je kunt hier niet de weldenkende intellectueel zijn,' hield ik vol.

'Wat wil je dan, partij kiezen?' Lucas glimlachte.

'Die oude man was er slecht aan toe,' zei Johan.

'Voor de jongeren is het erger.' Marc had zich kennelijk bij de jongeren ingedeeld.

'Wees gerust, je wordt alle dagen ouder,' monkelde Lucas.

'Hoe minder je weet, hoe makkelijker je sterft,' zei Johan en onze blikken ontwijkend voegde hij eraantoe: 'Dat was wat mijn moeder altijd zei.'

Hij wist blijkbaar niet dat moeders maar wat zeggen om hun kinderen gerust te stellen.

Een jongen op krukken slingerde zich tussen een stalletje en een handkar. Onder de knie van zijn linkerbeen hield het been op. Hij klemde de krukken onder zijn oksels en sprong op zijn ene been vooruit. Het was alsof hij hinkelde. Toen hij ons opmerkte lachte hij breeduit. Ja, dat hadden wij niet gedacht, dat hij zich zo goed zou redden! Die lach deed mij de das om. Ik stopte mijn gezicht in mijn zakdoek en snoot toeterend mijn neus.

Mijn grootmoeder had er spijt van dat zij haar zonen bij het uitbreken van de oorlog niet in het kolenhok had opgesloten. Ze was ook opgelucht geweest dat haar man te oud was om nog een keer storm te lopen. De Eerste Wereldoorlog had haar jonge-meisjesjaren bedorven en haar met een halfgekke bruidegom opgezadeld, de Tweede Wereldoorlog had van haar zonen zowel fysiek als mentaal gehandicapten gemaakt. De oorlog was het onzichtbaar skelet dat door haar leven spookte. Zij was met opeengeklemde lippen gestorven of zoals ze het zelf zou hebben gezegd: 'Zonder er nog een woord aan vuil te maken.' Het leven had haar teleurgesteld en het was nog wel een vrouw met talent om gelukkig te zijn.

Ik dacht aan een van de verhalen van de zoon van de partizaan, ver weg alweer in Slovenië, het ging over zijn grootmoeder. Een van haar zonen was na twee maanden folteren door de Gestapo terechtgesteld; een ander, een partizaan, was door zijn eigen club verdacht gevonden en eveneens doodgeschoten; een derde zoon werd als vermist opgegeven – haar halve nest was uitgeroeid. Toen zij op haar sterfbed lag dacht haar man – een fanatieke vrijdenker – eraan dat zijn vrouw eigenlijk gelovig was. Moest hij een priester laten roepen? Hoezo? vroeg de stervende. Misschien had zij nog iets te regelen of op te biechten. Misschien wilde zij God voor de ultieme confrontatie vergiffenis vragen? Veronderstelde haar man. Zij God om vergiffenis bidden? Was het onderhand geen tijd dat God haar om vergiffenis vroeg? had de stervende grimmig gevraagd. Ook mijn grootmoeder had naar het einde toe niet veel meer met God uit te staan. Wat haar betreft had hij haar danig in de steek gelaten en waren er van God alleen zijn kerken overgebleven. Kerken die van een verschil een dogma moesten maken omdat ze net als de mensen al te zeer op elkaar leken.

De jongen op krukken had twee appels gekocht, hij propte er een in elke broekzak en slingerde zich verder. Toen hij bij de rode vlek kwam aarzelde hij even, verankerde zijn krukken en sprong eroverheen. Ik dacht aan de heroïsche nonsens van mijn vader: 'Een Vlaming beklaagt zich niet, verliest hij een been: hij heeft er nog een!' Woedend was hij toen ik in Lourdes vroeg waarom Onze Lieve Vrouw er niet voor kon zorgen dat een arm of been weer aangroeide, vooropgesteld dat mirakels voor haar een koud kunstje waren. Ik was helemaal wee geworden van de aanblik van de kreupelen bij de grot en had 's avonds in bed mijn vingers en tenen liggen tellen. Mijn vader had me toegevoegd dat ik geen hart had.

'En zij dan?' vroeg ik, naar het Mariabeeld wijzend.

Hij had zo hard geknarsetand dat een stukje porselein van een kies was afgebroken. Jezelf neerleggen bij het onherstelbare; mijn vader kon dat niet, ik had het er moeilijk mee. Zoals hij als het goed fout ging beroep deed op het moederlijke, zo ging ik op zoek naar het vaderlijke. Hij met zijn superioriteitsgevoel, ik met mijn beter weten, allebei op de knieën voor het verschil.

Mijn vader had een verbrande slokdarm en van zijn maag bleef maar een klein stukje over. Toen hij dacht dat de oorlog voorbij was ging hij fluitend aan de wederopbouw en dronk op een warme dag van een flesje vitriool dat soldaten in een geteisterd huis hadden achtergelaten. Zo hadden ze hem toch nog te pakken gekregen. Eten was een kwelling en als compensatie rookte hij zich te pletter. Hij was dan ook niet gestikt, of van verhongering omgekomen, al scheelde het niet veel, nee hij had een banale kanker gekregen. Kwaad had hij het laatste gevecht aangevat. Het bidden was erbij ingeschoten.

Toen de zoon van de partizaan mij uit Slovenië berichtte over een muziekcriticus die bij het haastig ontruimen van de Nationale Bibliotheek van Sarajevo van het eerste het beste flesje had gedronken – de man verging van de dorst – en een chemisch spul zijn maag had verbrand, kon ik de afloop van dat verhaal voorspellen. Ook toen de zoon van de partizaan eraan toevoegde dat de muziekcriticus na zijn vlucht weer aan het werk was gegaan, en zich geen oorlogsinvalide wilde tonen, wist ik hoeveel dit soort moed kan kosten. Voor diegenen die geen invalide wilde zijn en voor diegenen die daar mee moesten leven. De oorlogsinvaliden waren zinnebeeldig voor een gebied dat verminkt was en een teken dat de oorlog niet voorbij was. Ik voelde de blikken van de kunstmatige gehandicapten in mijn rug branden. En in Sarajevo konden zelfs de blinden naar je kijken. Er was iets te zeggen voor onzichtbaar zijn.

's Avonds zag de peterselie eruit als een bosje verslenst onkruid. Ik kon het niet meer met goed fatsoen aan de vrouw des huizes geven en gooide het van het balkon. Meteen dook er een eskader duiven achteraan. Ik begon eraan te twijfelen of die badolie wel een goed idee was. In de badkamer stonden glazen bokalen met kruidenaftreksels. Ook de crèmes waren *homemade*. Uit een potje dat ik opendraaide ontsnapte een zwoele muskusgeur. Ik had iets bloemachtigs gekozen. Tenslotte haalde ik de badolie uit de luxeverpakking en zette de fles op een onopvallende plaats, zo dat de fles na mijn vertrek zou worden gevonden en het erop kon lijken dat ik het spul vergeten was. Ik had rechtop leren lopen door een woordenboek op mijn hoofd te balanceren. Ik had geleerd geen onheuse vragen te stellen en netjes te bedanken. Ik had van alles en nog wat geleerd om mij passend te gedragen. Maar hoe het er in het liefdesverkeer aan toeging, had niemand mij verteld. En hoe zat het met de etiquette in oorlogstijd?

D e rode kat zeulde een duif in haar bek.
'Ziedaar, het lot van de vredesduif!' lachte Marc.
De prooi ging de krachten van de poes te boven. Toen ik haar aansprak liet ze de duif vallen, moe maar voldaan leek het wel. Op mijn lovende, maar ook waarschuwende woorden – knap gedaan, poezenbeest, maar zet die duif niet op het menu, ze zit onder de maden – kwam de kat met stijve passen op me toe en gaf kopjes tegen mijn laarzen. Toen ik vooroverboog om hem – het bleek een kater – te strelen sprong hij spinnend op mijn schouder. Mijn reisgezellen keken het geflirt afkerig aan; een zwerfkat, vol vlooien of schurftig.

'Daar kun je niets mee aanvangen,' zei Johan.

'Miauw,' deed de kater vergenoegd.

Hij keek me aan met peilloze gouden ogen en veegde zijn wangen langs mijn kraag, het vliegeniersjack scheen hem te bevallen.

'Je neemt hem niet mee!' waarschuwde Marc.

Ik probeerde de jongens af te leiden met een anekdote over Colette, de Franse schrijfster die na de Tweede Wereldoorlog financieel aan de grond zat en in Amerika een lezingentour gaf. Ze sprak uiteraard alleen maar Frans en voelde zich na een week of wat volkomen *dépaysée*, of ontheemd. Toen ze op een avond naar haar hotel terugkeerde, zat er op de stoep een zwerfpoes op een gevoelige ziel te wachten. Colette, een grote dierenvriendin, sprak de poes toe in het Frans van Bourgondië, haar streek van herkomst. De rollende rrr's hadden wellicht iets van spinnen. De poes reageerde met een welgemeend: 'Miauw!' waarop Colette uitriep: 'Eindelijk iemand die Frans spreekt!'

'Dat was in New York,' zei Lucas niet helemaal terzake.

'Die kat blijft hier!' Johan had niets met taalmopjes.

Ik keek om me heen in het schemerlicht, het zag eruit alsof het nooit meer dag zou worden. Alsof alles stom en grijs en hopeloos zou blijven. Het was verdacht kalm en te stil. De stad bood een desolate aanblik. Je wist niet of dat kwam omdat er iets voorbij was, of omdat er wat stond te wachten.

De kater snorde alsof zijn leven ervan afhing. Hij verstond geen Nederlands, maar de toon had hij al te goed begrepen. Ik zag een meisje naderen, een mager meisje met een vioolkist. Ze trippelde als liep ze op haar tenen maar ze leek niet bang, alleen gehaast. De kater had haar ook gezien, een seconde stokte zijn motortje. Ik hield me doof voor het commentaar van de jongens en liep met de kater op mijn schouder op het meisje toe. Ze bleef staan. Streelde de kater. Sprak hem toe. Ik hield mijn schouder schuin – het meisje was kleiner dan ik – de kater stapte van de ene schouder op de andere alsof hij van de ene tak naar de andere balanceerde. Het meisje lachte en zei iets wat ik niet verstond, ik lachte en zei iets wat zij niet verstond. Weemoedig aaide ik de kater nog een keer, hij kneep zijn ogen dicht en het was alsof hij glimlachte. Als een pasja liet hij zich door het meisje met de vioolkist op de schouders dragen.

Wij liepen verder. Toen ik omkeek zag ik dat Lucas met zijn voet de duif in de goot schoof. Even vergeten dat ik in Sarajevo was. Toen wist ik het weer.

'Als het allemaal zo makkelijk ging waren wij uit de problemen,' merkte Johan op. Hij had het over die rooie schooier die de kunst verstond het hart van een vreemde te beroeren.

We zaten in een café waar je ook wat kon eten maar waar we zo hatelijk werden aangestaard dat ons de honger verging. Wat de waardin op tafel had gezet stelde ook niet zoveel voor en ik had nog net op tijd opzij kunnen schuiven, anders had ik de koolsoep over me heen gekregen. De vrouw veegde driftig de tafel schoon, maar verontschuldigde zich niet. Een van de mannen die achter kopjes koffie aan hun edele delen zaten te krabben riep ons wat toe in een dialect dat Lucas niet verstond. Maar de gebogen arm met de gebalde vuist en de klap met de andere hand onder de elleboog behoefde geen vertaling. Net zomin als de blikken waarmee ik werd gewikt en gewogen. De mannen zaten elkaar kennelijk op te jutten. Een van hen stond op en stampte naar de deur. Toen hij bij onze tafel kwam spuwde hij op de vloer. Ik probeerde niet naar het kwakje te kijken.

'Dat zijn vluchtelingen die van het land zijn gekomen,' verklaarde Lucas.

'Laten we opstappen,' mompelde Johan.

'Geen denken aan!' Marc maakte zich breed.

Ik werd ook niet vrolijk van de aanblik van deze landslieden. Meer dan de oorlogsinvaliden verstoorden ze het stadsbeeld. Het zag er niet naar uit dat zij zich makkelijk zouden aanpassen. Zij hadden een afkeer van de stad, die ze als een smeltkroes ervoeren en ze waren afgunstig op de stedelingen die in hun ogen beter af waren. Zij wantrouwden intellectuelen en haatten de middenklasse. Cultuur en decadentie gingen wat hen betreft samen en het vrije verkeer tussen de seksen was vooral de mannen een doorn in het oog. De stad was een slangenhol dat moest worden uitgerookt. Die opvatting was door het vorige regime niet tegengesproken, integendeel. De mythe van de landsman werd voorgesteld als een sacraal verbond tussen de grond en het bloed. Maar die van het land waren half boer, half proletariër, ze beriepen zich op een heldhaftig verleden om hun verpaupering te verdoezelen en hielden zich aan destructieve tradities om hun gebrek aan ontwikkeling te maskeren. Dat was het volk dat de warlords de straat hadden opgestuurd en op de medemens hadden losgelaten. En dat volk had zijn pretje gehad en zich eens goed uitgeleefd, maar glorie of gewin had de wraakexpeditie niet gebracht. Men had huis en goed verloren en was gedwongen genadebrood te eten. De echte oorlogsprofiteurs waren van een ander slag. Die hadden zich rijk gesjacherd en hun zwart geld witgewassen. Die verhuurden voor woekerprijzen huizen waar ze geen cent in investeerden. Die hadden lak aan Sarajevo en dat stomme volk. Die namen het ervan. Het was jammer dat je niet in twee Mercedessen tegelijk kon rijden, of geen twee hoeren tegelijk kon naaien.

Nu de leiders als oorlogsmisdadigers waren ontmaskerd en de warlords zich in afwachting van de volgende ronde op hun stellingen hadden teruggetrokken, moest het losgeslagen volk in zijn eentje de kater verwerken. Wie geen uitweg zag in de armoede en de ellende, verzeilde in de grijze zone van de kleine misdaad en werd andermaal het hulpje van het boze. Integreren en samenleven bleef in die omstandigheden een vrome wens. De vluchtelingen van het land hadden niets met een multicultureel Sarajevo, ze wilden gewoon weer naar af. Ik hield me sterk zolang we in dat café zaten, maar toen we eindelijk op straat stonden was ik doodmoe. Bij een stoplicht ging ik gewoon op de rand van de stoep zitten.

'Wat is er met jou?' vroeg Marc.

'Miauw,' zei ik.

Ontelbare keren was ik als kind van het land naar de stad gereisd en omgekeerd. Ik ging daarbij ook van boeren naar burgers. De zichtbare grenzen in het landschap waren met de tijd vervaagd en de onzichtbare grenzen tussen de beide kanten van de familie waren irrelevant geworden. Het land was volgebouwd en de familie uitgestorven. Ik had mij aangepast. Dat wil zeggen, ik was een stedeling geworden met heimwee naar het land. Naar datgene wat voorbij was maar dat mij zowel in de intimiteit als in verre gebieden bleef herinneren aan datgene wat voorbij was. Ik koesterde mijn verloren paradijs. In om het even welke stad keek ik uit naar een rivier, naar bomen; de sensualiteit van de kinderjaren was een bitterzoet gemis. Sarajevo had het allemaal, een rivier, bomen, maar het had zijn magie verloren. Nergens anders wist ik mij zo ver van Kongarije.

Ik had door de straten van Sarajevo gelopen als een onzichtbaar skelet. Ik klopte op deuren en ramen, sprak met de dieren en kneep Marc in zijn arm.

'Wat is er?' vroeg hij geschrokken.

Wij bevonden ons in een straat met dicht aaneengesloten huizen, er was een plantsoen met kale bomen en het obligate monument voor de gevallenen. Eigenlijk was er niets bijzonders te zien. Mijn gedachten gingen alle kanten uit en het liefst had ik de benen genomen. Bij de les blijven, dacht ik. Het is een misverstand te denken dat je alleen houdt van wat je bevalt of voldoet. Houden van is ook een gemis. De stad die zich niet liet vatten of omarmen liet mij niet los. Sarajevo was een moedertje met scherpe klauwen. Zij liet mij niet los omdat zij een knooppunt was in alle verhalen die mij bij elkaar hielden en die mij tegelijk verscheurden.

Ik begon anders aan te kijken naar het contrast tussen wat heel was en wat vernield. Het was niet zo verwonderlijk dat zowel de moskeeën, de kerken, het Olympisch Stadion als de bibliotheek doelwitten waren geworden. Het geheugen moest stuk. Het beeld dat op de harde schijf zat moest worden uitgewist. Zodat wat nog overeind stond, of nog heel was, zijn betekenis zou verliezen. Daarom hadden de scherpschutters het ook op de kinderen voorzien. Als het verleden eraan gaat, dan ook de toekomst. Het heden wordt aldus een vacuüm. Een stad bestaat niet als mensen er verloren in gaan. Sarajevo zou ook mijn verhaal veranderen: mijn grootvader en de oorlog van mijn grootvader kregen een andere dimensie, land en stad werden weer tegengestelden. De ander, of het besef van het andere, zou zich als een schaduw aan mij hechten. De onderliggende vraag wie de ander de wet zou opleggen was met ons meegereisd. In Sarajevo werd ze hardop gesteld. De stad op de kruising van Oost en West had het voordeel van het verschil verloren. Sarajevo was slecht nieuws maar niet langer sensationeel, scherpschutters en journalisten hadden zich teruggetrokken; de stad dreigde uit de spotlights te verdwijnen en aan haar lot te worden overgelaten. Het was niet langer *the place to be*. Onwillekeurig dacht ik aan Mechelen, de oude hoofdstad der Nederlanden, die na de Tachtigjarige Oorlog in de tijd was verzonken. Een stad die het moeilijk had haar eigenheid te bewaren, waar eigen en import op gespannen voet verkeerden. De bestemming van een stad is besloten in wat zij verenigt. Maar eigenheid is nog geen samenhang. Verenigde Mechelen de Nederlanden? Verenigde Sarajevo Bosnië? Het waren steden met te veel onverwerkte geschiedenis, te veel vergane glorie, te veel waanvoorstellingen omtrent eigen en vreemd, te veel kerken, vol of leeg, te veel oud zeer en nieuwe pijn. Een teveel dat als een tekort aanvoelde.

Siglavy, die inderdaad over een geheugen als een paard beschikte, verklaarde mij niet alleen zijn eigen geschiedenis van vijftienhonderdtachtig af, hij verklaarde mijzelf, of als het zo uitkwam mijn onvrede. Vandaar dat ik, ook toen ik dat graag had gewild geen afstand tot Sarajevo kon bewaren. Ik was, begreep ik, aan deze reis begonnen om een verhaal af te maken of er mij van te verlossen; om een punt achter de oorlog te zetten. Maar hoe verder ik in dit verscheurde land reisde hoe dieper ik in dat verschrikkelijke verhaal verzeild was.

Toen we door de benedenstad struinden gedroegen we ons even als toeristen. De smalle straten en kleine winkels riepen het 'bazaargevoel' op dat aanzet tot het kopen van exotische snuisterijen die thuis meestal rommel blijken of uit de toon vallen. Ik hielp de jongens een kleinigheid kiezen voor hun vrouwen en hoorde me vragen: 'Wat voor kleur ogen?' 'Houdt ze van bont of heeft ze het liever sober?' De Levantijnse verkopers leken een tikje verward door de samenstelling van ons groepje, maar verhoogden toch haastig de prijs.

In een patisseriewinkel met oosterse zoetigheden waren ook enige tafeltjes voor het consumeren van gebak tegen de wand opgesteld. Lucas en ik gingen er eens goed voor zitten. Twee Amerikaanse soldaten bestelden aan de toonbank een verjaardagstaart. Een groot suiker- en slagroomgeval moest het worden, de kaarsjes zouden ze zelf leveren. Zonder de harde dollar zou het een dodemansgesprek geworden zijn. De Amerikanen leken door hun uitrusting – battledress, bottines, koppelriemen – reusachtig. Ze barstten zowat uit de patisseriewinkel en de harde klanken van hun taal detoneerden tussen de delicate gebakjes. De soldaten van de westerse alliantie vielen toch al uit de toon, te groot, te zwaar, van de voeten tot de *big teeth smile*. Ze waren niet alleen goed bewapend, maar ook uitgerust met allerlei snufjes; het ging van condooms tot kaarsjes voor een verjaardagstaart. Ze hadden zich verschanst in legerkampen die door grote containers waren afgeschermd en sakkerden op het klotenland waarin ze waren terechtgekomen, maar deelden goedmoedig sigaretten en kauwgom uit. Het was alsof ze in een remake van een film over de Tweede Wereldoorlog figureerden. De bakker, zijn vrouw, en een paar smoezelige hulpjes bogen als knipmessen. Als Amerikaan had ik me onbehaaglijk gevoeld.

'*Peaceforce*,' grinnikte Lucas.

Dat mocht zo zijn, maar geliefd waren de troepen niet. Amerikanen belijden voortdurend dat ze Amerikaan zijn en gaan er trots op tot een groot land te behoren. Geen natie die zo het stigma van de macht draagt als Amerika. De Bosniërs konden nauwelijks de schijn ophouden dat ze dankbaar waren voor de militaire bijstand. Niemand leek te geloven in de onbaatzuchtigheid van deze even brutale als naïeve soldaten. Hun aanwezigheid werd als een nederlaag ervaren, een nederlaag die men – hoe er ook omheen werd gekletst – aan zichzelf te danken had. Dat verhevigde de afkeer. De Bosniërs leken tegenover de Amerikaanse soldaten kleiner dan ze waren. Vanzelf dat hun dat niet beviel.

Toen de soldaten weer de straat opgingen spuwde een van hen zijn kauwgum uit, de ander trapte het propje plat zonder het op te merken. Ook in de smalle straat leken de soldaten buiten proportie, zozeer uit de kluiten gewassen dat zij de anderen uit het beeld drumden.

'Ze haten ons,' stelde een sergeant gelaten vast.

Op een congres had een Amerikaanse schrijfster ongeveer hetzelfde opgemerkt: 'Men houdt niet van ons.' Zij – en de sergeant – leden onder de afwijzing, maar het bevestigde wel de macht. Zij leken ook een tikje verbluft dat ze geen liefde konden afdwingen. De wereld naar je hand zetten, over oorlog en vrede beslissen en dan ook nog geliefd willen zijn. Het was te veel gevraagd, maar geen Amerikaan die het inzag, of wilde toegeven. Gek genoeg vertoonden de bewoners van de Balkan hetzelfde masochistische trekje maar dan omgekeerd, de wereld hield niet van hen, goed dan hielden zij niet van de wereld. Zij hadden hun gezicht verloren, maar ze waren deskundigen van de identiteit, zij zouden zichzelf niet prijsgeven. De twintigste eeuw was met Sarajevo ingezet en zou ermee worden besloten. Een merkwaardig soort trots.

De Amerikaanse soldaten die groter leken dan ze waren deden mij denken aan de dansende reuzen die optreden in de talloze stoeten in mijn thuisland, of liever, ik stelde mij de man in de reus voor die met het draagstel op zijn schouders die grote pop door de straten leidt. Voelde hij zich groter, of juist kleiner? Waren de reuzen een uitvergroting van ons ego? Of drukte de reus op onze schouders als een last?

Ik roerde in het kopje met stroperige koffie dat voor me op het kunstig gesneden tafeltje stond. Mijn oog viel op de geborduurde muiltjes van de bakkersvrouw, ik vergeleek ze steels met mijn laarzen. Hoe werd ik eigenlijk zelf gezien? Hoe werd onze hulp ervaren? Zouden wij ook maar enige indruk nalaten? Of zouden wij worden uitgespuwd en vergeten zoals de passanten die ons waren voorgegaan? Ik begreep plotseling de soldaten die na een paar dagen verlof alweer naar het front wilden. Ik bedankte voor nog een gebakje en wachtte ongeduldig tot Lucas de laatste hap zoetigheid naar binnen had gewerkt.

Op straat paste ik op om niet op de kauwgum te stappen, ik keek voortdurend uit waar ik mijn voeten neerzette. Kauwgom, fluimen, stront, landmijnen, Sarajevorozen, vuiligheid alom. Niemand moest mij aanmanen mijn schoenen uit te trekken als ik een huis betrad. De meeste voeten die ik te zien kreeg waren schoon, daar lag het niet aan, maar ze leken overmatig groot en bloot, de tenen krom, de hielen vol kloven. Hoe kon je zulke voeten aan je geliefde tonen? Ik had gezien hoe de dood bij de voeten begon, zowel bij mijn moeder als bij mijn vader, het bloed trok eruit weg, ze werden stijf, voorwerpen die niet meer bij het nog warme lichaam hoorden. Als ik naar de voeten keek in Sarajevo dacht ik onvermijdelijk aan de bevroren achillespees van mijn vader. Met zo'n voet kon je geen bergen beklimmen en in nood niet vluchten. De oorlog had mijn vader op de juiste plaats te pakken gekregen.

Op een plein stond een oosterse kiosk die oorspronkelijk een publieke fontein was geweest, een replica van het geval bevond zich in Belgrado. Een oude man zat op de grond met een bakje graan dat je kon kopen om de duiven te voeren. Er waren haast geen liefhebbers. Toen de man opkeek zag ik dat hij staar had, een wit vlies schoof over zijn troebele ogen. Ik wilde hem wel wat geven, maar de duiven wekten mijn afkeer op. Het baltsen en koeren, het trippelen en elkaar achternazitten, het pikken, wippen en poepen, maakte van de krioelende troep een goddeloze bende.

'Hier zou je kater zijn hartje kunnen ophalen,' lachte Marc.

'Het is mijn kater niet,' antwoordde ik dwars.

'Een levend museum!' zo evoceerde Johan het plein.

Wat mij betrof was het een toonbeeld van kitsch. Een kind, zo warm ingepakt dat je niet kon zien of het een meisje of een jongen was, deed joelend een uitval naar de duiven. De vogels vlogen op, maar landden even verder en gingen onverdroten door met hun bedrijvigheid. Ik betrapte mezelf erop dat ik het plein wilde schoonvegen. Dat ik de oude man een schoon hemd wilde aantrekken en hem op een divan laten plaatsnemen. Dat ik de hele geschiedenis wilde overdoen of van me afschudden.

Toen we de benedenstad inliepen had Lucas de naam van de buurt genoemd: Bařčaršija. Het netwerk van straten, met de winkeltjes en de binnentuinen, leek op een miniatuur van de oude stad in Jeruzalem. Jawel, ook Jeruzalem had een kitscherige kant, ook daar beriep men zich op het slachtofferschap, ook daar werd de veelzijdigheid door de bekrompenheid bedreigd. Ook daar moesten soldaten 'de vrede' bewaren. Ik liep door Sarajevo zoals ik door Jeruzalem had gelopen, beducht om wat mij in het vreemde al te bekend voorkwam en geïrriteerd omdat ik erop terug dreigde te vallen. Geschiedenis als waarheid, geloof als weldenkendheid, de eigenheid als een ondeelbaar goed. Alles waar ik aan twijfelde of waaraan ik hoopte te ontsnappen, maar dat men mij had ingeprent. Zelfs mijn taal was beladen. Het trof mij dat ik ook al dagenlang suf rondliep, geen bewogenheid, geen trilling, geen greintje verlangen. Het stemde mij somber. Siglavy liet zich niet zien, die had – zoals men in Antwerpen pleegt te zeggen – zijn kat gestuurd.

Van de bibliotheek stonden alleen nog de contouren overeind. Binnen was het een uitgerookt hol, tussen de brokstukken lagen zwartomrande bladzijden van verkoolde boeken. Toen de vlammen naar buiten sloegen dwarrelden de halfverbrande bladzijden als aangeschoten vogels naar de weilanden buiten de stad. De soldaten hadden als landsknechten door de straten gelopen. In de algemene opwinding en verwarring werd zelfs op eigen troepen geschoten. Vervolgens hadden de soldaten mensen uit hun huizen gehaald, voor zich uit gedreven en op pleinen afgeslacht. Ze hadden de huizen geplunderd, de meubels op straat gegooid en er de fik ingestoken. Het centrum van Leuven brandde drie dagen. Een week later lagen er nog tienduizenden boeken te smeulen in de Lakenhal waar de universiteitsbibliotheek was ondergebracht. De incunabelen of wiegendrukken, middeleeuwse manuscripten, de perkamenten uitgaaf van Vesalius' *De humanibus corporis fabrica.**

'Alles vergaan en voorgoed verloren,' had de meester gezegd.

Na die laatste woorden waren zelfs de brutaalsten van het klasje stil geworden. Het lokaal geurde naar de 'groene zeep' waarmee de vloer was geschrobd en naar de Semois-tabak waarmee de meester zijn pijp stopte. Op de vensterbanken stonden geraniums, zwaluwen cirkelden in de eindeloze blauwe lucht. Negentienveertien, was lang geleden, de Groote Oorlog was de oorlog van onze grootvaders, dat was haast die van Napoleon. Het was weliswaar nog niet zo lang na negentienvijfenveertig en de vuile oorlog waarin onze vaders waren betrokken, maar het was toch van vroeger. Wij kinderen, kleine mensjes, waren niet begaan met het verleden. Gisteren was voorbij en voor ons lag een ondefinieerbare ruimte. Tijd liet zich niet invullen. Toch hadden die woorden van de meester 'Alles vergaan en voorgoed verloren,' voldoende onheilspellend geklonken om ons met ontzag en een vage angst te vervullen.

Na school liep ik naar de paardenstal, maar het paard was op het land aan het werk, de stal lag er verlaten bij. De ruif was leeg, op de vloer lag een hoop paardenvijgen. Ik was vaak in de paardenstal te vinden, toen oom Ernest op een dag wantrouwig vroeg wat ik daar uitvoerde antwoordde ik dat ik nadacht. Dat bracht de volwassenen aan het lachen en ik werd verder met rust gelaten. De lege stal was als ontzield, zelfs de geur van paardenpis stond mij plotseling tegen. Ik hield mijn brandglas boven een plukje hooi maar toen er een kringetje rook uit opsteeg trapte ik vlug het smeulende vuurtje uit. Aan tafel zat Jules het Latijn van de meester te verbasteren, de volwassenen schudden het hoofd, wat moesten kinderen met die hocus-pocus?

'Ga je pastoor worden?' sarde Gabriël.

We wisten dat onechte kinderen en kreupelen geen pastoor konden worden. De kerk wilde geen getekende of geschonden dienaren. Ook meisjes mochten geen pastoor worden, al stond dat volgens de meester 'nergens geschreven'. Het kon mij niet zoveel schelen, maar ik wilde niet uitgesloten worden. Ik keek naar mijn lege bord en zei met een donkere stem: 'Alles vergaan en voorgoed verloren'. In het gelach ging ook mijn onbehagen verloren, ik wist instinctief hoe ik dezelfde woorden anders kon gebruiken. Dat niets verloren ging als je het een vorm kon geven.

Van de Nationale Bibliotheek in Sarajevo stonden alleen de contouren nog overeind. Wat niet was stukgeschoten was verbrand. Tussen de brokstukken lagen de halfverkoolde resten van boeken die niet konden worden gered. Ik had de fases van vernieling kunnen volgen op de televisie; minstens drie avonden lang hadden de vlammen uit de ramen geslagen, waren galerijen ingestort, waren kroonlijsten en ornamenten tot pulver geschoten. Een magere man met een bril en een plastic boodschappentasje gluurde voor het oog van de wereld naar de brandende bibliotheek. Hij bevond zich aan de overkant van de rivier, bezijden de brug, om de hoek van een huis. Ik keek met hem mee. Drukte mij tegen de muur aan en trok mijn hoofd tussen mijn schouders als er weer een inslag was. Net als hij bleef ik wel kijken, kon ik mijn ogen niet afwenden van dit systematisch vernielen. Het weldenkende deel van de wereld loeide van verontwaardiging, maar het tuig ging onverdroten door met schieten. Ik was in diep zwijgen verzonken. Toen er een petitielijst werd voorgelegd om de vernielde bibliotheek weer op te bouwen onder de noemer 'erfgoed van de mensheid'* had ik blindelings getekend. De man met de bril en de plastictas herinnerde mij aan de boer uit Picardië, de ongenode gast op familiebegrafenissen. Het was alsof de dood naar de bibliotheek had staan gluren. Toen ikzelf voor het puin van de bibliotheek stond zocht ik de plaats op waar hij had gestaan; over de brug, achter de hoek van een huis. De wind waaide stof van het puin over de brug, het prikte in mijn ogen. Lucas gaf me zijn zakdoek en klopte me op de schouder.

Ik herinnerde me de vernieling van de universiteitsbibliotheek van Leuven zoals die door de meester als een bijbels verhaal op ons was overgedragen. Het was een schande, maar boeken waren goed en kwaad. Goed als men er rijp voor was en wist hoe met de inhoud om te gaan, slecht als men er nog niet aan toe was, of de inhoud niet kon plaatsen. Je had wijze ogen, bedorven ogen, en onwetende ogen. De laatste soort waren ook onschuldige ogen. Die kwamen het meest voor bij kinderen en arme mensen. Alleen een gevormde geest kon geestelijk voedsel verdragen. Wie zomaar van de vruchten van de boom der kennis van goed en kwaad at schond het taboe van de onschuld, die was tot sterfelijkheid gedoemd, leerde de schaamte kennen en werd met schuld overladen. De meester was voor mij een bron van opperste wijsheid, maar met dat verhaal werd hij meteen de laatste mens die ik onvoorwaardelijk zou geloven. Ik sloop in zijn boomgaard en plukte mijn schort vol meikersen, ik beraamde een plan om het sleuteltje van zijn boekenkast in handen te krijgen. Ik voelde mij schuldig en haastte mij om de boekentas van de meester te dragen of de bordenwissers uit te kloppen, maar toen hij zuster Franciska een sneer gaf omwille van haar onnozele verhaaltjes kraste ik op mijn lei: 'Alles wat Gij zegt, zijt Ge zelf!'

Ik produceerde niet voldoende spuug om het zinnetje van mijn lei te vegen vooraleer de meester het las. Hij, die altijd monkelend had gelezen wat uit mijn koker kwam, was diep getroffen. Ik huilde toen hij mij na schooltijd een reprimande gaf, maar het waren – daarin vergiste de meester zich – geen tranen van schaamte, het was machteloze woede. Ik verzette mij tegen de onafwendbaarheid van de verhalen van de meester. Tegen het voldongen feit. Maar ik wilde het wel weten, ik wilde alles weten. Elke keer dat mij iets werd onthouden, stierf ik een beetje. En niets is erger dan een beetje dood. Vandaar dat ik stond te janken achter de hoek van een huis in Sarajevo, zodat de contouren van de Nationale Bibliotheek ook nog door mijn tranen vertroebeld werden en trilden als een luchtspiegeling. Je krijgt geen kinderen om ze voor jou te zien sterven, je schrijft geen boeken om vergeten te worden. Je leeft niet zonder verhaal. En het verhaal bestaat niet als niemand er kennis van neemt. Zelfs als je in de spiegel kijkt ontmoet je de blik van een ander. De laatste mens op de wereld springt van de aardbol, zeker weten. Ik veegde mijn tranen af en gebaarde tegen de jongens dat het niets was, dat het kwam doordat ik een vuiltje in mijn oog had. Of zij die man met de bril en de plastic tas ook hadden gezien, of zij zich ook hadden afgevraagd wat hij daar uitvoerde? Ik vroeg maar wat.

'Misschien kwam hij wel een boek terugbrengen,' zei Lucas fijntjes.

'Of hij wilde er nog vlug een lenen.' Marc zat meteen op de juiste golflengte.

Volgens Johan was vernielen van de bibliotheek een vandalenstreek, maar hoorde onze eerste bekommernis naar de mensen te gaan. Ja, de mensen, dat was nu net het probleem en boeken konden het blijkbaar niet helpen. Ik dacht het, maar zei het niet. Vergeefs probeerde ik mij een voorstelling te maken van de mannen die de bibliotheek – koudbloedig of doldriftig – in puin hadden gelegd. Het was geen klus die met een voltreffer kon worden geklaard, er was moedwilligheid en volharding voor nodig. Hadden zij die boekentempel aangevallen zoals ze de moskeeën, de kerken en zelfs een synagoge hadden aangevallen? Waren het een soort beeldenstormers? Had het gebouw in pseudo-Moorse stijl, dat ook in Jeruzalem, in Constantinopel, of in Granada had kunnen staan hen onuitstaanbaar geprikkeld? Er werden middeleeuwse documenten bewaard die in een oud Slavisch alfabet waren gesteld, wisten de aanvallers dat en hoopten zij een bewijs van de Bosnische identiteit te vernielen? Zetten zij de stoeterij te vuur en te vlam om de stamboeken te verbranden? Dan hadden ze er mooi naast gegrepen, de waardevolste boeken waren gered, onder meer op initiatief van de directeur, Borivoje Pištalo, die van Servische komaf was. Een krachttoer, ook al omdat er geen metalen dozen beschikbaar waren om de boeken veilig in op te bergen en te vervoeren. Er was ooit subsidie verstrekt om materiaal aan te kopen, maar de salarissen van het personeel waren zo laag dat men het geld had gebruikt om de rantsoenen te spekken. Een staaltje van communistische zelfredzaamheid. De directeur was overigens door de Bosnische autoriteiten zonder bedankje uit wandelen gestuurd. Een Serf kon hoe dan ook niet deugen. Lucas noemde dat een gotspe, hij zag het ervan komen dat de Servische poëzie bij de vuilnis werd gezet, of teksten van Kroatië uit de bibliotheek werden gebannen. Dat was dubbel zonde. Verhalen werden net als mensen pas gevaarlijk als ze enkelvoudig of eenzijdig waren. Een deel van de collectie van de Nationale Bibliotheek van Sarajevo was ook gered omdat voor de oorlog boeken van het hele gebied aan alle bibliotheken moesten worden bezorgd.

'Nooit alles op één kaart zetten,' monkelde Lucas.

De Universiteitsbibliotheek van Leuven was na de Eerste Wereldoorlog met steun van buitenaf voor 'dat kleine dappere België' weer opgebouwd. In negentienachtenzestig, toen de studenten in Parijs de Internationale zongen en afkondigden dat de verbeelding aan de macht was, had men in Leuven een deel van het humane erfgoed prijsgegeven. De collectie van de bibliotheek werd verdeeld tussen Leuven en Louvain la Neuve. 'Als het in Parijs regent, druppelt het in Brussel,' spotte Lucas fijntjes.

Het revolutionaire vuur was vlug geblust, het Leuvense verhaal werd als oud zeer afgedaan. Lucas voelde zich niet de betere, al wist hij het vaak beter, maar was hij geen papenvriend en evenmin een Vlaams nationalist, het was dus zijn zaak niet.

'Erreur, mon ami,' zei ik.

De taal bepaalde mij, met de taal verstond ik mij, en met de taal polderde ik de wereld in. Mijn grootvader, een grote bewonderaar van de

Franse taal en cultuur, snaaide op een banket een stuk gebraad weg voor de neus van een Franstalige oud-officier: '*Et pour les Flamands la même chose!*' Die toevoeging aan een bevel bestemd voor de Vlaamse soldaten was hem dwars blijven zitten.

De oorlog had mijn grootvader getekend, maar het was vooral in zijn taal dat hij tekort was gedaan, dat hij was uitgesloten of tot twee-derangs verklaard. En in de taal zocht hij zijn revanche, hervond hij zijn gezicht en maakte hij zijn verhaal onsterfelijk. De taal gaf hem gezicht. Hij werd net als Charles de Gaulle 'Lange Sjarel' genoemd en daar was hij trots op.

De vernielde bibliotheek had ertoe bijgedragen dat de wereld de belegering van Sarajevo niet langer duldde. Marc had een lijstje opgesomd van symbolen van oorlog en vrede: de Lakenhalle van Ieper, de kathedraal van Conventry, de Gedächtniskirche in Berlijn, de gesmolten klok van Hiroshima – hij had nog wel even aan de gang kunnen blijven, maar Lucas brak het af met: 'Dat was na de bom.' Het uur nul. Wanneer de tijd stilstaat. Als voordien ophoudt te bestaan. En nadien geen zin meer heeft. Maar ik was een kind van na de oorlog, ik had gedeukt en wel een nieuw tijdperk aangekondigd. Dat had mij verlegen gemaakt, maar ook vervuld met vreugde. Ik was een ongelukje dat toch nog goed was afgelopen. De oorlog hield weliswaar niet op, maar hij had zich verplaatst naar verre streken. Naarmate de wereld kleiner werd en de tijd verging, was de oorlog ook weer dichterbij gekomen. Korea was ver weg, Boedapest en Praag dichtbij, Vietnam ook, maar nog altijd was de oorlog waaruit ik was voortgekomen er eentje van vroeger. Toen de vernielde bibliotheek van Sarajevo werd bijgezet in het rijtje van oorlogsmonumenten, was ik eensklaps van voor de oorlog, of liever gezegd de ene oorlog sloot aan bij de andere. Ik wist plotseling wat er mis was met mij, met de anderen, met alles en iedereen: wij droegen de onvrede in ons, wij jengelden om liefde en broedden op moord. Wee mij, wee ons!

Ik meende mij te herinneren dat er stond geschreven: 'En indien uw hand u ergert, houw ze af.' De ergernis zat diep, maar het verlangen om daaraan een einde te maken zat nog dieper. Ik kwam, om zo te zeggen, handen tekort om het onvermogen weer goed te maken. En ik was verhangen aan een altijd weerkerend en in ontelbare versies uitdijend verhaal. Mocht het alsjeblief ietsje meer zijn?

Ik had een kopie van de beroemde Haggadah van Sarajevo. Ik bladerde erin, bewonderde de illustraties en probeerde het vreemde schrift met het bekende verhaal te ontcijferen. De middeleeuwse codex werd in achttienvierennegentig door een jongetje uit een Sefardisch gezin mee naar school genomen en te koop aangeboden. De vader van het gezin was gestorven, men moest zich zien te redden. Het boek, dat vermoedelijk in een exodus van Spanje over Italië in Bosnië was terechtgekomen had, zoals het bijbels verhaal dat erin was opgenomen, de tijd doorstaan. Omdat men het als het hoogste goed had gekoesterd en aan het verhaal een hogere of een symbolische betekenis had toegekend. Het was joods in de universele betekenis. Het volk dat was uitverkoren en verdoemd maar nooit zijn eigenheid had opgegeven, had ook onmiskenbaar zijn bijdrage geleverd aan het verhaal van de anderen. De Haggadah trok meteen de aandacht van de geleerden, maar het boek werd ook een begerenswaardig object voor rovers, en een steen des aanstoots voor diegenen die een deel van hun eigen beschaving wilden ontkennen. Toen de Duitsers gedurende de Tweede Wereldoorlog Sarajevo hadden bezet, spoedde een officier zich meteen naar de bibliotheek om de Haggadah op te eisen. Gelukkig was er een vooruitziende directeur die het boek onvindbaar wist te maken.

De Haggadah was ook aan de beschieting van de bibliotheek ontsnapt, de vernielers hadden om zo te zeggen een lege doos beschoten. Het unieke boek, of de unieke boeken waren gered, maar ook als die boosdoeners in hun opzet waren geslaagd – God forbid – dan nog zou het verhaal niet verloren zijn gegaan. Voor mijn part mocht de Japanse miljardair die met een unieke Van Gogh begraven wilde worden bij de oorlogsmisdadigers worden gerangschikt, maar het unieke woord kan niet worden uitgesproken en ook niet worden vernietigd. Het woord gaat van tong tot tong, van oor tot oor, van blad tot schijf, onverstoorbaar en altijd maar verder, het transformeert maar blijft zichzelf getrouw.

Ik veegde mijn ogen droog, snoot mijn neus en glimlachte: 'Een bibliotheek minder en een verhaal erbij.'

De jongens leken opgelucht.

'Goed dat je het zo opvat,' zei Marc.

Ik wilde Lucas zijn zakdoek teruggeven, bedacht net op tijd dat hij niet schoon was en stopte hem in mijn mouw terwijl ik deed alsof ik het doekje als lokkertje op de grond zou laten vallen. Arm in arm, alle vier, liepen we breeduit over de brug.

Johan neuriede: '*Sur le pont d'Avignon, on y danse, on y danse…*'

Wij kenden het lied uit ons hoofd, of *par coeur* en zongen mee, maar zachtjes om niemand te schokken.

En pantservoertuig had met een brede bocht de brug willen nemen en zich vast gemanoeuvreerd. In de open koepel zat een soldaat met een koptelefoon aanwijzingen te schreeuwen. Voor en achter de pantser stonden soldaten te gebaren naar links of naar rechts, twee jongetjes mimeden mee, oude mannen gingen zich ook met de zaak bemoeien, maar het voertuig zat muurvast. Het was te groot, te plomp, en zodra het niet van 'erop en erover' zijn gang kon gaan, vrij hulpeloos.

Siglavy was geland met een gedruis alsof hij op vleugels werd gedragen. Ik schrok, de zenuwen waren tot het uiterste gespannen.

'Waar kom jij vandaan?' vroeg ik ademloos.

Sig proestte, van Slovenië, of van om de hoek, deed het er wat toe, hij was *back in town*. Mijn lippen trilden, die van Sig ook, maar ik kon zo in tranen uitbarsten terwijl hij besmuikt stond te lachen. Het pantservoertuig dat voor- noch achteruit kon werkte op zijn lachspieren. Mijn reisgezellen, die van het paard geen kwaad wisten, hadden ondertussen ook hun assistentie aangeboden. Vooruit, achteruit, en hop daar beukte het pantservoertuig door de brugleuning. Stenen ploften in het water, waar de brugleuning het had begeven hing de pantser met een stuk voorkant in het luchtledige te balanceren.

'Hihihi.' Siglavy hield het niet meer.

'Dat is niet om te lachen,' zei ik geschrokken.

Wat Sig betrof was het pantservoertuig het water ingedoken en met man en muis vergaan. Ik betoogde dat de soldaten niet voor de lol met een pantser door een vreemd land reden. Waarom deden ze het dan? Sig haalde mij het bloed onder de nagels vandaan door ook nog met mijn reisgezellen en de hulpverlening te spotten. Wat was er mooier dan te helpen, een levensvervullende taak, daar waren wij toch op uit? Wij die met onze levens zaten opgescheept en ons voordeden als vrienden die voor hetzelfde doel gingen.

'Heb je ons een onvertogen woord horen spreken?' vroeg ik.

'Jullie konden het je niet veroorloven,' grinnikte Siglavy.

Dat mocht zo zijn, maar of het nu voortkwam uit beduchtheid, omdat we elkaar nodig hadden, of omdat we ons tegenover de waanzin kalm en vastberaden moesten tonen, we waren er wel in geslaagd zonder slaande ruzie te krijgen ons einddoel te bereiken.

'Ik noem dat beheersing!' antwoordde ik gebelgd.

De gevaarlijk overhellende pantser kreunde en piepte alsof het geen mechanische olifant maar een reuzenmuis was. Siglavy boog zijn hoofd en zette een pas voorwaarts, ik verdacht hem ervan dat hij het gevaarte een duwtje wilde geven en greep hem in de manen. 'Wij hebben jou ook uitgevonden en als het erop aankwam door de oorlogen heengeholpen,' zei ik parmantig.

'Breng me niet aan het huilen,' antwoordde Sig.

Hij wierp nog een blik op het voertuig dat half tussen hemel en aarde hing en sprak: 'Oké, maar dan wel over Ros Beiaard vertellen.'

Ik had dit middeleeuwse heldenepos waarin een reuzenpaard de hoofdrol speelt in de kinderjaren of bij de folklore ondergebracht, maar Sig drong aan, hij kon maar niet genoeg van Ros Beiaard krijgen. Het ging bovendien niet op dat ik zijn verhaal tot het mijne maakte en zelf niets inleverde. Mijn blik gleed van de pantser op de brug naar de heuvels, trapsgewijs bebouwd, naar de silhouetten van torens en minaretten die tegen die achtergrond nietig leken, en ik begon aarzelend een verhaal te vertellen dat in dit decor vreemd aandeed.

Aymon, de heer van Dendermonde, heeft een vete met Karel de Grote. Om een verzoening te bezegelen geeft Karel zijn nicht Adelheid als bruid aan Aymon. Uit die verbintenis worden vier zonen, de heemskinderen, geboren: Ritsaert, Writsaert, Adelaert en Reinout. Die laatste kan met een vuistslag een paard vellen of het de lendenen breken. Het is niet makkelijk voor zulk een ridder een passend rijdier te vinden. Ten einde raad brengt Aymon zijn zoon naar de burcht waar het gevreesde Ros Beiaard gevangen wordt gehouden. Dit reuzenpaard is nog nooit bedwongen en er wordt een aardig rondje geknokt vooraleer Reinout Ros Beiaard onder het zadel heeft. Maar daarna raken paard en meester hecht aan elkaar verknocht. Reinout blijft echter een opvliegend ventje en als hij Lodewijk, de zoon van Karel de Grote, onthoofdt moeten de vier heemskinderen vluchten. Ros Beiaard brengt hen in een adembenemende vlucht naar Montalbaen, een versterkte burcht, waar de broers zich tegen de legerbenden van Karel verdedigen tot ze de ongelijke strijd moeten opgeven en met Ros Beiaard naar Dendermonde terugkeren. Karel heeft ondertussen Aymon gevangengenomen en Adelheid, die vreest dat haar zonen hetzelfde lot te wachten staat, smeekt haar oom om genade. Na wat soebatten gaat Karel eropin, hij stelt wel als voorwaarde dat Ros Beiaard aan hem wordt uitgeleverd. Reinout weigert aanvankelijk, maar onder druk van zijn moeder en bezorgd om zijn vader en broers stemt hij tenslotte toe. Ros Beiaard wordt met molenstenen om zijn nek in het water gegooid. Tot tweemaal toe verbrijzelt het moedige paard de molenstenen en zwemt blij hinnikend naar de oever waar Reinout staat. Die kan het niet langer aanzien en wendt zich af. Een derde keer komt Ros Beiaard boven, reikhalzend naar zijn meester. Hij denkt dat Reinout zich van hem heeft afgekeerd, stoot een pijnkreet uit en laat zich naar de bodem zakken. Doek.

'Kleur van het Ros?' vroeg Siglavy.

'Zwart,' zei ik.

'Spraak?'

'Geen, maar hij huilde,' bekende ik.

'Je zou voor minder,' zei Sig.

Hij vond het een horrorstory. Nog erger dan hij vermoedde. Als paard identificeerde hij zich met Ros Beiaard. Die schandelijk door zijn heer was verraden en in de steek gelaten. Reinout was een zak, en als het aan Sig had gelegen waren Aymond en Karel ruggelings aan elkaar gebonden te water gelaten. En die Adelheid maar huilen inplaats van haar verstand te gebruiken. Of ik mij niet schaamde? Nee, niet voor het verhaal, wel voor het krijgsvertoon en het verraad. Ik vroeg clementie voor het menselijk onvermogen, wat konden we meer dan ons verhaal als een denkbeeldig paard op onze schouders tillen? Ik had ook het lied van Ros Beiaard gezongen, ik had ook een van de vier heemskinderen willen zijn, zij het niet Reinout.

'Wij bestaan in wat wij ons voorstellen,' had ik besloten.

Sig had geen boodschap aan het standpunt van de verteller. Hij was ervan overtuigd dat ik van barbaren afstamde. Ik protesteerde, ik hield van paarden, mijn grootvader hield van paarden, die van Dendermonde waren helemaal gek van hun Ros Beiaard. Om de tien jaar trekt het reuzenpaard, dat er vanbinnen uitziet als een omgekeerd schip, door de straten van de stad, gedragen door twaalf kloeke dragers die het een eer vinden die honderd kilo – droog gewogen! – op hun schouders te torsen. Net zoals de vier broers, de heemskinderen, zich uitverkoren voelen als zij de tocht op Ros Beiaard mogen maken. Om maar niet te gewagen van de opwinding en de ontroering van de toeschouwers. Er waren oudere mensen die huilden als zij het paard voor tien jaar zagen verdwijnen. Of zij het ooit nog zouden zien?

'Een magere troost.' Siglavy proestte, hij was er na aan toe de vriendschap op te zeggen. Toch wilde hij steeds weer van Ros Beiaard horen, of het mij schikte of niet. De ene keer voor het vermaak, de andere keer tot lering. Het was alsof hij mij dat epos betaald wilde zetten.

Het pantservoertuig was ondertussen met de hulp van een takelwagen weer op de brug gehesen en werd achterwaarts weggesleept. De soldaten zaten er als helden bovenop, ook mijn reisgezellen wuifden en liepen ontspannen naar de auto. Ze legden de wegenkaart op de motorkap en bogen zich erover om de terugweg uit te zetten.

'Dat wordt vast ook nog een verhaal,' zei Sig.

Het zwarte water van de rivier spoelde over de brokstukken van de brugleuning, de contouren van de vernielde bibliotheek staken onheilspellend af tegen de avondhemel, late voetgangers haastten zich huiswaarts. Ik was een vreemdeling in een vreemde wereld en toch was ik ook mezelf en thuis in dit verhaal. Ik legde mijn hoofd tegen de warme flank van Siglavy en begon te prevelen over mijn grootvader en het verre land waar in de heuvels witte paarden op muziek van Mozart dansten. Mijn voorland, zijn land van herkomst, een droomland.

'Veel gaat verloren, maar niet alles is verlies,' fluisterde ik.

Ik herinnerde Siglavy aan Vladimir Vojnović, de schilder die in de Nationale Bibliotheek van Sarajevo zijn atelier had en een opslagplaats voor zijn doeken. De bibliotheek had hem niet alleen zijn plaats onder de zon gegeven, maar ook zijn schilderijen in het patrimonium opgenomen. Toen kwam de oorlog en werd zijn levenswerk samen met de bibliotheek vernield. Men kan zich voorstellen dat de schilder treurde, dat hij wanhopig was of woest. Dat zijn hele bestaan geen zin meer had, of alle zin had verloren. Wat er ook van zij, de schilder liet het er niet bij zitten, hij begon zijn hele oeuvre uit het hoofd over te schilderen. Hij stelde zijn leven weer samen, hij vulde de geschiedenis weer in. Hij gaf vorm en kleur aan de wereld en herschiep het landschap; het zijne en het onze.

'Kunst als achterdeurtje!' snoof Siglavy, die nog over Ros Beiaard tobde.

Ik liet niet af en maakte een vergelijking met Claude Monet die oud, halfblind en depressief, met de oorlog in zijn achtertuin, aan de Nymphea's was begonnen. Zijn impressie van de wereld. Als alles stuk moet helpt alleen nog het maken. Of het hermaken. Leven is eindeloos overdoen. 'Heb je geen zin, dan maak je maar zin,' hoorde ik mijn grootmoeder zeggen.

Sig merkte op dat ik hem, zij het op een beminnelijke manier, de les las. Dat was de bedoeling niet. Wat dan wel? Tegenwerk leveren. Dwarsliggen, protesteren, zeuren, elk woord als een druppel tot de hardste steen is uitgehold. Verleiden ook, de hele truckendoos opentrekken. Een striptease, met raffinement en suspense. Het verhaal de ene keer zo en de andere keer zus vertellen. Het ondraaglijke ook onvergetelijk maken. En de schoonheid bewonderen. Ik maakte een revérence voor het volmaakte paard.

Siglavy bedankte voor de eer. Hij was het zat zijn genen in te leveren en voor sprookjespaard te spelen. Zich suf te trainen en vervolgens als poesjenel te worden voorgevoerd. Van de krijg naar de dans, dat was geen kunstje, dat was kunst! Maar terwijl de loftuitingen hem nog in de oren klonken, werd hij al te koop aangeboden. Terwijl hij tot symbool werd uitgeroepen was men al eenstemmig bezig hem uit te leveren. Het was Europa voor en na, maar waar men enerzijds voorgaf zich te verenigen, was men anderzijds hard bezig te verdelen om te heersen. En openlijk of in het geniep oorlog te voeren. Op de duur zou er noch koninkrijk noch paard overblijven. Sig was niet van plan het lijdzaam aan te zien en te wachten tot hij zoals Ros Beiaard zou worden verraden. Hij sprong zelf in het water!

Hij liep langzaam, statig, naar het gat in de brugleuning en hield pas halt toen de steentjes en het gruis onder zijn hoeven afbrokkelden. Mijn hart stond stil, nee werkelijk, mijn hart stond stil, het bloed verstijfde in mijn aderen, ik had geen adem meer, maar ik vloog naar Siglavy, ik sloeg mijn armen om zijn hals, ik ging met mijn hele gewicht aan hem hangen en verklaarde hem mijn liefde. Hij was het paard van mijn grootvader, zij waren samen uit de Eerste Wereldoorlog ontsnapt, zonder hem verging een verhaal waarmee mij de schoonheid werd bijgebracht. Zonder hem was ik niet aan deze reis begonnen, zonder hem had ik Sarajevo niet gehaald, zonder hem had ik de destructie niet het hoofd kunnen bieden. Hij hoefde niet bang te zijn, de haan zou niet driemaal kraaien, geen oorlog zou hem klein krijgen, geen staat kon hem claimen of versjacheren. Hij was wat hij door de eeuwen heen was geworden. Hij was zichzelf en de voorstelling van zichzelf. Als ik hem de rug toedraaide, zou ik mezelf tekortdoen en mijn verhaal verloochenen. Mijn grootvader zou het mij nooit vergeven. Ik had dit paard, hem, Siglavy, lief met een nietsontziende kinderliefde, een overgedragen liefde, een liefde die over de dood heen reikte. Nooit zou ik hem in dat gat boven de rivier laten springen, nog eerder gingen we samen het water in.

O Sig, bad ik, laat mij niet alleen in deze ijskoude wereld, in deze stad met een naam als een roos, gedenk met mij het verre land waarin de heuvels witte paarden op muziek van Mozart dansen.

Siglavy sidderde, ik liet hem los, diep onder ons glom het vliedende water. Langzaam draaide Sig zich om, weg van het gat, hij boog het hoofd en gaf mij een zoen. Zijn oliedonkere ogen keken mij teder aan: 'Mo,' zei hij, het koosnaampje dat mijn grootvader mij had gegeven. Ik had ervan gedroomd hem te bestijgen, nu deed ik het, ik kneep zijn lendenen tussen mijn dijen en drukte mijn hielen in zijn flanken.

'Dans!' beval ik.

Aantekeningen

Bij blz. 142:
J. Huizinga, *Herfsttij der Middeleeuwen*
Bij blz. 143:
Roland Mortier, *La poétique des ruines*
Bij blz. 152:
Citaat van een onbekende kruisvaarder uit 1147
Bij blz. 167:
Gijot de Dijon, *Chanterai por mon corage*
Bij blz. 171:
Gerhard Durlacher
Bij blz. 198:
Paul van Ostaijen
Bij blz. 214:
Voltaire, *Candide*
Bij blz. 253:
Genoemd naar generaal John. J. 'Black Jack' Pershing
Bij blz. 271:
Sophie de Schaepdrijver, *De Groote Oorlog*

Verantwoording

Op 18 oktober 1992 werd met een Staten-Generaal van de Belgische Steden en Gemeenten een hulporganisatie opgericht voor de slachtoffers van de oorlog in het voormalige Joegoslavië. Vijf jaar zou ik voorzitter zijn van De Balkanactie, de Vlaamse vleugel van deze hulporganisatie die nog altijd actief is. Ik zou een gebied leren kennen dat mij relatief onbekend was, ik zou worden geconfronteerd met een oud zeer: de oorlog, en met de vele vormen of niveaus van 'het verschil'. De hulpverlening stelde mij voor talloze vragen, net zoals de nadere kennismaking met Midden-Europa en de Balkan mij voor dwingende problemen stelde. Uiteraard heeft de ontmoeting met de mensen van dit gebied en met de vluchtelingen mij niet onberoerd gelaten. Er werd een intiem verhaal met andere verhalen verbonden; dat van mijn grootouders, van hun en mijn taal, van mijn kinderjaren in Kongarije. Ik heb een reis naar Sarajevo gemaakt, zoals beschreven, maar *Het verschil* is ook de neerslag van een imaginaire reis; het verhaal van een geschiedenis en de geschiedenis van vele verhalen. De historische werkelijkheid en de verbeelde zijn met elkaar verweven om zo een beeld van een wereld en van een leven te geven.

Ik dank allen die met Siglavy aan dit boek hebben bijgedragen, in het bijzonder mijn medereizigers.

Monika van Paemel